Critical Thinking and Writing

批判性思维与写作

田洪鋆 / 著

北京大学出版社
PEKING UNIVERSITY PRESS

图书在版编目(CIP)数据

批判性思维与写作/田洪鋆著. —北京:北京大学出版社,2021.4
ISBN 978 - 7 - 301 - 32040 - 2

Ⅰ. ①批⋯　Ⅱ. ①田⋯　Ⅲ. ①论文—写作　Ⅳ. ①H152.3

中国版本图书馆 CIP 数据核字(2021)第 039808 号

书　　　名	批判性思维与写作 PIPANXING SIWEI YU XIEZUO
著作责任者	田洪鋆　著
责 任 编 辑	王　晶
标 准 书 号	ISBN 978 - 7 - 301 - 32040 - 2
出 版 发 行	北京大学出版社
地　　　址	北京市海淀区成府路 205 号　100871
网　　　址	http://www.pup.cn
新 浪 微 博	@北京大学出版社　@北大出版社法律图书
电 子 邮 箱	编辑部 law@pup.cn　总编室 zpup@pup.cn
电　　　话	邮购部 010 - 62752015　发行部 010 - 62750672 编辑部 010 - 62752027
印 刷 者	河北博文科技印务有限公司
经 销 者	新华书店 880 毫米 × 1230 毫米　A5　10.125 印张　236 千字 2021 年 4 月第 1 版　2025 年 7 月第 11 次印刷
定　　　价	39.00 元

未经许可,不得以任何方式复制或抄袭本书之部分或全部内容。
版权所有,侵权必究
举报电话: 010 - 62752024　电子邮箱: fd@pup.cn
图书如有印装质量问题,请与出版部联系,电话: 010 - 62756370

序言 为啥要写这本书？

第一，中国的高等教育急需将批判性思维融入。

中国高等教育发展的主线就是移植和杂糅，这也是近代中国历史的一个缩影。洋务运动之后，中日甲午战争之前，中国开始兴起向西方学习的思潮并兴办各类学堂。当时，中国学习的对象很笼统，主要是英、德、法、美等国家。中日甲午战争之后，中国学习的对象开始变得具体。1898 年，梁启超参照日本东京大学规程拟定了《奏议京师大学堂章程》，后经张百熙等人继续发展成《奏定学堂章程》即《癸卯学制》，确立了中国高等教育初期的日本模式。[①] 1912 年，蔡元培在"仿德国大学制"理念的指导下制定并颁布《大学令》，并于 1917 年后在其治下的北京大学开始实施。[②] 与此同时，在留美归国的教育学博士郭秉文主持

---

① 李强：《我国大学章程的历程与现状》，载《国家行政学院学报》2012 年第 2 期。
② 张正峰：《中国近代大学教授治校的制度设计及其局限》，载《高教探索》2012 年第 1 期。

下，东南大学建立起一套集基础研究与应用研究于一体，从管理体制、系科设置、课程内容到经费筹措等各方面学习、借鉴美国高等教育模式的高教体制。新中国成立之后，由于当时的历史环境，我国又开始了全面学习和照搬苏联课程体系的过程。随着1961年9月《教育部直属高等学校暂行工作条例（草案）》（简称《高教60条》）、1985年5月《中共中央关于教育体制改革的决定》以及1998年8月《中华人民共和国高等教育法》的陆续出台，中国逐步构建起自己的高等教育体系。虽然经过了近百年的发展过程，杂糅了各个国家的高等教育模式，中国的这套教育体系从教育内容上来看，仍然是以"知识传递"为核心构建起来的。之前社会上流传的"知识就是力量""学校是学习知识的地方"等公共认知观念都能反映出中国高等教育体制的特点。

  这套人才培养模式或者高等教育体制应该说在当时还是能够满足中国社会需求的，并为中国培养了大量的人才，为中国的改革开放、市场经济制度的确立、加入WTO以及成为世界第二大经济体提供了强有力的支撑。但是，我们同时也越来越感觉到教育有点跟不上经济和社会发展的需要。从中美贸易摩擦开始，我们开始意识到技术被别人"卡脖子"，以及我们在国际组织的说服力、影响力都跟不上经济发展，这反映在教育层面上就是教育的内容和相应的体制不能满足中国在当今的国际国内环境下对于人才的需求。当今社会不再仅是注重知识的社会，由于信息时代的到来，知识以信息的形式呼啸而来，不再是稀缺资源。这些爆炸的信息有的是真的，有的是假的，有的是虚幻的，有的甚至是欺诈的、恶意的和故意误导的……我们如何能在这信息的汪洋中不溺水而亡？同样，以知识的学习为中心的教育已经不能满足社会对于创新性的要求，而创造性思维、创新性能力成为新时代中国的迫切要求。当我们被美国"卡脖子"卡得透不过气的时候,当我们遭遇南海仲裁的时候,当我们在国际社会被打压的时候,当我们想要实现中华民族伟大复兴的时候……我们回望我们的教育,突然发现这一套生于上个世纪,以知识传递为核心的体系已经不够用了。因此当今的教育,亟须升级换代,面临着从知识培养和灌输的模式走出来的挑战。教育兴则民族兴。《教育部关于加快建设高水平本科教育 全面提高人才培养能力的意见》(教高〔2018〕2号,以下简称《新时代高教40条》)指出:(我国)对高等教育的需要,对科学知识和优秀人才的需要,比以往任何时候都更为迫切。

国家显然也意识到了教育急需转型升级的问题,如2018年,针对本科教育,教育部提出了《新时代高教40条》;2020年,习近平主席对研究生教育工作作出了重要指示。目前高等教育面临的挑战主要是:第一,培养高素质的人才,这一条指向是学生;第二,提升培养能力,这一条针对的是高校。那么什么是高素质?高素质就是学生在毕业的时候应当具备实践能力、创新能力、研究能力。怎么能让学生具备这些能力?这就又与第二个挑战——高校需要提升培养能力联系在一起,也即高校需要提升自己培养学生实践能力、创新能力、研究能力的水平。而这一切的核心就在于,我们的高校怎样培养具有实践能力、创新能力和研究能力的高素质人才。

这个问题相当复杂,涉及思想层面、管理层面、机制层面、导向层面……但其中最核心的是我们的教育内容要更新。如前所述,我们现在的高等教育仍然是以知识传递为核心构建起来的一整套课程体系,这套体系不能有意识、成体系、规范化地培养学生的批判性思维,因此也就无法使学生具备在批判性思维指引之下所具备的各项能力（本书中会专门论述批判性思维与能力培养的关系）。学生是否具备这些能力，是否养成批判性思维完全取决于一些偶然的、不可预测的、先天的和后天的因素，这就导致我们培养的人才相当一部分是不具备批判性思维能力的，难以满足时代和国家发展的需求。可以毫不客气地说，我国的高等教育缺乏两个层次的批判性思维培养：其一，专门的批判性思维课程；其二，融入批判性思维的各学科课程。这在美国等发达国家已经开始在小学、初中等课程中融入批判性思维教学的背景下显得尤其紧迫。

第二，批判性思维的教学需要普及化、通识化。

2017年哈佛大学校长德鲁·吉尔平·福斯特在新生开学典礼的致辞中提出，"教育，就是确保孩子能够辨别有人在胡说八道"[①]。这虽然是一句笑言，但其背后蕴含着教育的一个根本目标，就是培养学生辨别是非的独立思考能力，而这正是批判性思维的要义。批判性思维是指通过审慎的、理性的思考作出判断的思维过程，它强调不盲从，理性思维并且保持独立思考。可以毫不客气地说，教育的终极目的不是为了灌输给学生知识，而是教会学生一套思考问题的方式，在这种思维方式的指导下，学生学会使用自己学到的知识，处理自己面对的海量信息，识别各种观点的真伪，探寻事物最真实的本质；在这种思维方式的指导下，学生还能进一步搜寻自己需要的信息和知识，在运用知识的过程中掌握诸如关键问题识别能力、信息检索能力、分析评价能力、解决问题能力以及创新能力（批判性思维是新知识产生的方

[①] 详见搜狐网，http://sohu.com/a/387651671_222080，2020年12月25日最后访问。

法)……如此也就具备了上文所提出的高素质人才的实践能力、创新能力以及研究能力。

1910—1911年,美国哲学家约翰·杜威在《我们如何思维》一书中提出了批判性思维的概念①,20世纪20年代一群批判性思维的先驱开始投身批判性思维的研究,20世纪50年代批判性思维开始在美国大学兴起,20世纪80年代,批判性思维已经成为美国大学的通识课程,出版了大量的教科书、学术著作并引发了大量的学术讨论。到了今天,培养学生批判性思维已经被认为是美国高等教育最主要的目标。在美国之外,英国、加拿大、澳大利亚、新西兰、菲律宾,甚至发展中国家委内瑞拉,都把"批判性思维"作为高等教育的目标之一。"世界高等教育会议"(巴黎,1998年10月5—9日)发表的《面向二十一世纪高等教育宣言:观念与行动》,第1条的标题是"教育与培训的使命:培养批评性和独立的态度"。第5条"教育方式的革新:批判性思维和创造性"中指出,高等教育机构必须教育学生,使其成为具有丰富知识和强烈上进心的公民。他们能够批判地思考和分析问题,寻找社会问题的解决方案并承担社会责任;为实现这些目标,课程需要改革以超越对学科知识的简单的认知性掌握,课程必须包含获得在多元文化条件下批判性和创造性分析的技能,独立思考,集体工作的技能。② 此外,批判性思维还开始向中学和小学的课程体系中渗透。尽管很多美国学者也承认批判性思维在美国的教学和研究依旧存在很多问题,但在批判性思维的普及性

---

① 〔美〕约翰·杜威:《我们如何思维》,伍中友译,新华出版社2010年版,第6页。
② 武宏志:《何谓"批判性思维"?》,载《青海师专学报(教育科学版)》2004年第4期。

教育方面，"美国领先中国半个世纪"的说法并不夸张。

中国的批判性思维教学仍然主要是哲学学科的范畴，专业、深奥、偏学术化、脱离现实生活是目前批判性思维教学的共同特征。即便少数学生对批判性思维感兴趣，在这些专业书籍的阅读和理解上也存在很大的障碍。这种批判性思维教学和教材的高度专业化和学科化，与批判性思维本身作为人的基本的、重要的思维素养形成了巨大的矛盾，也给中国的教育提出了很大的挑战。在这种背景下，笔者试图写作一本偏重通识性、普遍性，弱化专业性、学术性，同时适合大学生认知水平的批判性思维的读物，推动批判性思维从一个专业、深奥、学术、进入门槛偏高的课程变成一个通识类、普及类、进入门槛较低的课程内容。

当然，批判性思维的通识化和普及化会面临很多问题——师资、内容边界、叙事的方式，以及对受教育者认知水平的准确捕捉等。从师资角度来看，除了专门从事批判性思维研究的教师之外，其余人都是非专业并且没有接受过批判性思维训练的。批判性思维不仅对于受教育者是一门全新的课程，对于教育者而言也是如此。那么在中国开展批判性思维的通识化教育首先就会遇到师资的障碍。其次，从批判性思维的流行著作来看，美国目前流行的批判性思维教材，虽然在主干部分——逻辑及谬误方面大同小异，但是心理学的学者、哲学的学者以及逻辑学的学者都从不同的方面组织课程内容。这就使得同样是批判性思维教材，但是叙事的方式、包含的内容以及学科边界都存在不同。所以，即便是在美国，每个学校开设的批判性思维课程也各有不同的侧重点，不同的展开思路。再者，由于目前多数批判性思维书籍并不是为了哲学、心理学等专业之外的普通大学生创作的，内容深奥晦涩，术语艰涩难懂，例子脱离学生生活，这也使得学生的认知跟不上教材的设计思路。这些也都是本书在构思和写作过程中遇到的挑战和困难。

第三，写作能力是教育水平的最高体现，批判性写作是批判性思维的最好呈现形式。

写作至少可以分为说明文写作，如教科书、药品说明书；议论文写作，如论著、论文（含学位论文）。议论文写作应用范围比较广，医生的诊断、法律意见书、辩护词等都是议论文写作。议论文由于要求表达观点，提供论据支撑并形成结论，因此与批判性思维密不可分，被认为是构建批判性思维的最高形式。因此，议论文写作也被称为批判性写作。写作与阅读、普通的输入性学习不同，它是对知识和思想的输出，是受教育者能力的最高体现。从教育学角度来看，写作是最好的学习方式。[①] 是否能够培养出会写作、善于写作的学生也是一个大学培养能力的体现。但是令人遗憾的是，由于批判性思维教学的缺失，中国大学在写作方面的教育效果也非常的不尽如人意。如果说批判性思维是大学培养的主要目标，那么写作就是这种培养目标最好的量化指标。出于这样的考虑，本书将批判性思维与批判性写作结合在一起，一方面这是对批判性思维通识化、普及化的一种尝试，另一方面也是对目前大学生论文写作的消极教育态度的一种回应。同时值得一提的是，目前很多教师也在尝试着针对写作组织教学活动、出版书籍，但是我们发现，这些讲授写作的书籍绝大部分缺少一个至关重要的本质化线索——批判性思维。因为缺乏批判性思维，这些书籍便成为一种个人写作感受的介绍和经验分享，读

---

① Judith A Langer, "Learning Through Writing: Study Skills in the Content Areas", *29 Journal of Reading*, (1986).

者只看到论文的节奏安排但却无法透视节奏之下思维的线索。这种对写作仍然停留在表面上的介绍，无法透视出写作的本质性的思想内涵，因此也无法将写作思维和技能从教育者迁移给受教育者，教学效果不是十分理想。

基于以上理由，本书以批判性思维的作用——批判性思维能够帮我们作出更好的决策，解决我们在职场、生活、学校等各个方面的困扰和挑战为主线，以学生关注的学习、生活以及时事热点作为分析对象，逐步揭示批判性思维是怎样帮助我们解决问题、得出更为合理可靠的结论，最终引领我们走向更美好生活的。笔者细心地制作了一份批判性思维的思维导图，在这幅图的指引下，读者能轻松看到思维的形成过程，以及在这个过程的不同环节遇到的问题和遭遇的挑战。本书还会生动地向学生展示这种思维背后隐藏的人的心理因素和认知状态。这种更符合学生认知水平和学习习惯的方式是笔者精心思考而进行设计的。在掌握批判性思维的基本原理之后，学生需要尝试自己应用和建构批判性思维，最适当的方式就是练习批判性写作。本书详细介绍了批判性写作的思考过程和呈现过程，让学生对复杂的议论文写作有一个透视性的、近距离的观察和体验。当然，由于笔者只是一个具有法律知识和一些高等教育学知识的非专业人士，也由于时间和其他因素的限制，导致本书一定会存在一些问题，也恳请各位专业人士和读者批评指正！

田洪鋆

2020 年 12 月 25 日于吉林大学中心校区

批判性思维与写作
目录/CONTENTS

引言 /001
为什么要学习以及学什么？

一、我们为什么要学习 /003

二、我们为什么要终身学习 /008

三、我们终身学习的是什么？ /011

第一章 /015
批判性思维是怎么帮我们解决问题的？

一、批判性思维——被人"打扮"的小姑娘 /017

  （一）批判性思维的定义及解析 /017

  （二）对批判性思维的误解 /024

二、批判性思维是怎样帮我们解决问题的？ /027

  （一）批判性思维的组成部分 /028

  （二）批判性思维的灵活适用 /037

三、学习批判性思维的教育学意义 /045

  （一）人为什么要学习批判性思维？ /045

（二）批判性思维对于教育目标的实现　/056

第二章　/071
论　证

一、什么是论证及论证的组成　/074
　　（一）论证的概念　/074
　　（二）论证的构成要素及对各种术语的澄清　/081

二、论证的语言学要求　/084
　　（一）论证是由断言构成的　/084
　　（二）断言的语言要求　/090

三、论证的类型　/106
　　（一）演绎论证　/106
　　（二）归纳论证　/141
　　（三）演绎论证和归纳论证的比较　/153

四、论证与非论证　/155
　　（一）说明不是论证　/155
　　（二）价值判断不是论证　/157
　　（三）修辞不是论证　/158
　　（四）说服不是论证　/159
　　（五）无根据断言不是论证　/160

五、论证在学习中的应用　/162
　　（一）批判性阅读：解构论证　/163
　　（二）批判性写作：建构论证　/189

第三章 /191
批判性写作

一、文献篇 /194
    （一）文献检索 /194
    （二）文献整理：要养成文献整理的好习惯 /204
    （三）文献阅读：批判性阅读（多篇） /208
    （四）文献综述：主题性阅读 /209

二、构思篇 /222
    （一）从论域到论题 /222
    （二）论证框架：问题—结论—依据 /228
    （三）写作框架（提纲）：提出问题—分析问题—解决问题 /233

三、写作篇 /253
    （一）标题写作 /253
    （二）引言写作 /268
    （三）正文写作 /273
    （四）其他写作 /283

图表索引 /299

参考文献 /301

后　记 /306

引 言

为什么要学习以及学什么?

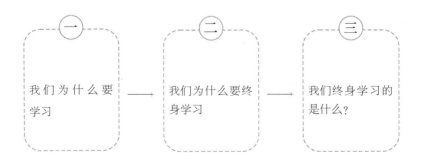

一、我们为什么要学习

二、我们为什么要终身学习

三、我们终身学习的是什么？

一 我们为什么要学习

我们从小就在学习，有些人学习的年限还特别长，比如我，从小学到今天都已经学了 35 年，我身边的大学生也都至少学了十几年。一般人从小学到博士毕业也大概学了有二十年，但是我们很少问自己，我们到底为什么要学习？小的时候，我们的父母告诉我们，学习好能够考上好大学，考上好大学就能找一份好工作，同时还能照顾家庭；我们的老师告诉我们，学习好才能上重点高中，上重点大学，然后才能出人头地；我们的学校告诉我们学习是为了成为一个对国家和社会有用的人；在我小的时候，满大街的标语让我们好好学习，支援祖国的"四化建设"。

我们对这些观念没有辨别、没有批判、没有怀疑地接受了，然后开始了我们的学习历程，从小学到大学，读完本科读硕士、博士，最后到了工作岗位。在这个过程中，我们困惑过、怀疑过、挣扎过，但就是百思不得其解，学习是为了什么？我曾经接待过一个特别优秀的学生，成绩特别好。有一天，他告诉我他要退学，不想再学习了，因为不知道学习是为了干什么。他的妈妈苦口婆心劝他都没用，甚至在办公室给孩子跪下，这一幕对我的触动特别大。我们的教育机构也没有能够准确地向我们传递——为什么要学习、学习的目的是什么，反而诉诸很多宏大的目标，如为国家效力，或者具体目标，如为了学习知识，但是这些目标都不能让学习者透彻地领悟和洞察学习的目的。学习者在没有搞清楚学习跟"自己"最本质和直接的联系之前，培养不起来为国效力的高大情怀，也没有办法说服自己几十年如一日坐在那里忍受学海无涯。

上述问题都是因为没有能从学习者——"受众"的角度来分析学习的目标，而是从国家、社会、父母、亲情、责任、优越的生活等其他角度来总结学习的"目标"并将其强加给学习者。我们没有把学习者作为一个普通的、在社会中生活的人并以此来总结学习的目标，也就是说没有做到以学习者为本，进而导致了学习这种活动中最重要的主角——学习者的困惑！如果你从学习者角度出发，放眼他的工作、生活和全部人生去解读一个人的学习目标，你会发现人学习的目的只有一个——学习是能够让学习者幸福活着的唯一路径。即学习是为了能够在纷繁复杂的社会生活中透过现象看清事物的本质，从而能够让自己成熟、让自己变得理性、让自己身心都能获得成长，最终能够更好地生活、工作，更好地处理学习者与国家、社会、周遭的人、事、物，甚至是与自己的关系。每个人只有平衡好自身和外在的关系，才有可能获得真正的幸福。

马克思曾经说过，人的本质不是单个人所固有的抽象物，在其现实性上，它是一切社会关系的总和。①每个人都是在社会上行走的普通人，在生活中我们会遇到各种各样的问题、挑战、令我们纠结或者不愉快的观念和行为等，甚至在大量复杂的信息面前我们也难辨真假。当人们看不到事物的本质的时候，就会迷惑、纠结，甚至抑郁自杀。我们专业有一个博士生，特别崩溃地

---

① 参见《马克思恩格斯选集》（第一卷），中共中央马克思恩格斯列宁斯大林著作编译局编译，人民出版社2012年版，第139页。

找到我说，她自己辛辛苦苦、勤勤恳恳在图书馆看了两年书，依旧对博士论文没有一点思路，脑袋还是一团糨糊，现在腰椎颈椎都出现了问题，为什么这么努力还是得不到想要的结果？看着她泪流满面的脸，我很难过，待她平静之后我跟她说，现代意义上的努力已经有很多的维度，天天泡图书馆看书只是体力上的努力，除此之外，还要有深度思考的、脑力上的努力。你看了两年的书有没有反思过自己为什么没有进展？自己每天应该看什么？应该怎么看？遵循什么样的规律和方法？我问她："你知道怎么记笔记吗？你知道怎么进行批判性阅读吗？"她摇摇头。我拍拍她的肩膀说："体力上的努力只能感动自己，大脑知道你有没有真正地进入深度的思考。"我让她参加我给我的研究生开设的批判性阅读训练营，她经过十天的训练跑过来告诉我："老师，我之前看书都是看过记不住，流水式记笔记，现在知道怎样提取观点、总结问题、寻找论据和结论，我以前真的是方法不对。"你看，这是一个典型的没有认识到事物的本质从而带来学习上困扰的例子。

人的一生会不停地遇到问题，从这个角度来看人的一生就是一个遇见问题、解决问题的过程，只不过不同人解决问题的方式不同导致了不同的结局。几年前，我和几个同事在一场期末考试的监考中发现一位同学作弊。被发现之后，这位同学情绪特别激动。我和另外一位老师把她叫到办公室不停地开解她，帮她认识到这只是人生的一场小挫折，从中吸取教训，改正自己投机取巧的心态，同时安慰她，只要肯面对自己的问题，依旧能收获美好的未来。年轻的时候，谁都犯过错误，关键是你用什么样的想法、心态面对这个错误。现在，这名学生生活得很好，每年教师节都会给我发信息,并说我在她人生特别关键的时刻拉了她一把。相反,2020 年 6 月,某大学大二学生在补考时因为作弊被抓就跳楼了,结束了自己的生命。他在跳楼之前给母亲发了一条微信说:"妈妈,对不起,不要想我了,我配不上。"① 令人惋惜,如果当时他能以积极一点的心态面对自己的问题,或者如果有老师能够察觉他的心理变化,陪他到思想转变的那个时刻,悲剧也许就不会发生。

那么学习为什么能够让人透过现象看本质呢?我们这里讲的学习不是单纯地学知识,这在下文会详细介绍,我们所指的学习是学习一种思维,通过学习这种思维掌握一套识别事物真相的方法和能力,这才是学习的真正目的。上文跳楼的那个姑娘,如果能认识到人在年轻的时候多多少少都犯过错误,这个错误也不是不可弥补的道理,也许就能避免悲剧的发生。其实别人也没那么多功夫盯着你犯的错误,所有的问题都是自己过不了自己心理这道关口,作出了极端的举动,甚至结束了自己的生命,真是太可惜了。

综上,我们总结一下。我们被外界强加的学习目标其实都不能真正地解答我们心中的疑问——我们究竟为什么要学习。如果我们从受教育者本身出发,会发现作为社会生活的普通一员,每个人都会在人生中遇到这样那样、或大或小、或轻微或严重或特别严重的问题,人生其实就是一个面对问题解决问题的过程,在这个过程中学习就能让我们不断透过这些生活的乱象、问题和挑

---

① 详见腾讯网,https://xw.qq.com/cmsid/20200609A03CYS00,2020 年 12 月 16 日最后访问。

战的表面直达事物的本质，让我们能够经过审慎的思考，理性的判断，得出正确的结论并采取正确的策略来面对这些问题。学习不仅是要学习知识，还要学习一套透过现象解决问题的思维，只有这样才能够让受教育者在人生的长河里得到淬炼、变得通透、获得幸福。至于你的幸福是建立在为国捐躯、为社会服务、为父母尽孝，还是为家庭尽责之上，那只是知识表现形式和个人选择的不同而已。

二 我们为什么要终身学习

不知道为什么，人们总是误认为只有学校才是学习的场所，只有身处在小学、初中、大学的学生才是学习的主体；有的父母还会认为，只有高考之前学习才重要，孩子只要考上大学就行了，大学期间学不学习、学得怎么样都不重要，只要能毕业就行。所以我们看到很多大学生对学习很懈怠，这一方面是高考压力在大学的报复性释放，另一方面也是因为没有参透大学学习的本质。在大学，学习不但仍然重要，而且更为重要；在工作岗位、家庭生活、社会交往中，学习也无处不在，所以现在流行一个词叫做"终身学习"。

举两个例子，一个是我自己的，一个是我堂妹的。我已经博士毕业在大学教书十几年了，寒来暑往每天都按部就班地看书、写作和学习。我母亲对我有一个特别大的疑问：学习不是小孩子的事情吗？再不济也是一个大学生应该干的事，你一个教授、博导为什么每天都把学习挂在嘴边？我笑一笑说："不学习就会落后，你在讲台上就会露怯，你也不会跟随时代与时俱进，你也没有办法用你以前学到的知识原理解决现在遇到的问题……"社会变化多快啊，我小的时候连电视都是稀缺物，现在我身边的小朋友都恨不得有好几部手机、平板电脑之类的电子产品。我堂妹的大学专业是计算机，2005年毕业之后就去北京做了程序员，堂妹在大学学习态度其实不太端正，她人长得很漂亮，很注意吃穿打扮。2010年左右，我有机会在北京住了一小段时间，跟她有了进一步接触，彼时她已经结婚，每天上下班坐地铁的时候手里都拿一本厚厚的英文专业书,衣着朴素,有时间就看书。这有点颠覆我对她的印象。她苦笑着跟我说:"原以为上了大学就学到头了,所以在学习上很懈怠,结果到了工作岗位才发现学海真是无涯,不学习新的技术、代码,你就会看不懂程序。这个行业技术更新迭代特别快,不进步就是等死,今天才认识到学习的本质,其实是'无处不学,无时不学'。"

  单从理论上来看,我们就应该知道,生活的难题是比比皆是,接踵而来的,人生在哪个阶段就会遇到哪个阶段的问题,比如小学课业重,辅导班多,小孩子坐不住,不爱学习——我姑娘就这样;中学生偏科,不喜欢学习;大学生要面对挂科的担忧,失恋的烦恼,网贷的诱惑;职场新人的积累期;职场老马的困乏期;上有老下有小的中年危机;一对闪结闪离的年轻人没有学会怎么共同生活;一对被新生儿扰乱了生活秩序的夫妻天天吵架,因为他们也没有意识到生一个孩子会给生活带来那么多挑战……人生的各个阶段都会遇到困难,而这些困难靠情绪、宣泄、抱怨、吵架是没有办法解决的,只能通过学习来解决。但学校并没有教你如何解决这些问题,你需要在生活中不断地学习,依靠自己的领悟和学校学习到的解决问题的思维把它解决掉。有时候,如果上一个阶段遇到的问题没有得到解决,你还可能会将它带到下一阶段,比如从小不爱学习,学习不是很好,长大后想要找个收入高的工作就很困难;如果收入不高,人到中年上有老下有小,孩子要辅导费,老人要医疗费的时候,你就会焦头烂额、疲于应付甚至无法应付,这样酿成的悲剧也不少。心理医生在给患者做治疗的时候都会追溯他童年的经历,希望通过疗愈童年的创伤来解决他现在生活中遇到的问题,这也说明了问题的连锁反应,上一环节的问题如果没有得到解决就一定会影响下一阶段的人生。问题的连锁反应不仅仅是从个人角度来看很重要，如果从一个家庭角度来看比如婆媳矛盾、从学校角度来看比如师生矛盾、从工作角度来看比如雇佣矛盾、甚至从国家角度来看比如阶层矛盾等，都很重要。如果你的格局足够大，视野足够宽，其实也能意识到这些问题无时无刻不在影响我们的日常生活。例如因疫情导致的石油危机，进一步引发各产油国之间的矛盾，由于对国际石油局势的误判，导致大批投资者买入原油宝这款投资产品，后来中国银行原油宝事件爆发，大批投资者亏损。这说明我们每个人的日常生活都是在某种非常宏大的格局之下发生的，只不过每个人关注的重点不同导致遭遇的问题也是不同的。

举了这么多例子，其实就是想说明一件事情，只有持续学习才能不停地看透事物或者问题的本质，看透了事物的本质，你就知道你面临的问题是因为什么而引发的，你就"有可能"对症下药，你就"有可能"解决这个问题。为什么是"有可能"？因为有些人虽然看透了问题但却没有解决问题的能力，我们还需要不断地练习相关的技能。但无论如何，要先看透问题的本质才能涉及解决问题，这就是为什么我们要强调终身学习的本质化原因。

三 我们终身学习的是什么?

其实,我们不但没有反思我们为什么要学习,就连我们学习的内容是什么也没有搞清楚。前些年,社会上广为流传的是"知识就是力量",上学就是为了学知识。我记得在我上小学的时候,每天爸妈叮嘱的也都是今天老师讲的知识学会了吗?重大考试之前,非常流行的也是各种考试知识点的书籍,比如"高三语文知识点"等。但是,现在我们却发现,很多学生上学成绩很好,一到用人单位却工作能力欠佳,为什么呢?他们明明是有知识的人啊,为什么还有人把他们叫"书呆子"?说他们"读书读傻了"……还有另外一种关于学习内容的说法,就是在我小的时候流传的一句话——学好数理化,走遍天下都不怕!那时候高考报志愿大多数人都选择理科。直到今天,理科招生人数依旧远远高于文科。这种思维背后的逻辑其实是"科技就是生产力",它的历史渊源可以追溯到洋务运动。那时候,中国由于技术落后,受尽殖民主义者的凌辱,因此在近代中国产生了科技兴国的理念,重视现代科学思想的引入,在教育内容上也就开始崇尚科技学习。科学技术非常重要,但是我们必须面对的一个现象是,我国的科技水平仍然与其他国家存在一定的差距。有一次,我们一行人去莫斯科国立大学(莫大)参观,一个随行的团员问我,这莫大应该跟吉大(吉林大学)水平差不多吧?我心下一惊,连忙澄清,不光是吉大比不了莫大,北大清华人大加起来也不行,因为莫大有 11 位诺贝尔奖获得者,我们一个都没有……再说犹太人,据诺贝尔奖颁奖委员会统计,自诺贝尔奖设立以来,犹太人共拿走了20%的化学奖、25%的物理奖、27%的生理与医学奖、41%的经济学奖。① 网上有一个视频说明犹太人和中国人在孩子的教育上存在的区别。② 犹太人的父母在孩子放学之后会问："你今天问了什么

图0.1 国外报道称中国学生缺乏批判性思维③

---

① 参见搜狐网，https：//m.sohu.com/a/240355673_100134151，2020年12月16日最后访问。
② 周其仁：《了不起的以色列》，https：//v.qq.com/x/page/f08748u6rqq.html，8'10″处，2020年12月21日最后访问。
③ 详见世界大学排行网，http：//timeshighereducation.com/cn/news/chinese-students-lack-critical-thinking-due-propaganda?site=cn，2020年12月25日最后访问。

问题？你有没有问到老师回答不了的问题？"中国的父母会问孩子："老师今天都讲了什么？你记住了什么？"正是这种提问方式背后隐含的逻辑不同，显示了犹太人和中国人在教育方式上的不同。以问题为导向的询问孩子的方式直接略过了考查记忆环节，默认并传递给孩子这样的观念——知识的掌握是基础，我只想知道你在知识的掌握基础上有没有提问！而提出问题正是批判性思维的一个契机和起点。中国父母还只是停留在知识掌握的层面上来考查孩子，在这一点上，中国人与犹太人相比，确实存在不小的差距。

说到这，其实我们应当明白，我们学习的目的不仅是掌握知识，超强的科技创造力也不是简单通过学习数理化就能获得的。这里面最核心的，也是我国当代教育相对缺乏的就是批判性思维的培养，这也是中国教育最为某些国家诟病之处。作为中国教育的内部观察者，我们不得不承认，在批判性思维的教育上，我们确实是不足的。**批判性思维**是指识别、分析、评估观点和事实，通过令人信服的推理阐明有证据支撑的结论，能够察觉并克服个人在意识层面的个人中心主义和认识缺陷，在问题的解决、观点的评判、信念的辨别等方面作出合理明智决策的过程中所需要的一系列认知技能和思维素质的总称。在批判性思维的指导下，学习者能够将自己学到的知识灵活运用到实践中，检测自己的知识体系是否完备，在察觉到自己知识体系的缺陷时会主动学习进而补充完善自己的知识体系。由于批判性思维总是与问题的解决相关，在运用知识解决问题的过程中学习者还能够习得相应的能力，如信息检索、辨别与整合能力，实践能力，问题解决能力，甚至在批判性思维的指导下，在现有知识的基础上创造出新的知识，由此学习者就具备了创新能力。而这一系列从问题到解决方案的理性化过程又被我们称为研究活动，学习者由此也就具备了相应的研究意识和能力。同时，批判性思维还会作用于人的大脑、心灵。为了保持批判性思维，你必须尊重客观规律，探寻事物本质，参考不同的观点，倾听不同的声音，从原理、知识、事实层面而非个人情感、倾向、喜好、直觉等角度去寻找问题的解决方案，这就培养了学习者开放的心态，思维的谦逊与韧性，久而久之会培养出成熟的心智。

批判性思维起源于美国20世纪前10年、兴起于20世纪50年代、繁荣于20世纪80年代；是在大学必须教授的课程；目的是培养人的理性思维，培养人透过现象看本质的能力，从而不盲从，不轻信，不会受到蛊惑，不会被PUA①，不会被操纵……在接下来的部分，我们就正式进入批判性思维的学习。批判性思维可以帮我们解决各方面的问题，只要具备了这种思维方式，你就可以对学习中、生活中的很多事物驾轻就熟，这就是所谓的大道相通。本书尝试将批判性思维作为大学的培养目标之一，同时努力发展一套完整的培养路径，虽然本书的目的主要是为了服务写作，而且是表达观点的批判性写作，但其实，你可以将本书所阐述的方法运用到除写作之外的生活、学习、工作等各种场景。

---

① PUA，全称Pick-up Artist，原意是指"搭讪艺术家"，后多泛指很会吸引异性、让异性着迷的人和其相关行为。这里是指通过心理控制，让对方失去理性的行为。

第一章

批判性思维是怎么帮我们解决问题的？

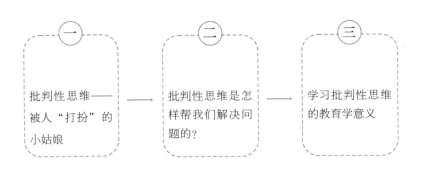

一、批判性思维——被人"打扮"的小姑娘
  （一）批判性思维的定义及解析
  （二）对批判性思维的误解
    1. 将批判性思维等同于否定、挑刺、不友好
    2. 将批判性思维等同于单纯的逻辑推理
    3. 将批判性思维等同于工具

二、批判性思维是怎样帮我们解决问题的？
  （一）批判性思维的组成部分
  （二）批判性思维的灵活适用

三、学习批判性思维的教育学意义
  （一）人为什么要学习批判性思维？
    1. 只有批判性思维才能帮助我们应对人生中不断出现的挑战
    2. 只有批判性思维才能帮助我们克服人类固有的认识缺陷
    3. 只有批判性思维才能帮助我们修正过往形成的错误观念
  （二）批判性思维对于教育目标的实现
    1. 批判性思维能够激活受教育者所学的知识并建立起知识之间的"新联系"
    2. 批判性思维能实现认知的最高目标
    3. 批判性思维能够培养受教育者的各项能力
    4. 批判性思维能够培养优秀的心理特质

一 批判性思维——被人"打扮"的小姑娘

在中国,批判性思维这个词汇并不让人感到陌生,很多学生、老师都在频繁地使用这个词汇;在教学大纲、培养计划等重要文件上也总是会出现这个词汇,不少人都在夸夸其谈自己对批判性思维的"独到见解"和"独特体验"甚至以批判性思维的"老手"自居,对批判性思维妄加评议,但就是没有人能准确地说出批判性思维到底是什么。人们从不同的经验角度谈论着批判性思维,也在从不同的层面误解着批判性思维,这也是由于批判性思维的多学科、综合性的特点决定的。本部分旨在澄清并分析批判性思维的定义,总结其特点及作用,同时揭示人们在认识批判性思维上存在的误区。

(一) 批判性思维的定义及解析

批判性思维有没有一个能够达成共识的定义?答案是没有,但是也有。因为批判性思维具有综合性,涉及多个学科,涉及多个角度和层面,你可以站在任意一个点给它下定义,所以在遍寻了国外和国内关于批判性思维的典型定义之后,笔者发现,虽然侧重点有所不同,但是核心要义又相差无几。例如:

理查德·保罗、琳达·埃尔德(Richard Paul & Linda Elder)将批判性思维定义为一种对思维方式进行思考的艺术,该艺术能够优化我们的思维方式。而它包括三个紧密联系、相互影响的阶段：分析思维方式①阶段、评估思维方式②阶段和提高思维方式③阶段。④ 这显然是一个从心理学角度下的定义，即以思维方式为切入点，试图提升、优化人类的思维方式，进而提高人类的生活质量。

丹尼斯·库恩、约翰·米特（Dennis Coon & John O. Mitterer）认为批判性思维是一种评估、比较、分析、批判和综合信息的能力。批判性思维者愿意探索艰难的问题，包括向流行的看法发起挑战。批判性思维的核心是主动评估观念的愿望。在某种意义上，它是跳出自我、反思自己思维的能力。批判性思维者能够分析他们关键证据的质量、考查他们推理的缺陷。⑤

埃里克·J. 高士、罗伯特·费尔德曼（Erik J. Coats & Robert S. Feldman）认为批判性思维者将细致考查他们决定、信念和行动的基本假设。当他们面对一个新的观念或者一个有利的论证时，他们将谨慎地分析它、检查其逻辑一致性、探索那些可能会扭曲真相的隐含假设。他们也注重对观念和行动的背景以及具体

---

① **分析思维方式**是指在不同的场景中观察思维的各个元素，如目的、待解决问题、信息、解释和推理、概念、假设、结果和意义、观点等。
② **评估思维方式**是指指出思维方式的优缺点，内容的清晰度、准确性、精确性、相关性、深度、广度、重要性和公正性等。
③ **提高思维方式**是指通过强调其优势，减少劣势。
④ 〔美〕理查德·保罗、琳达·埃尔德：《批判性思维工具》（原书第3版），侯玉波、姜佟琳等译，机械工业出版社2019年版，第1页。
⑤ 〔美〕丹尼斯·库恩、约翰·米特：《心理学之旅》，郑钢等译，中国轻工业出版社2015年版，第10页。

环境的考虑。①

斯蒂芬·D. 布鲁克菲尔德（Stephen D. Brookfield）认为批判性思维指的是让学生明确认识到两类假设的过程：一类是让学生查明学者在专业领域内所持有的如何创造和发展正规知识的假设；另一类是让学生查明左右他们自己的思维和行动的假设。批判的思考要求我们查验自己和他人所持有的假设，评估与假设相关的证据的准确性和可靠性，从多个角度审视我们的观点和行动。一个能批判性思考的人更有资格采取明智的行动，也就是以证据为基础的更有可能达到预期效果的行动。②

尼尔·布朗、斯图尔特·基利（Neil Browne & Stuart M. Keeley）认为批判性思维的含义包括以下三个维度③：

1. 要能意识到他们是一整套环环相扣的关键问题

2. 有能力在适当时机以适当方式提出并回答这些问题

3. 积极主动地使用这些关键问题的强烈渴望

布鲁克·诺埃尔·摩尔、理查德·帕克（Brooke Noel Moore & Richard Parker）认为批判性思维不是任凭各种诱惑的摆布，不是轻易受情感、贪欲、无关考虑、愚蠢偏见等的干扰；批判性思维的目标在于作出明智的决定、得出正确的结论。存在着一种思

---

① Erik J. Coats & Robert S. Feldman, Steven Schwartzberg, *Critical Thinking*: *General Principles & Case Studies*, Mcgraw-Hill College, 1994, p. 5、p. 13.

② 〔美〕斯蒂芬·D. 布鲁克菲尔德：《批判性思维教与学——帮助学生质疑假设的方法和工具》，纽跃增译，中国人民大学出版社2017年版，第9—10页。

③ 〔美〕尼尔·布朗、斯图尔特·基利：《学会提问》（原书第11版），吴礼敬译，机械工业出版社2019年版，第7页。

维，它让我们形成意见、作出判断、作出决定、形成结论……它让思考过程接受理性评估。可以说，批判性思维是对思维展开的思维，我们进行批判性思维是为了考量我们自己（或他人）的思维是否符合逻辑、是否符合好的标准。①

斯特拉·科特雷尔（Stella Cottrell）认为批判性思考是一种复杂的思辨活动，涉及广泛的技巧与态度②，包括：

1. 辨识他人的立场、观点与结论
2. 评估支持其他观点的证据
3. 客观衡量对立的观点与证据
4. 能够看穿表面，体会言外之意，并且看出错误或不客观的假设
5. 看穿让论点更吸引人的花招，例如伪逻辑，或说服术
6. 学会运用逻辑，更深入也更有系统地去思考各种议题
7. 根据具体证据决定论点是否正当可信
8. 表达个人观点时能够条理分明，足以说服他人

格雷戈里·巴沙姆（Gregory Bassham）等认为批判性思维意味着清晰理性地思考。更准确地说，广义上的批判性思维是指有效识别、分析和评估观点和事实，认识和克服个人的成见和偏见，形成和阐述可支撑的结论，令人信服的推理，在信念和行动

---

① 〔美〕布鲁克·诺埃尔·摩尔、理查德·帕克：《批判性思维》（原书第10版），朱素梅译，机械工业出版社2015年版，第2页。

② 〔英〕斯特拉·科特雷尔：《批判性思考——跳脱惯性的思考模式》，郑淑芬译，台湾寂天文化出版社2013年版，第12页。

方面作出合理明智的决策所必需的一系列认知技能和思维素质的综合。①

上述对批判性思维的定义，有的从思维方式切入，如理查德·保罗，琳达·埃尔德；有的从能力技巧切入，如丹尼斯·库恩，约翰·米特；有的从个别要素切入，如尼尔·布朗与斯图尔特·基利从提问切入，斯蒂芬·D. 布鲁克菲尔德从查明假设和检验假设入手；更多的是从批判性思维本身作为一种思辨活动，涉及令人信服的推理入手，如格雷戈里·巴沙姆，斯特拉·科特雷尔，布鲁克·诺埃尔·摩尔，埃里克·J. 高士等。从上述定义可以看出，批判性思维是一个包含多个层面，涉及多个学科的事物。心理学研究批判性思维对人的思维、性格、心态以及心理活动的影响，进而考查这种思维的外在行为表现，并试图将批判性思维融入人际关系、社会关系等诸多领域。哲学更多的是将批判性思维作为一个思辨的过程考查这种思维过程的本身对于人类认知的影响。逻辑学作为哲学的一个分支更细致地考查推理中的各个要素及相互作用。不同的学科观察批判性思维的侧重点有所不同。同时，由于批判性思维的路线图非常复杂，涉及不同的环节，从批判性思维的不同层面切入也能观察到不同的内涵，如将批判性思维界定为一种推理活动，将批判性思维界定为一种问题解决的工具，将批判性思维界定为问题引导下的人的思维活动，将批判性思维界定为作出更好的人生、商业、职场等方面的决策的技能……甚至你还可以深挖批判性思维的产生背景、引发的心

---

① 〔美〕格雷戈里·巴沙姆、威廉·欧文、亨利·纳尔多内、詹姆斯·M. 华莱士：《批判性思维》（原书第 5 版），舒静译，外语教学与研究出版社 2019 年版，第 7 页。

理变化、暗含在大脑当中的潜在观念……认识到批判性思维的复杂性和多学科性质，我们就不难理解为什么会出现上述五花八门的关于批判性思维的定义。如果你看不懂这些定义，没关系。跟着笔者围绕图1.1一起来分析批判性思维。

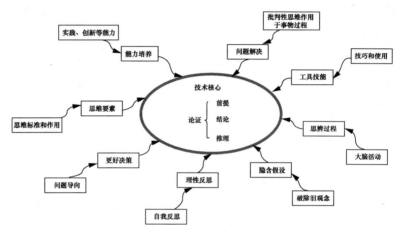

图1.1 批判性思维定义的综合解读

　　无论是从哪个角度、从哪个学科切入的批判性思维的定义都具有一个统一的核心——论证部分，这是批判性思维的技术内核，每个不同的定义都会涉及这个核心，只不过他们会把这个技术内核放在不同的背景、不同的叙事角度去呈现。论证是一个由前提到结论的过程，这里涉及很多复杂的东西如推理类型、逻辑谬误、语言掌控等，这是我们在后文需要详细介绍的内容，在这里不做过多的描述。围绕这个核心，不同的人，不同的论著有不同的叙述批判性思维的角度和背景。那些强调批判性思维是一种思维方式的观点，会从批判性思维的要素出发，强调思维标准和思维的作用；那些认为批判性思维是问题解决和更好决策的基础的观点通常是将批判性思维放在现实生活中并以问题为导向，突出批判性思维作用于事物的过程;那些强调批判性思维是一个思辨过程的观点一般会强调大脑的活动,思维的形成以及认知的过程;那些强调批判性思维是理性反思的活动的观点通常都伴随着对别人和自我观点的审视和观察;那些强调批判性思维是一种找出隐含假设的活动,是破除人们头脑中旧有观念的一种方法的观点,通常关注的是在使用批判性思维解决问题的过程中需要具备的能力,或者在这个过程中能够形成哪些能力;那些将批判性思维理解成工具技能的观点,通常会注重使用批判性思维的技巧和实用功能;那些认为批判性思维有助于能力培养的观点一般会关注人们在将知识转化成实践、创新等能力的过程中思维所起到的连接作用。

所以你看,批判性思维其实是一个可以被"打扮"的小姑娘,而怎样打扮她取决于"造型师"的目的、信念、需求以及学科和社会背景。本书想要从解决问题和作出更好决策的角度来呈现批判性思维的过程,以问题为导向,将批判性思维解决问题、辨别真伪的思维过程通过技术内核——论证呈现出来;同时

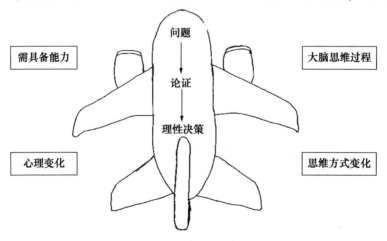

图1.2 本书对批判性思维的界定

也关注在解决问题过程中受教育者需要具备的能力和大脑的思维过程；强调批判性思维的理性思维特性并希望受教育者能感受到理性思考给心理（如破除自我中心主义）和思维方式带来的变化。

（二）对批判性思维的误解

1. 将批判性思维等同于否定、挑刺、不友好

在国内，只要一提起批判性思维，有些人就会认为你是在否定，在质疑，在破坏人际关系。曾经有个人跟我说："我不想听你的意见，你的批判性太强了。"还有一个人跟我说："搞什么批判性思维，现在都是和谐社会！"其实这是典型的对批判性思维的误读。在流行用法中，批判（criticism）往往是负面的、总是批评别人的，这也是为什么国内有学者主张将批判性思维翻译成"品判性思维"的原因。但是英语单词"*criticism*"来自古希腊语动词 *krinome*（meaning to judge），意味着作判断。因此对"*critical*"一词的相关定义应该是一种谨慎的判断或审慎的评价，而并不是必然的否定，也不是不友好。

批判性思维强调不会立即接受对方观点，或者对一个行为、问题不会不经过思考而顺从别人的观点。它主张独立思考，不盲从，要依据客观事实、专业知识，经过审慎的，符合逻辑的推理，再对事件、观点、信息行为等作出判断。结论可能会和对方的观点一致，也有可能是不一致的，是补充性的，当然在对方观点错误的情况下我们也就不能盲从。因此，批判性思维强调的是谨慎思考和判断的评价过程，而将批判性思维等同于否定、挑刺和不友好甚至是破坏和谐，是非常不合适的。因为这时候，非但

结论还没有出来，而且经过批判性思考的结论可能是认同，也可能是否定。即便结论是否定的也不能说明是挑刺和不友好的，因为这种经过事实和专业知识的分析和推理得出的结论是正确的结论，不能因为不接受对方的"错误"结论就认定批判性思维者是不友好的，是挑刺，甚至乱扣帽子认为其是不和谐的。

批判性思维是一种典型对事不对人的思维，批判性思维者对于观点的评价和判断其实跟对方这个人本身没有丝毫关系，谈不上不友好，也谈不上挑刺。持有这种对批判性思维误解的人本身就是不具备批判性思维的。由于我国传统文化主张和为贵、与人为善，很多人会觉得特别有压力，他们特别小心地维持着人际关系，不忍心评价别人在观点和认识上的错误认识，一味追求和气，这一点特别妨碍个人批判性思维的养成，也影响新知识的产生，社会的进步。亚里士多德不是说过么——吾爱吾师，吾更爱真理！澄清"批判性思维就等于否定"这个误解，是了解和学习批判性思维的第一步。

2. 将批判性思维等同于单纯的逻辑推理

逻辑学是批判性思维的来源之一，但不是唯一来源。希契柯克（David Hitchcock）列举了论证的逻辑分析和批判性思维的重合和不重合关系。他指出，批判性思维和逻辑分析有三大方面的不同：（1）批判性思维远远超越了单一的论证；（2）批判性思维包含创造的成分，包括提出并评估替代观点，从中选择最好的；（3）批判性思维包括对证据本身的批判性评估。[①]

如上图所示，逻辑学（论证）构成了批判性思维推演的一个

---

① Hitchcockd, *Crticial Thinking as an Educational Ideal*，载华中科技大学启明学院编：《批判性思维课程研讨会论文集》，2011 年。

主要技术内核,我们一定要遵循逻辑学的基本原则,这是没有问题的。但批判性思维是超越逻辑学的一种思维。逻辑学是构成批判性思维技术内核的一部分,但是批判性思维还包含问题导向的理性决策、对自我和他人思维方式的深刻反思、对大脑认知活动的揭示,受教育者不仅能感知批判性思维在技术层面上带来的学习效果,还能感受自己内在的变化,批判性思维同时作用于人的心理、行为、认知和思维等各个方面。对于在校学生而言,批判性思维的学习过程也是教育目标中对学生的各项能力培养和塑造的过程。因此我们决不能仅仅将批判性思维等同于逻辑分析,或者某些逻辑原则。可以毫不客气地说,批判性思维是培养德智体美综合素质的一种方法,而非仅仅是逻辑上的推理公式及其运用。

3. 将批判性思维等同于工具

将批判性思维等同于解决问题工具的观点并不能算错,因为批判性思维本身具有这样的功能,它能帮人们得出正确的结论和作出好的决策。但是,如果单纯地将批判性思维与解决问题的工具对等又犯了将批判性思维等同于逻辑分析同样的错误。如前所述,批判性思维是一个复杂的、多层面、跨学科的综合事物,它能帮助我们解决问题,但更重要的是注重解决过程的心理、能力、思维、认知等各个环节的互动和影响。将批判性思维工具化将会限制我们对批判性思维的理解。因此,本书为了便于学习者的理解,从实用角度将批判性思维定义为能够通过理性判断和推理解决问题,作出正确决策的过程。但同时,本书仍然会向学习者传递在这个过程中批判性思维引起的其他维度的变化和互动。只有全面地定义、观察批判性思维,才能在批判性思维的学习、练习和使用过程中获得最大的体会和感悟,也会获得更广泛的收益。

二 ｜ 批判性思维是怎样帮我们解决问题的？

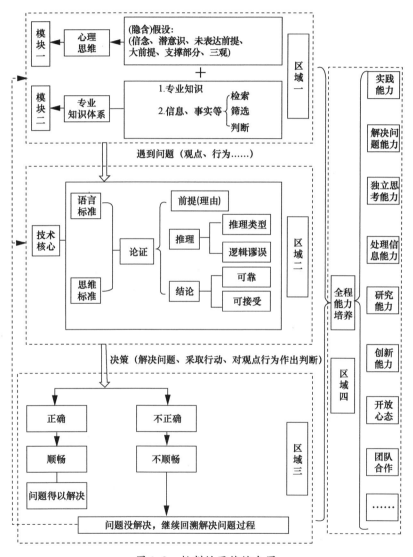

图 1.3　批判性思维综合图

(一) 批判性思维的组成部分

区域一：该区域是我们是否能够作出正确推理和决策的基础部分，也就是说，这是我们决策和推理的依据部分。它分为两个小部分。模块一是**假设**(心理思维)部分，这部分通常在论证中都是被隐含的、不被披露的。假设是一个逻辑学上的术语。在生活中，假设通常是一个人在生活和学习中形成的一些信念、潜意识，或者我们通常说的"三观"构成。假设有很多花式称呼，如逻辑学会把没有表达出来的、隐含的假设称为"未表达前提"，或者在某些场合下称之为"大前提"，图尔明论证模型①又将其称之为"支撑"(backing)部分。不论假设被称呼成什么，被明确地表达出来还是没有被表达出来，在逻辑学的角度上被诠释成假设还是大前提，或者从生活上被解释成观念、信念和潜意

---

① 图尔明论证模型是一种简单有效地构建好论证的模型，主要包括 6 个要素：(1) 论点 (claim)：你所要论证的命题。(2) 论据 (grounds)：用来论证命题的事实证据、理由。(3) 论证 (warrant)：用来连接证据和结论之间的普遍性原则、规律等。以上三点是必要因素。(4) 支撑 (backing)：用来支持上面"论证"的陈述、理由，表明"保证"是真的。(5) 反驳 (rebuttal)：对已经知道的反例、例外的考虑、反驳和说明。(6) 限定 (qualifier)：对论证、结论的范围和强度进行限定的修饰词。以上三点非必需。参见 Toulmin S., *The Uses of Argument*, 2nd edition, Cambridge University Press, 1958, pp. 7, 97, 99–100。

识,这部分都是论证前提(理由)的来源之一。举个例子,你在高考之前学习压力非常大,有一天你跟母亲抱怨说:"学习太累了,不想学了。"你的母亲说:"孩子,坚持,上了大学就好了!"你母亲给你的回答就暗示着这样一个没有表达出来的"假设"——大学的学习没有那么累,或者你想学就学,不想学就不学,能毕业就行,不用非得像备战高考一样,需要考很高的分数。再者,比如我的女儿小时候特别不爱洗头,每次问她:"朵朵①,我们洗头吧?"她都会断然拒绝我说:"不要。"后来我就用了一个逻辑学的小伎俩(逻辑谬误的一种):"朵朵,你是洗头还是洗澡?"对于一个2岁的宝宝,她思索了一下说:"洗头!"当我问到"洗头还是洗澡"的时候,我有一个隐含前提——你要么洗头,要么洗澡,你选一个吧。2岁的宝宝还没有批判性思维,还没有办法识别我的小诡计,于是她每次都会乖乖地洗头。但是这个诡计到了她6岁之后就不好用了,比如我问她,"早餐吃茄子还是吃豆角?"她会反问我,"为什么不能吃肉?"我用这个例子说明,每个人说的话、表达的观点、选用的理由其实在头脑中都有一个假设,这个假设或者是你的观念,比如我就认为早餐应该吃蔬菜,或者我女儿需要多吃蔬菜(因为平时肉吃得多),我就直接问她是A蔬菜还是B蔬菜。所以,我说这句话的隐含假设就是我的观念,我对生活的看法等,你怎么命名它都行。

区域一的模块二是专业知识、信息或者事实的部分。这部分也是我们作出判断、给出理由的依据部分。我们大学的学习都是分专业的,大学生都有自己的专业知识,将来也是要用专业知识解决我们面临的专业问题。知识是回答专业问题,解决专业难题

---

① 我女儿的小名。

的依据、背景。批判性思维之所以是一种理性思维，其本质特征在于我们在批判性思维的指引下使用的是"知识"来作判断，而不是用感性、直观感受、主观偏好、倾向性等作判断。举一个例子，我女儿有一个特别喜欢的脱口秀演员叫卡姆，有一天女儿跟我说："妈，卡姆被抓了，因为吸毒。"我说："哦，很可惜，他以后再也不能在电视上公开表演了。"女儿问我："为什么？我很喜欢他的表演，等他被放出来不还是可以表演吗？"我说："宝贝，国家新闻出版广电总局有规定，这种有污点的艺人是会被'封杀'的，不能再回到公众视野里。"我同时还在网上找到了相应的文件。女儿问："为什么？好可惜哦，妈妈，我好喜欢他的表演。"我回答说："从个人角度很可惜，但是从公众角度来看，并不是这样的。有时候惩罚个人是为了维护整体的利益，吸毒是很错误的行为（但还不是犯罪），一个健全的社会是不会因为个人去破坏整个社会的体系和秩序的。"

　　请注意，在这段谈话中，我女儿作判断的依据都是主观感受类的，例如，我喜欢他，他放出来可以接着表演；好可惜……这些结论的背后都是小女孩的一厢情愿。而作为法学专业出身的一个妈妈，我作判断的依据全程都是法律规定和相关权威文件，而非个人的主观好恶。如，因为国家新闻出版广电总局的规定，所以卡姆即便被放出来也不能再从事公众表演；因为需要维护公共利益进而惩罚个体的吸毒行为（破坏公共利益），因此卡姆需要接受惩罚。要想对一件事情作出专业的解读（也是理性的解读）是需要有专业知识和专业精神的，有时候你可能不具备个别知识点①，你也可以通过检索相关的规定——如国家新闻出版广电总

---

① 每个学科的知识都是浩如烟海的，我们只要掌握了学科的基本原理和基本知识，其他的知识可以按需检索。

局的相关文件——来形成你的专业判断。最后我还是安慰了一下女儿,吸毒不是犯罪,没有触犯刑法①,按照《治安管理处罚法》的规定,处15日以下拘留、缴纳罚款就会被放出来。你看,这条判断仍然是基于专业知识和事实,而非主观感受。

几天后,我刚下班,我的女儿从房间里跑出来急匆匆地跟我说:"妈妈,卡姆被判刑了,你不是说他没触犯刑法,只会被拘留吗?"我说:"哦?是吗?那一定是我们之前的讨论遗漏了什么关键的信息。"上网一查,果然,卡姆容留了4个人吸食毒品。于是我跟女儿解释道:"如果是个人自己吸毒,是违法行为,但是容留他人吸毒是犯罪行为。法院基于这个事实和《刑法》第354条的规定判处卡姆有期徒刑8个月是适当的。"这个例子用来说明,随着事件披露的信息越来越多,我们的判断也会随之改变,同时也提示大家,漏掉关键的信息会导致判断出错。所以,批判性思维通常也会伴随着对信息的检索、筛选和判断、对事实的查明等活动。

所以,给区域一做一个小结,这是一个我们作出判断的脑力基础部分,是我们判断理由、结论的来源,它包含我们在之前的生活、工作、学习经历中形成的信念、潜意识、观念等。它们也许是正确的,也许是不正确的;也许是理性的,也许是非理性的。这部分在逻辑学或者在论证结构中通常会表现为假设(也许也是隐含的)、大前提、未表达前提、支撑部分等。当这部分是正确的,你的结论和理由也许是正确的;但当这部分是错误的,你的结论和理由一定是错误的。区域一还有另外一个部分就是我

---

① 违法是指违反除刑法之外的法律的行为;犯罪是指违反刑法的行为,犯罪行为后果比较严重,会招致刑法的处罚。

们的专业知识、接触的信息和事实，这也是我们用来作判断的一个脑力基础，通过上述卡姆的例子，也很好地向大家诠释了专业人士和非专业人士对待一个问题的不同方式，从侧面反映出专业学习的重要性——专业知识体系欠缺是无法正确解决问题的。同时需要注意，即便你的专业知识是完备的，但是对于事件的信息、事实部分掌握得不充分，不正确也是会作出错误的结论的。再一次提醒大家，区域一中的"假设"部分只能是在客观的，理性的，接近真相的情况下才能帮助大家作出正确判断。但是，我们遗憾地看到，这个部分经常出错。而区域一中的专业知识和信息部分也只有在知识体系完备，对知识理解正确，信息完全准确，事实真实可靠的情况下才有助于我们作出正确结论，但遗憾的是这个部分也经常出错。批判性思维会帮我们审视我们头脑中的这两个部分，如果有问题，它会告诉你，至于你改还是不改，取决于你是否想成长，成长都是伴随着痛苦的。

再给大家举一个专业不同，看问题的角度也会不同的例子。我的专业是法学，我先生的专业是医学。有一天，我们步行经过一段比较宽阔的路面，马路对面发生了一起车祸，一辆白色轿车将一位女性刮倒在地上。我俩不约而同驻足观察对面的情况，此时我的大脑正在勤勉地调动专业知识来判断这起事故中的责任划分问题。忽然，我耳边传来了我家先生富有磁性的声音："没事，患者伤得不是很重。"我没料到他也正在用他的专业知识判断这起事故，于是诧异地侧头瞅了他一眼，问道："你是怎么看出来的？"先生说："家属的表情不是很悲痛……"当然，在这个例子中不涉及专业知识判断，只是他的医疗背景帮他作出的一个经验判断。举这个例子是想说明不同专业的人对同一个事件有着不同的观察角度，捕捉不同的信息，会作出不同的判断。

区域二：这部分是我们的技术核心区，关于推理、论证的所有内容都集中于这个部分。首先，我们需要认识到这个部分的发动是由"问题"引导的。也就是连接区域一和区域二中间的那个箭头。当你遇到问题——无论是生活、工作还是学习上的；抑或是你碰到了一个观点；遭遇到了一个对你有影响的行为……尤其是当这个问题还特别复杂的时候，你就需要进入到分析推理的这个部分。这个部分不仅能够让你理清自己的思路，同时也更加能够让对方明白你的观点、观点的依据和整个思考过程。也许你会说："我为什么非得让别人明白呢？"批判性思维其实既可以帮我们内省，反思自己的思考模式和过程，优化自己的思维，同时它又是一个沟通工具。每个人都生活在社会中，与周遭发生着各种各样的关系，研究生向导师汇报研究进展；公司员工向老板汇报工作；研究员向国家申请项目经费……这些行为都需要人们表达自己的观点。在表达自己的观点的时候，语言文字只是一个载体，能够说服别人认同你的是你的思维，缜密的逻辑。所以，必须学会这一整套论证的工具，并明白这个论证区域和上文所提到的区域一之间的关系，因为我们活在一个时刻需要表达自己观点的时代。

　　其次，当我们明确了论证过程是需要问题引导并与区域一有千丝万缕的联系之后，我们要明白论证过程其实就是给我们面对的问题提出一个结论并且给出理由的过程。举个例子，一个人肚子疼，持续血便就医。医生在了解完情况之后其实心里已经有了一个初步的答案，怀疑是肠癌。这时候医生动用的是区域一专业知识、专业经验等作出的初步判断，但是这样的判断毕竟不精密，于是医生开了CT、彩超以及肠镜等检查。CT和彩超检查结果提示"考虑cancer!"医生进一步给患者做了无痛肠镜，并在做肠镜的过程中在患处提取了相关组织细胞，送到病理科进一步检验。很快，病理结果出来了，提示腺性癌细胞肿物，至此，该名患者确诊，患了直肠癌。我们一起回顾一下这个论证过程：医生根据患者口述先动用区域——大脑的储备作出预判；医生有了CT检查结果、彩超检查结果；医生有了肠镜活体做的病理结果。所有这些理由都指向一个结论——该名患者得了癌症。得出这个结论，有非常充分的理由或者前提支撑。这就是一个论证：

前提1：患者口述

前提2：CT检查提示

前提3：彩超检查提示

前提4：肠镜和病理提示

结论：肠癌

到此，这个论证的过程结束，回到问题本身，患者在已经被确诊肠癌的基础上应当怎么决策则是区域三的范畴。在区域二，论证本身是一个非常复杂的技术过程，对于前提、结论、前提与结论之间的推理关系都有着规范化的要求，比如前提要区分事实和虚构，观点和事实等。有些时候人们并不能准确地区分虚构和非虚构之间的关系，这也会对前提是否成立产生很大的影响。观点和事实（信息）之间的区分也存在很多的标准，尤其是信息，不能拿过来就用，要学会甄别。再比如，推理区分为不同的类型，简单来说就是演绎推理和归纳推理，在推理过程中还会产生很多逻辑谬误，只要避开这些逻辑的"坑"，或者识别别人通过使用逻辑谬误对你耍的那些小花招（还记得我是怎样哄骗女儿洗头的吗？）就证明你已经开始具备一定的批判性思维了。同样，根据推理的类型不同，结论有可能成立，也有可能不成立，即便是成立的结论也可能表现为可靠结论或者可接受结论，结论类型的不同直接决定将这些结论应用到现实的问题本身时应采取的决策。

在图1.3中论证部分的左侧是对论证的要求，其一是语言标准，其二是思维标准。论证的语言要求是指在论证当中，不论是哪个环节，前提、结论、推理所使用的语言都要清晰准确，不能有歧义，不能含糊不清，不能太抽象以至于无法理解……所使用的定义必须能够准确地说明事物本质，同时注意在与交流对方（受众）认知的同一水平上使用概念、名词、术语。这些语言环节上的问题如果处理不好也会影响论证的过程和论证的质量。

要求：请用彩笔画一些花花草草添一些生气

图1.4 论证的语言要求示例

图1.4是我儿子画画书上的一幅图画，原意是希望引导孩子在上面画画，给这个环境添点生机盎然的花花草草。我儿子问我："妈妈，'生气'怎么画（我儿子识字）？"我很诧异，问道："谁生气了？为什么要画生气？"儿子说："不知道谁生气，可能是小鸡生气了。"后来我拿过这本画画书才明白，这个生气不是指情绪上的生气，而是环境上的生机盎然。这就是语言上的歧义。语言的问题还有很多，这里点到为止，后续还会在相应的部分展开。此外，论证本身也是思维的一个环节，必须遵循思维的

标准才能够成为一个好的论证,比如清晰、准确、切题、前后一致、完整、公正等。

综上,区域二是一个核心的技术模块,在问题的引导下,在区域一的作用下,区域二开始启动(有时候区域二和区域一互动的界限不是很清晰,请读者在学习的过程中仔细体悟)。围绕问题,区域二会给出理由,经过推理得出结论。在学习的过程中,只有当前提正确、前提能够推出结论的情况下,结论才会是可靠的或者是可接受的。同时论证还需要满足语言学和思维的一些要求和标准,克服为数众多的、常见的逻辑谬误才能够形成一个好的推理,为后续的决策部分做好铺垫。

区域三:这个区域我想把它称为决策和检验模块。一般情况下,当区域二推出了一个结论之后,比如患者得了癌症,下一步采取什么措施?我们不得不承认图 1.3 是一个简化了的模型。通常,在决策环节还包含推理,比如患了癌症怎么治疗?手术?放疗?化疗?还是不治?这就在新的问题引导下又回到了区域二的论证环节,但是我们今天不探讨这个问题,我们只是得出一个结论,这个患者得了癌症,如果是早期癌症,手术可以治愈的情况下,那么患者可能采取的决策就是住院治疗。这就是在区域二得出的结论——早期癌症的基础上作出的决策。也即,当决策过程不是特别复杂的时候,区域二的结论就能直接导向决策。当决策过程很复杂的时候,可能又会引发新一轮的论证推理,这也是复杂问题和简单问题的区别。

决策和检验模块还有另外一个功能就是检验区域二和区域一的思维过程。如图 1.3 所示,当你根据区域二的结论作出决策之后,会面临两个局面,一个是决策正确,问题得到解决。另一个局面是决策不正确,问题没有得到解决。这说明之前的两个环节出错了。或者是在论证环节出错了，如前提出错、推理出错、结论出错；或者是整个论证在语言标准和思维标准方面出错了。如果这个环节没有错，那么再往回追溯，是不是专业知识、信息事实方面的错误，抑或是假设部分出的错。哪个部分出错了，就要纠正哪个部分。就像警察办案子的时候，循着一条迹象推不下去，陷入僵局或者得出错误结论的时候就需要从头开始捋，一点一点地排除。正如阿瑟·柯南·道尔（Arthur Conan Doyle）所说："排除了不可能，剩下的不管多么难以置信，一定就是真相。"①

图1.3里还有**区域四**，指的是批判性思维能够培养受教育者多种能力，这部分放在后续的批判性思维的教育意义中展开，在此仅为了解说图1.3的完整性而点到为止。综上，我们借助一幅图向大家展示了批判性思维的运作过程。诚如我们在本书的一开始介绍的那样，批判性思维是一个综合性、多学科的概念，可以从很多角度、层面、学科切入。本书为了方便读者理解，也考虑到大学生群体的认知能力和水平，采用的是以解决问题、更好决策这条线索将批判性思维的过程串起来，并将批判性思维的一些能力元素、思维元素、心理变化和思维过程适当融入（还记得像小飞机的图1.2吗？），尽量全面地展现批判性思维的整体画面。

（二）批判性思维的灵活适用

我们在上文根据批判性思维的综合图，按照从区域一到区域

---

① 〔英〕柯南·道尔：《神探福尔摩斯》（第4卷），岳文楚、周可等译，中国文联出版公司1995年版，第232页。

三的顺序给大家介绍了批判性思维的各个组成部分以及相互之间的互动关系。但实际上,现实中的生活不可能理想化地按照我们这个顺序从上到下发生,批判性思维的各个部分其实运用起来并不是必须全都出现,也不必然完全按照图1.3中的顺序。根据遇到的问题不同,我们在运用批判性思维的过程中可能仅使用其中的某个区域就能解决问题。再有一种情况是,有些问题是需要正着推,有些问题需要逆着推,甚至是越过某些环节推,这是在将批判性思维运用到复杂的现实生活中产生的各种变化形态。因此,图1.3仅用来说明批判性思维的组成部分、相互关系以及一个最普遍的思维过程,它在各种各样的现实问题面前会呈现出不同的变化形态。但不管怎样,批判性思维的核心精髓是不会变的。以下用几个例子来说明批判性思维的不同变化形式。

例1 逆推的例子:隐含假设错误,需要改变既有观念的

这是我曾经接触过的一个案件,婆婆把儿媳告上法庭,说儿媳没有履行赡养义务。在这个案件中,婆婆的逻辑是这样的,儿媳没有履行赡养义务,婆婆用法律手段"迫使"儿媳履行赡养义务。这里面有一个隐含假设——它是什么?你可以尝试思索一小下,对的!——婆婆认为儿媳是有赡养义务的,为此她们吵到了法庭上。法庭的判决会怎样呢?批判性思维是一种理性思维,理性思维就要求我们不能根据想象来进行判断,得根据知识和事实。通过查阅法条,我们会发现《中华人民共和国老年人权益保障法》规定,赡养人是指老年人的子女以及其他依法负有赡养义务的人。赡养人的配偶应当协

助赡养人履行赡养义务。可见，子女的配偶不属于赡养人的范畴，所承担的仅仅是协助赡养义务，法律也没有规定儿媳对公婆、女婿对岳父母负有赡养义务。因此，婆婆只能败诉。举这个例子不是为了宣扬儿媳可以不管公婆，是要捋清楚公婆和儿媳之间的本质关系是什么。对于公婆而言，自己的子女赡养自己是本分，子女的配偶赡养自己是情分。老人不能用"本分"来要挟儿媳或者女婿；如果子女的配偶对老人照顾有加，老人也不能心安理得地接受而不表示感谢——东北话讲要蒙情。因为，从法律上讲，子女的配偶是没有赡养义务的。摆清楚两者之间的关系，上帝的归上帝，恺撒的归恺撒。老人既不能强求子女的配偶像子女一样对待自己，承担相同的义务；儿媳也不能单纯地认为自己没有法律上的责任而忽略情感上的交流和生活上的照顾。

在这个例子中，老人的逻辑就是发生了隐含假设的错误，她的隐含假设是头脑观念，她错误地认为儿媳是有赡养义务的，因此理直气壮地把儿媳告上了法庭。我们一起来看一下，在本案中，错误发生在区域一，这种事实简单、法律关系清晰的案件比较好分析，推理过程也不复杂，依据法律规定，把错误认识指出，进而就能把问题解决。类似的案件还有一位老人借款不留欠条，上法院打官司败诉不能接受，就在法院门口大哭大闹。这位老人认为，欠债还钱天经地义，法院为啥不保护我呢？可是真实的情况是法律并不知道你是否借钱给他，为了不冤枉一个好人，也不放过一个坏人，法律要求债权人必须提供证据（欠条）来证明债务的存在。这起事件的发生，也是因为老人在隐含假设方面出了问题。说到这里，作为一个法律工作者，我们很遗憾地看到其实很多人头脑中的观念都是错误的，三观也是不端正的（比如认为家暴妻子没什么的丈夫）。①

例2　逆推的例子：大前提不清晰，头脑中缺乏相应观念，需要被构建的

由于在高校工作，经常会面对大学生，大学生这个群体既充满朝气，也让人觉得稚嫩，他们经常会问我一些我根本回答不了的问题，很有意思。比如，曾经有同学问我："老师，你说我应该是考研还是找工作？"作为只给这个学生上过一门课的老师，我真是没办法回答这个问题。我觉得这个问题就相当于你在吉大门口拦住我问："老师，我是应该坐13路还是应该坐315路？"这时候我得问你，"孩子，你要去哪儿"，对吧？只有你告诉我你的目的地我才好帮你判断应该坐哪路公交车。也只有在你告诉我你将来要干什么之后，我才好帮你分析你是考研还是找工作，因为考研也好，找工作也好，归根结底都是为目标服务的。至于你将来适合干什么，想要干什么，这个事真是个人需要思考的问题，别人的意见真的只能用来听听，参考都谈不上。在这个例子中，你会发现，只有当头脑中相应观念被良好地构建起来的时候才能将这个问题解决掉。相反的一个例子，是我会

---

① 说到这里，推荐大家看一部印度的电影《耳光》，说的就是在对丈夫家暴习以为常的印度社会，一个女性奋起反抗引发整个印度社会反思他们这个社会的"隐含假设"的故事。

计系的一个同学给我讲的,他们在上大学的时候学会计做账,看不懂,也觉得好烦,大家普遍都厌学。班级里只有一个同学对这门课程感兴趣,而且学得好。后来发现,这个同学家里有企业,爸爸希望他能读懂家里企业的会计账本,所以他头脑中就有这种观念,并且也有实习的地方,成绩就很好。同样一个班里学习的同学,每个人上课跟老师学习的都是一样的知识,但是由于头脑中的观念不一样,经历和体验知识的方式也就不一样。

在我的公众号①后台,有一位读者留言说:"老师,我是本校 2019 届的学生,怎样知道自己想要什么呢?"这也是典型的头脑中的观念没有被构建起来的例子,我的回复是:"在做中思考,在思考中做,逐步观察自己,了解自己,了解社会运作的规律,然后就知道自己想要什么了!"学生继续问我:"做什么呢?"我的回复是:"从你手边应该做和能做的事情做起,比如学习,比如实习,比如社会实践,甚至谈恋爱,你都是可以从中学习和体会到人生的道理的……"所以,所谓的区域一的假设部分,其实是人们在过往的经历中形成的一些认识、观念。这里面需要注意的有以下几点:一是这些认识都是你在人生的经历中形成的,你听、看、观察、做、经历等。所以,只有你把自己置身在一定的环境中、事件中你才有机会听、看、观察……二是你的经历帮你在大脑中形成的这些观念有可能是好的、正确的观念,也有可能是坏的、错误的观念。拥有正确观念的人,我们会说这个人三观很正,拥有错误观念的人我们会说他三观不正,这是由于你的经

---

① 微信公众号"女教授跟生活的死磕",微信号 meilinvjiaoshou。

历和你怎样看待经历造成的。"孟母择邻而处"的道理说明了，人跟着什么人就学什么样子，所以你要想在头脑中形成正确的观念，就要跟着观念正的人学习，从事一些光明正大的事情；反之，总是做一些蝇营狗苟之事，跟一些不务正业之人相处，头脑中的观念很难端正，除非你具备批判性思维，能对他们的错误加以辨别，进行反思性学习。

  我在律师事务所工作的时候，有一年同时来了两个实习生，跟了不同的师傅学习，其中一个师傅的办案风格就是吃吃喝喝拉拢关系，每天带着实习生周旋于酒桌、饭局和声色场所。另一个师傅的办案风格是踏踏实实做好业务，从不应酬，虽然损失了一些客户，但是也吸引了一些希望把案子做好而不讲究浮夸风的顾客。跟着这位师傅学习的实习生每天就跟着律师研究案子，钻研法律。我观察这两个实习生，她们在两个月以后就形成了不同的行事风格。第一位实习生认为办案子就得拉关系，专业排在第二位，甚至不重要。这导致其行为举止社会气、江湖气很重，专业性相对差。第二位实习生认为办案子靠专业，社会关系不是那么重要，因此养成其行为举止书生气、专业性较强，社会性较弱，江湖气没有。所以，跟着什么人学习，每天做些什么事以及怎样做事对观念的形成至关重要，直接导致外在行为、内在气质都是不一样的。撒切尔夫人曾经说过："注意你的思想，因为它会变成你的语言；注意你的语言，因为它会变成你的行为；注意你的行为，因为它会变成你的习惯；注意你的习惯，因为它会变成你的性格；注意你的性格，因为它会变成你的命运。我们怎么想问题，我们就会变成怎样的人（What we think, we become）。"①

---

① See Movie: *The Iron Lady*, Director: Phyllida Lloyd, Production Comanies: Pathé, Film4, UK Film Council, 2011.

例3　正推的例子：观念清晰，大前提准确，直接推导结果，做决策

刘备在临终之前写给儿子一封信，他知道后主刘禅"庸弱"，通过这封信①，他想要告诉儿子的是：比智力，诸葛亮可以甩你一条长安街，对付诸葛亮这样的聪明人，只管祭出仁义道德这个利器，加上"父事之"的办法，用君臣名分制约、用道德绑架的方法来驾驭。但是刘备觉得光是写信给儿子还是不够，于是又在临死之前把群臣叫到跟前，当着群臣的面跟诸葛亮说"若嗣子可辅，辅之；如其不才，君可自取"。你看看，刘备是个狠角色，这番话当着群臣的面说给诸葛亮听，实际上是道德绑架。吓得诸葛亮急忙跪下表忠心："鞠躬尽瘁、死而后已"。这样，刘备就用道义，采取公示②的方式钳制住了诸葛亮。

在这个例子中，刘备的观念也就是大前提是非常清晰的：诸葛亮聪明有才不好被后主驾驭，但是这种人容易被道德、道义和封建伦理捆绑，毕竟诸葛亮是读书人。刘禅无能，根本牵制不了诸葛亮这样的人。在这种前提之下，刘备一方面告诉儿子怎样继续管理手下这帮"能人"，另一方面当着群臣的面逼诸葛亮承

---

① 这只是一种解读，还有其他多种解读，我们不纠结，就是用它作为一个正推的例子。
② 法律上有公示原则，是指物权在变动时，必须将物权变动的事实通过一定的公示方法向社会公开，从而使第三人知道物权变动的情况，以避免第三人遭受损害并保护交易安全。刘备用的方法类似公示原则，逼诸葛亮当众承诺不会造反。

诺，并不惜以"如果我的儿子不值得辅佐，你可以取而代之"这样违反封建伦理道德观的话来试探诸葛亮，更主要的是捆绑诸葛亮，让其在群臣面前表态——他不会谋反。最后，诸葛亮跪地承诺，鞠躬尽瘁死而后已！也得以让刘备的蜀汉政权多维持了一段时日。

如果说这个例子让你觉得很久远，那么我们看一下新近的张玉环案①。这是新中国历史上羁押时间最长的冤案，蒙冤者在获刑 26 年之后获得改判。这个案件的代理律师王飞在 2017 年接受委托，经过仔细阅读卷宗之后发现：根据现行法律，张玉环案存在着刑讯逼供、证据与案件没有关联性、证据之间存在矛盾、被告人没有辩护人等问题。因此王飞律师从自己的专业判断出发，认定张玉环案件是一起误判，无偿为张玉环提供法律援助，并终于在三年之后推动该案改判。这也是律师从自己正确的专业认知出发，对现实的情况进行推理和判断，最终促成了该案的改判。

以上两个例子中，你会发现决策人都是头脑十分清楚，专业判断十分准确，采取行动稳准狠，最终效果也是令人满意的。人头脑中对于事物的认识越正确、越接近客观真相、掌握的专业知识越准确，就越有可能对事物形成正确的判断，不但能解决问题，还能扭转对自己不利的局面。

---

① 详见新京报，http：//baijiahao.baidu.com/s? id = 1674088171210346012&wfr = spider&for = pc，2020 年 12 月 21 日最后访问。

三 | 学习批判性思维的教育学意义

（一）人为什么要学习批判性思维？

批判性思维是一种理性思维，它区别于非理性思维的关键在于它是以正确的观念、事实、专业知识等可靠的前提作为依据，经过推理对事物作出的判断。非理性思维是根据直觉、感情、偏好、感受等并不可靠的主观经验对事物作出的判断。批判性思维对我们日常的学习、生活、工作以及人生都具有非常重要的指导意义，这是人必须在后天努力学习的一种思维方式。可以说，是否具备批判性思维是人和人的本质差别。此处进一步展开说一下，人为什么要学习批判性思维：

1. 只有批判性思维才能帮助我们应对人生中不断出现的挑战

正如我们在本书开篇提及的，人的一生会不停地遇到不同的问题，没有什么东西能持续有效地帮助我们解决问题，比如知识、比如金钱、比如……只有拥有批判性思维，并在该种思维的指导下，动用你所有的脑力、体力、内部、外部、物质、精神等各方面资源才能将问题解决掉。当你还是未成年人的时候，还不具备这种思维，所以你所有的问题都是你父母出面帮你解决，你的决策也是你的父母帮你作出。当你逐渐长大之后，尤其上大学开始独立生活之后，就要学会这种思维习惯，自己学着处理自己的问题。每个人都要主动或者被动地处理自己遭遇的问题，只不过拥有批判性思维使你能够将问题处理得更好、更适当。前一阵子，听一个在高校工作的朋友说了一件事情。有一天晚上，一个男生因其女友提出分手，于是非常生气和激动，并拉扯着这个女生跳楼，这件事情也惊动了校领导和派出所。一番调解之后，男孩平静下来，放开了女孩。事后，经过心理咨询了解到该男孩就是忍受不了一段无疾而终的感情，认为自己已经付出很多。大学谈恋爱这个事情最后能够功德圆满的很少，不是每一段感情都会有结果，但是通过与人交往，你可以认识自己，认识他人，逐渐意识到自己需要一个什么样的伴侣。这就像你是个新生，初来乍到，到学校食堂吃饭，你总得多吃几次才能知道这个食堂的包子好吃，那个食堂的面条好吃……如果这个男孩能够有这样的思维，处理起感情问题也就不会这么极端了。在职场也是如此，你越是设想和期待一个宏伟的职业目标，你越需要批判性思维的指导，帮助你处理和同事的相处，跟老板的汇报，提出新的工作设想，争取更大的工作业绩等，这些都需要思维。比如腾讯的张小龙团队成功开发出微信，一下就在互联网时代占据了中国人大部分流量。后来，腾讯还以微信为依托开发了微信支付与阿里巴巴的支付宝抗衡，以至于后来阿里巴巴为了扳回一局开发了"来往""钉钉"等软件跟微信抗衡。后来字节跳动又推出了另外一种形式的社交软件"抖音"弥补了微信只能发文字没有视频表达的缺陷，迅速占领了市场份额。尽管腾讯后来推出了微视频，但是一直处于被动局面。想要在商场和职场上打拼出一番事业，就必须以问题导向、趋势导向、需求导向设计产品，这是学校不会教给你的，只是看谁具有敏锐的思维力，新东方、阿里巴巴、百度和腾讯都是这样起家的。在互联网的世界里，只有拥有创新思维（这也是批判性思维的一种表现）的人才能立于不败之地，否则时代抛弃你的时候连再见都不会说。

我可以再举一个被时代抛弃然后又赢回了时代的例子，这就是WPS与微软office的故事。最开始，在office没有进入中国的时候，中国人都用金山的WPS，那时候雷军还在金山并主要负责WPS的技术支持，当时的WPS是收费的。后来微软想要进入中国市场，发现中国市场是被WPS占据的，没有位置。于是微软找到金山公司，想要通过协议实现两个软件的兼容，共享中国市场。这个想法显然是不符合金山的想法的，被拒绝了。在这种情况下，为了进入中国市场，微软采取了一个策略——纵容盗版。我记得我上学的时候，大家电脑里装的都是盗版office办公软件。盗版不花钱，学生群体用得特别多，当时老师们用WPS，学生们用office，导致导师在查收学生们的文件的时候总是不兼容，慢慢地，老师们也不得不下载安装office。就这样一步一步，微软占据了中国市场，将WPS打得落花流水，雷军也特别失意。后来雷军又重新振作，果断提出立足办公软件、全方位进军家用软件市场的战略理念，带领WPS又重获市场追捧，再现昔日辉煌。当然，这一切的发生跟当时的一个大背景分不开——棱镜门事件，为了网络和信息安全，大部分办公软件也都选择了国产品牌。这也跟华为手机逐渐取代苹果手机的背景有关。在这个例子中，希望大家能看到，商战职场从来都是挑战思维极限的地方，没有思维就玩不转，从微软的宁可损失也要纵容盗版，到金山集团提出的新战略使WPS在信息安全的大背景下奋起直追，上演了很多批判性思维的经典案例。①

2. 只有批判性思维才能帮助我们克服人类固有的认识缺陷

人之所以要学习批判性思维，不仅是因为生活中经常会有问题出现，需要更好地把这些问题处理掉，还因为这个处理问题的能力也就是批判性思维不是天生的，也就是人的"出厂设置"里并没有这样的思维，完全需要后天努力学习。不仅没有"出厂设置"，人还天生具有某些思维局限阻碍我们建立批判性思维。比如自我中心主义、群体中心主义等。自我中心主义指的是人们通常根据自己的需要和情感对事物进行判断和采取相应的行为。这是瑞士心理学家皮亚杰和英海尔德提出的。② 自我中心主义从婴幼儿时期就开始在我们的身体中发展，孩子特别小的时候，这种自我中心主义是在没有"意识"的情况下发生的，这是因为婴儿总是通过自己的身体和动作为中心来认识周围，认识他所处的世界。比如婴儿有一个非常明显的口腔期，愿意把自己的手放在嘴巴里啃。老人经常会说，小孩的手上有二两蜜，用来形容这个时期孩子爱吃手的状态。但是实际上是因为孩子突然发现了自己的手，通过用嘴巴吃手来感受这个"东西"。等到小孩子会爬了之后，他会尝试把自己能够触摸到的所有东西都送到嘴巴里尝一尝，这也是婴幼儿认识世界的一种方式。由于婴幼儿只能通过自己的身体如嘴巴、手、脚以及主观感受如触觉、嗅觉、味觉、

---

① 详见搜狐网，https://m.sohu.com/a/345553649_ 323552，2020年12月21日最后访问。
② 林菁：《皮亚杰的儿童"自我中心"理论述评》，载《学前教育研究》2001年第1期。

视觉以及听觉等来认识世界，通过上述手段收集到的信息也都会反馈到婴幼儿的身体系统中。所以，从小我们就是从自身出发来认识世界的，也就产生了一个潜移默化的认识世界的前提——从自身出发来认识世界并将认识世界的信息反馈到自身，这被认为是自我中心主义的来源。之后，即便我们长大了，已经不主要依靠身体和动作而是主要依靠"意识"来完成对周遭的认识，这时候我们仍然是用自己的经验和视角去认识事物，人们是很难关注别人的意见和看法的，对客观事物的认识带有强烈的主观性。

　　自我中心主义就是这样在人类小的时候就形成了，它使得人类完全从自身的角度出发去看待和判断周围的事物。这就是我们固定在身体里的认识世界的一种模式，也可以说是人类的"出厂配置"。可是批判性思维则要求我们不能从自身出发认识事物，而是从客观实际出发，尽量做到客观、公正，考虑除自身之外的、其他人的观点和事物发生发展的客观规律。但是，很不幸，绝大多数的人都是自我中心主义的。比如，你上班快要迟到了，赶到电梯门口的时候，电梯门马上就要闭合，你一边喊着等一等，一边迅速按下电梯键，希望能够搭乘这趟电梯。很幸运，电梯门打开了，你挤进了电梯。这时候你心里窃喜，好高兴，眼看着电梯门在你面前即将关闭，突然又有一位女性跑过来，大声地喊着，等一等。然而你却当作没听见，甚至偷偷按了关门键。心里也许还想着，坐下一趟吧。这段描写就是关于人在挤电梯前和挤上电梯之后心理发生的变化，根源就是自我中心主义。你去试想一下，其实人们很多时候都是从自己的感受、感觉、喜好来判断事物和采取决策的。比如你和你的室友是好朋友，关系一直很好，但是由于你的期末考试成绩比她的好或者由于你找了一个很帅的男朋友，可能都会破坏你们之间的"友谊"，原因是你伤害了你室友的感受，而这背后就是人类的"自我中心主义"。

"自我中心主义"会给个人带来很多麻烦，最简单的原因是，无论人们怎么看待事物，怎么采取行为，但世界的运行规律是客观的。人的自我中心主义本质上是一种"任性"的行为，会与客观世界产生矛盾。当产生矛盾的时候，如果个人还认识不到是自身的问题，反而将这个问题归结到不公平、命运坎坷等因素时，就会发生"归因谬误"①。很多时候，人们是因为"自我中心主义"产生了对自己的束缚，而不是客观世界束缚了你。但不幸的是，很多人终其一生都不知道是自身的因素。从这一点来看，自我中心主义是阻碍批判性思维形成的一个重要因素。

人类需要不断地学习才能认识到自身的"自我中心主义"，进而不断摆脱"自我中心主义"对自己的控制和影响。有人说人生就是一场修行，那你修行的是什么？很大程度上修行的目的就是要去掉自我中心主义。从这种意义上，批判性思维的功能之一是让你发现"自我中心主义"并试图通过一系列可以看得见的方法改善它。

除了"自我中心主义"阻碍批判性思维的形成之外，"集体中心主义"也是批判性思维的敌人。曾经有一个心理学实验说明一个人独自对事物作出判断时的错误概率其实没有这个人在群体中对事物作出判断时的错误概率高。什么意思？就是说，一个人自己作决定，正确率要比这个人在一群人中，大家一起作决定时

---

① 归因谬误是指当人们尝试找出自己或者他人行为的原因时，并不能反映现实情况，例如将主观的过错归结于客观原因，将自身的原因归因到别人身上等。

高。这是为什么呢?原因就是集体中心主义。人们在群体里的时候很容易屈从于集体的意志,放弃自己的真实想法,屈从于集体非理性,以获得群体的接纳、别人的认同以及安全感。举个我自己的亲身经历,在我小学的时候,有一篇语文课文讲的是蔡伦造纸。在学习那篇课文之前,我们一个学习小组的同学,大概有七八位,说我们一起预习一下。大家当时把蔡伦的"蔡"字念成了"祭"(ji),我家有个亲戚是姓蔡的,其实我从小是知道这个字的读音的,但是我在当时却没有勇气告诉大家这个字的正确读音。我当时内心的想法是,万一不是我认识的那个字呢?万一是我记错了呢?万一人家说的是对的呢?总而言之,我在小组预习的过程中,没能表达自己的观点,不仅没有表达,而且还对自己的认知能力产生了怀疑。我怕我说对了,会被别人认为是显摆,从而他们不愿意再和我玩;我又怕我说错了,会遭到他们的嘲笑。这个事情一直在我的脑海中,我一直在反思我为什么没有表达,原因就是集体中心主义,人们在集体中通过隐藏自己而获得集体的接纳,获得自己的安全感,小孩子如此,成年人也是如此!

服从权威是一种非理性的思维类型,也是批判性思维形成的障碍。很多时候,官方、领导、专家等权威人士的话语能够让我们不假思索地接受,而不去考虑这些渠道传递的信息本身是真是假,不去判断是否存在问题等。还有一种服从权威的现象发生在学生写论文的时候,他们经常将其他作者发表文章中的话作为论据来证明自己的观点,这也是不正确的,能够证明你观点的一定是事实本身就是如此或者从知识当中可以推出这样的结论,单凭某个人甚至是专家说过什么话就将其作为依据来推导其他的结论,这也是服从权威的一种表现。还有一种常见的非理性思维类

图1.5 个人挣脱集体中心主义需要巨大的勇气

型即"刻板印象",也会影响我们的批判性思考。不知道从什么时候起,我们的头脑中会形成类似这样的观念,如"左撇子聪明""头发长见识短""百无一用是书生""才女必丑"……阻碍人们进行批判性思考的心理因素很多,在这里不一一列明。

3. 只有批判性思维才能帮助我们修正过往形成的错误观念

过往的生活、学习和社会阅历在脑海中留下了一些错误的认识和观念,这些观念一旦形成是很固执的,是很难改变的,这也阻碍着批判性思维的学习。我们都是生活在一定的环境中,原生家庭、特定的生活轨迹等都塑造着我们对世界的认识,在我们的头脑当中留下了一些观念。这些观念大多都是在日积月累的生活中形成的,有些甚至是潜移默化的,这些观念构成了我们自己的一部分,但是你就是看不见,什么时候能看见呢?日本设计师山本耀司曾经说过:"自己这个东西往往是看不见的,你要撞上一些别的什么东西,反弹回来,才会了解自己。"① 所以,当你遇到一件对你的观念来说是很困难的事情的话,你就会有情绪,当你观察自己的情绪并试图探寻其背后的意识根源的时候,你就会找到你头脑中的令你痛苦的错误的认识和观念。这也是图 1.3 区域一的"假设"部分。这些错误的认识和观念的产生其实与上文的"自我中心主义""集体中心主义"紧密相连,都会阻碍批判性思维的形成。

上文从三个方面说明了批判性思维不仅不会自然而然地形成,还会遇到很大的阻碍。这些阻碍来自生活不断给人们带来的挑战,人类"出厂设置"中固有的"自我中心主义""集体中心主义"以及过往的生活、学习经历带来的一些固定的观念。批判性思维的学习是一项很有挑战性的事情,但是一旦掌握就会对我们的事业、生活、学业、职场等各个方面大有裨益。

这里面有一个方法,读者可以尝试练习。把自己从自己身上抽离出来,当成自己的一个观察对象,站在旁观者的角度去观察自己,尤其是当自己悲伤、愤怒、委屈、忌妒甚至是欢喜、愉悦的时候。当你发现自己身上有这些情绪流淌的时候,抽离出来的自己要冷静,问那个在情绪里的自己以下几个问题:(1)这是一个什么情绪?(2)这个情绪是因为什么事情导致的?(3)为什么这个事情能导致这个情绪?感性上和理性上的原因分别是什么?分歧在哪里?(4)让自己的感性趋向自己的理性。(5)多练习几次,以后再遇到类似事情就能很淡定了。

举个例子,假设你是一个学习上表现非常好的学生。有一天

---

① 参见 http://www.360doc.com/content/17/0503/10/3656794_650555227.shtml,2020 年 12 月 21 日最后访问。

你发现自己很沮丧，作为你自己，你很容易就知道你自己为什么沮丧——因为这次考试没考好，这是一个学生时代很容易发生的事情。大多数人也就是非理性思考的、没有批判性思维的人只感受到（1）今天心情不好；（2）心情不好是因为考试没考好，就停止了，然后任由自己沉溺在沮丧的情绪中，这个情绪怎么会消退呢？只能靠时间，自己慢慢把情绪给消化了就淡忘了。但是下次遇到这个事情的时候你还是会沮丧，还是会受打击，还是会需要好几天甚至更长的时间去消化这个情绪。而批判性思维者是这么思考问题的：

（1）敏感地察觉到自己很沮丧，准确地识别出自己情绪的类型，而不是很笼统地跟别人说，我今天情绪不好。我们要识别出是"哪种"情绪。

（2）准确地知道自己负面情绪的来源，比如考试失利。

（3）不能停留在前两个步骤，而是继续深挖，为什么考试失利这个事情会让自己这么沮丧？（别小看考试成绩，在大学有人会因为成绩不好抑郁，甚至跳楼。）通常人们产生了某种情绪是因为感性认识和理性的客观事实之间产生了差异。你要尽力想明白感性上你是怎么觉得的，理性上事实又是怎样的。通过努力，你发现你自己感性上希望自己每次考试成绩都能名列前茅；但是实际上即便是学霸也会有马失前蹄的时候，这不仅是因为学生自己的状态会影响考试成绩，还有可能是考试类型转变，考试本身的问题导致你这次成绩不好。所以，理性的客观实际是没有人可以每次都考出令自己满意的成绩。

（4）如果你已经分析出自己在一件事情的感性认识和客观事实之间存在差距时，下一步需要做的就是尊重事实，实事求是，然后解放思想。也就是说，你必须接受只要是考试就有失利的时候，不管你多优秀，你需要做的是不断控制这个比例，尽量少失误。这就是客观事实，必须尊重，不尊重就是任性，不尊重就是总跟自己别扭和拧巴。然后在认识这个客观事实基础上怎么办？解放思想，就是打破自己的主观认识，让自己的主观认识提升到客观事实的层面，客观上完成了自己认识的提升。这时候你就告诉自己，考试失利是正常的，不要过于沉溺在沮丧之中，要尽快恢复正常学习节奏，争取下一次考好。

（5）多练习几次，不要期待一次这样的反思就会让你获得成长，第二次考不好你还是会难受，但是会比第一次好一点。就这样不断地练习，直到新观念——考试失利是正常的，不要在乎一城一池的得失，继续努力然后尽量减少失误——深深地扎根于你的大脑，直到有一天，你看到自己的成绩不理想，情绪上没有任何波澜，只是客观理性地分析一下原因，还是照常学习，那就说明你成熟了。

如果你完成了上面的那个"挑战自我"的批判性思维训练过程，就说明你成功地攻克了生活带给你的在学习方面的一项挑战；突破了自我中心主义——总是从自己的感受出发期待一些不合理的事情；你挑战了自己头脑当中总是让你在某一特定时刻不开心的观念——希望每次考试成绩都很好。这个不切合实际的观念就像一个控制你情绪的开关一样，只要外在的场景条件具备，它就会自动打开你沮丧的情绪开关。不过，经过上文的批判性思维的小方法的不断练习，你已经能够控制这个情绪开关，并且让它永远保持关闭，不要干扰你的正常生活。

（二）批判性思维对于教育目标的实现

我们接下来谈一下批判性思维是怎样实现高等教育所期待的那些目标的。

1. 批判性思维能够激活受教育者所学的知识并建立起知识之间的"新联系"

大学的学习和高中的学习有一个最大的不同在于，高中是通才教育，全科学习，不分专业；大学是专业学习，分专业，是专才教育。上了大学之后，每个学生因为专业不同，学到的知识就不同。那么是不是学到了专业知识就会成为专业人才呢？不一定。知识和人才之间还需要有一个桥梁，人才会正确使用自己的专业知识，擅长用自己的专业知识解决问题，能用自己的专业知识推动社会的和谐和进步，这就是专业人才。

长期以来，我们的教育长于传授知识，但是短于知识运用和思维培养，以至于大量的学生到了工作岗位不能很快进入职业角色，即便是最终进入角色也要花费很长时间。这就引发了学界普遍探讨的大学培养目标和雇主需要的人才之间的"差距"，同时也引起了大学对于人才培养的新一轮讨论。

批判性思维是一种理性思维，其核心特征就是依据事实和知识对事物进行判断。也就是说，我们在大学学到的专业知识是批判性思维的原材料，是批判性思维对事物进行分析的依据。这就是我们为什么要在大学打好基础，专业知识一定要扎实的原因。否则，即便学习了批判性思维，了解了批判性思维的过程，掌握

第一章 批判性思维是怎么帮我们解决问题的？

了批判性思维的技能，却依旧"巧妇难为无米之炊"。但是从另一个角度来讲，如果你只具备专业知识，却没有思维，你就不会盘活你的知识。这个怎么理解呢？学习到的知识就好比放在仓库里的物品，如果不用就一直会放在仓库里变成库存和积压，只有有了思维调动起大脑中存储的知识，这部分知识才能从惰性知识变成了活性知识。

举几个例子来说明我们是怎么运用专业思维解决问题的。我们法学院，学生会在大学期间接触几十部法律，包括民法、刑法、商法、经济法、宪法等这些重要的法律。有一次，一个学生很沮丧地问我："老师，我都学了三年法律了，为什么我回家的时候，我妈问我隔壁老王的债务需不需要父债子还这么简单的问题我都回答不了？"我说，因为你只学了知识，但是你并不会用这些知识解决现实中的问题。这种情况在我们开设了模拟法庭课程之后有所好转，在模拟法庭课程中，我们要用一个个真实的案件，讲授律师是怎样运用知识解决法律问题的。学生们知道问题产生之后，首先要调动自己所学的法学知识来确定这是一个什么法律问题，其次，还要在自己的大脑中搜寻学过的知识以找到对应这个案件的法律依据，然后根据法律依据作出判断。这就是思维，运用专业知识解决现实中的法律问题的思维，也是批判性思维在具体学科中的应用。同理，医学生也是如此，医学在中国是五年制培养，要花一年在医院实习，这个实习的过程就是让学生感受知识是怎样被运用到实际的病例中的。平时在医学院学到的都是×××疾病、×××特征这些描述性和说明性的疾病信息。但是到了临床，是需要用这些知识判断患者的病情的。同理，这个判断过程也是批判性思维起作用的过程。首先，医生需要调动大脑中过往的学习知识来判断面前这个患者属于什么类型的疾病

（所谓诊断），如果不确定，还可以私下再翻翻书，但多半患者不会给你这样的时间，所以基础知识多么重要！其次，医生还要继续检索大脑中的知识来找到这个疾病的常规诊疗手段，这是治疗这个疾病的依据。最后，根据治病的依据给患者采取治疗措施。

通过法学和医学的这两个例子，能看出知识在学习的时候都是以知识点的方式呈现给我们的，如×××概念、×××特征……但是实践应用的时候不能直接上概念，而需要调出相应的知识点并把这些知识点整合，然后对摆在面前的疾病或者纠纷作出判断。这个依据知识、通过推理解决问题的过程其实就是批判性思维的过程，你能清晰地看到专业知识在这里是怎么被运用和激活的。如果没有实践，没有思维，学到的知识将永远存储在大脑这座仓库里不见天日，甚至腐烂。只有在批判性思维的指导下，调动知识，整合知识之间的联系，通过推理，对事物作出判断，进而采取对策，大脑中的知识才变成活的知识！

在没有接触到批判性思维之前，我们学习到的知识是按照学科体系的脉络整理并呈现的，分章节目录，但是当我们接触实践，在具体问题引导下，运用批判性思维会将我们学习时的知识体系拆解开，带着问题找到知识点和知识点的新的联系，你会发现这个 A 知识点出现在你学习时的第三章，B 知识点出现在你学习时的第八章，C 知识点出现在你学习时的第十章……它们原本是散落在教科书中的点，由于现实中的问题和你脑中的批判性思维将它们连接在一起，你发现了这些知识点之间新的"关系"，并且知道了"A 推出 B，B 推出 C"这种内在的逻辑。这个时候，是批判性思维让这些原本以学科体系存在的知识突破了原有的知识体系，以实践中的问题为导向，以解决问题为目的，构建起知识之间的"新联系"。

　　再补充一点,我们现在上课用到的教材都是以学科知识体系为主线编写的,教材中的这个知识体系跟实践中运用知识形成的"知识图谱"① 是不同的。这样编写教材的好处就是学完了教材学生头脑中会有一个完整的知识体系,但缺点就是这个知识体系跟怎么在实践中运用知识没什么太大关系,也就是说学生学完了,还是不会用。相反,如果我们以现实中的问题为导向,直接向学生展现的是从现实的问题角度观察出的知识和知识之间关系的新的结构——知识图谱的话,它的好处在于学生能够知道不同的知识点在实践中是怎么勾连在一起的,但是缺点是这样学习到的知识是碎片化的,缺乏整体性,即上文所说的知识体系。此外,知识体系是相对固定的、完整的,而知识图谱是以问题为中

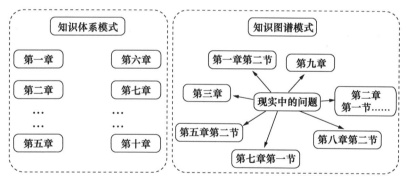

图 1.6　知识体系模式和知识图谱模式

---

① 知识图谱在本书中是指把不同类的知识连接在一起而得到的一个关于知识之间关系的网络,与按照学科为中心构建的知识体系不同的,知识图谱中的每个知识点(节点)都代表现实中的"实体",每条边为实体和实体之间的"关系",通俗一点讲,知识图谱就是提供了从现实的问题角度观察出的知识和知识之间关系的新的结构。

心，具有多变性，难以被固定在教材之中。所以，当我们弄清楚了知识体系和知识图谱之间的不同，那么最好的学习方式就是两者兼顾。当你学习完了知识体系之后，在批判性思维的指引下发现知识点之间的实践联系，然后再构筑一个"知识图谱"。通过上面的介绍，可以清楚地看到批判性思维是怎样将我们学习到的知识激活并且构建出知识点之间的新联系。

2. 批判性思维能实现认知的最高目标

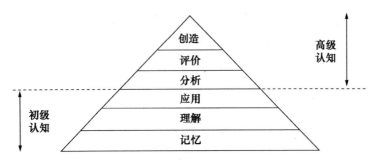

图 1.7 布鲁姆教育目标分类

针对教育目标中的认知领域，布鲁姆教授将其分为六个层次①：记忆、理解、应用、分析、评价、创造。（1）记忆是指具体知识或抽象知识的辨认和识记，这是一种最基本的学习方式，也是教育目标在认知领域中的最低层次的要求。（2）理解是指对事物或者知识的领会，这里的领会是指初步的、肤浅的领会，受教育者只要能用自己的语言复述、解释、描述、比较即可。（3）应用指的是将自己所学习到的知识包括概念、原理等应用

---

① 参见〔美〕布鲁姆等编：《教育目标分类学 第一分册 认知领域》，罗黎辉等译，施良方校，华东师范大学出版社1986年版，第59页以后。

到具体问题的解决当中。这里所指的应用是简单的、初步的直接应用,而不是通过分析、评价等进行综合性的运用,如三角形已知两个角的度数求第三个角。(4)分析是指按照一定的(理性的)标准将材料分解成不同的部分,从而将其内部组织结构呈现,既可以详细地说明其内部结构,也可以看出其内部结构是否缺失。(5)评价是指在分析基础之上评估已经被分解的各个要素是否符合一定的标准,从而作出一定的判断,应当指出的是这种判断是基于理性的判断,而非基于直观感受。(6)创造是指在分析、评价的基础上,有可能会产生新的知识,或者新的方法,抑或是发现事物之间新的联系。创新性是最高层次的教育目标。长期以来,正如我在本书序言中所指出的那样,我们的教育花了大量的时间在(1)(2)两个层次上,对于高级的认知领域的教育目标如何实现并没有太清晰的路线和方法。

批判性思维的教学能够对布鲁姆教育目标分类中的各种认知能力进行直观的培养和塑造。批判性思维是以记忆和理解作为前提的,还记得批判性思维综合图(图1.3)吗?在区域一中的第二个模块,有一个很重要的组成就是专业知识。要想进行批判性思维,我们必须确保头脑中具有作出判断所依据的专业知识。这就要求我们在学习中必须牢牢掌握住所学的内容,构建专业知识体系,批判性思维是专业知识的检测器,它很容易检查你的知识体系是否牢固,是否完整。同样,批判性思维需要进行分析和评价。在区域二中我们至少要将对问题的解决拆解成结论、前提,以及前提是如何推导结论的推理过程,而且每个环节还可以继续细分,这是典型的分析能力——将一个复杂事物按照一定的逻辑进行解构。分析的目的是为了评价,当我们把论证过程拆解成不同的环节以便能够清晰地看到一个事物的内在结构时,我们继续使用评价标准来对每个环节进行判断,它是好的、不好的,抑或是充分的、不充分的……这是对分析和评价能力的培养和塑造。整个推理过程就是知识的运用过程,因此,批判性思维还能培养应用能力。不仅如此,当我们发现区域一中的专业知识模块,也就是现存的知识不能够解决我们面临的问题的时候,批判性思维还会继续激励人们探索新的知识直至新知识的产生,而这个过程又被称为创造。所以,批判性思维不仅能够实现教育培养的最高目标,而且能由低到高贯穿各个层次的培养目标的始终。

3. 批判性思维能够培养受教育者的各项能力

批判性思维的培养过程能够很清晰地让我们看到实践能力、解决问题能力、独立思考能力、研究能力、创新能力……的形成过程,并且还能够让这些能力可测量、可评估。如图 1.3 的区域四,当你调动区域一假设模块和专业知识体系模块并通过区域三进行推理论证得出结论从而解决问题的时候,你既培养了自己运用知识的能力,又培养了自己的实践能力,还在问题引导下培养了自己的解决问题能力。当你发现你目前专业知识虽然足够用,但是要想妥善处理面前的问题还缺乏相应的信息,否则不能进行准确的判断时,那么批判性思维就会督促你继续搜索需要的信息。在这个过程中,你通过不断地碰壁,慢慢摸索出哪些网站是权威的信息网站,哪些书籍和杂志能够给你提供最新的动态,哪些信息是可以入选的,哪些信息是必须摒弃的。当你检索了大量的信息之后,还要尝试处理这些信息,如分类、筛选、去伪存真、寻找信息之间的关联、整合……最后使信息达到你需要的状态。这整个过程就是信息的检索和处理过程,也是批判性思维必不可少的一个环节。

批判性思维本身就意味着独立思考，它要求受教育者对别人的观点不盲从，不急于接受而是需要谨慎地在大脑中运用区域一的假设或专业知识，在问题的导向下通过区域二的推理和论证得出自己的结论。当这个结论与对方的观点一致时，受教育者表现出来的是对对方观点的认同，而不是盲从；当这个结论与对方的观点不一致时，受教育者不仅会告诉对方自己不同意的结论，而且还会理性地说出为什么不同意的依据。整个过程都代表着受教育者完成了独立的思考，不会因为外界对于某个问题的某种看法影响自己的独立判断。因此，批判性思维是能够培养独立思考能力的。

  批判性思维与研究能力培养的关系也十分密切。所谓的研究是指寻求根本性原因与可靠性更高的依据，对事物真相、性质、规律等进行的无穷尽的积极探索，由不知变为知，由知少变为知多。简单地说，"研究"就是一个认真地提出问题，并以系统的方法寻找问题答案的过程。研究可以从两方面来理解，一方面它是指一种探索的精神和状态，是指一个人对于事物的认识和理解绝不停留在表面上，他愿意通过多方面素材的搜集和整理，深入探索这个事物的本质从而获得新的、深刻的理解。这种研究精神和研究态度可以被运用在生活和工作之中，我们把这种具有研究精神的人称为研究性人才。举个例子，无论哪个职业都是一样的，以法官为例，曾经有一个法院的院长跟我说，我们的法官分为两种，一种是研究型法官，一种是普通法官。这两种法官在办理普通案件的时候没有任何差别，但是一旦涉及疑难案件的时候，普通法官就会束手无策。研究型法官一遇到疑难案件的时候就特别兴奋，仔细研究案情，深入细致地去研究法律规定甚至是法学理论，直到抽丝剥茧把这个案件搞清楚。这就是两者的不同。律师也是一样，分为普通型律师和研究型律师，普通型律师只能做一些难度系数较低的案子，没什么挑战性，一旦遇到疑难案件就分析不明白，脑力不够。而研究型律师能够静下心，通过学习和钻研，找到这个案件的破解之术。两者的差别就在于，普通型的律师也好，法官也好，他们区域一中的专业知识体系模块是固化的，超出这个知识体系和认知能力的案件就处理不了。而研究型的律师和法官在遇到疑难案件的时候，愿意继续补充区域一中的专业知识体系模块，这部分是开放的，随时愿意通过钻研和学习，扩大这部分的容量，这就是两者的区别。所以，对于研究能力而言，我们能看到的是解决问题的能力，是遇到挑战不退缩继续钻研和学习的能力；看不见的是研究型人才是通过疑难案件打破其固有的知识体系，从而完成自我能力的提升。这是我们在工作和生活中理解的研究型人才或者是研究精神、研究能力。

另一方面，研究也特指从事科学研究。根据教育部门的相关定义，科学研究是指为了增进知识（包括关于人类文化和社会的知识）以及利用这些知识去发明新的技术而进行的系统的创造性工作。从上述定义来看，科学研究的目的是探索和认知一些新的知识，以突破人类的认知为主。科学研究的手段主要有调研、实验等。科学研究的过程也是由问题或者现象引导，经过调查、验证、讨论及推理、分析和综合来获得事物根本规律和真相的过程。对于学生而言，本科生进入大学主要以专业知识的学习为主，构建整个学科的知识体系，掌握学科的思维方法。但是到了研究生阶段就必须开始专业知识的"研究"而非像本科生那样的"学习"。所以，科研工作者不仅指从事科研工作的大学老师，其实还包括博士和硕士研究生群体。研究的主要目的是在专业问题或者现象的指引下，通过各种调查、验证、实验手段，再经过分析、归纳、综合等思维过程，探索出新知识、新方法或者是新工艺。

　　从上述对"研究"内涵的分析中我们可以发现，批判性思维是研究者从事研究活动时所必须具备的思维形式。它是指在现有的知识无法解决所面临的问题时，研究人员或者具有研究精神的人对于新的知识、新的解决问题的方法的探索。这个探索过程其实就是胡适所说的"大胆假设，小心求证"。先是在专业领域产生了一个新的问题，或者一个新的现象，当前的知识解决不了，也就是区域一的知识体系和假设都无法为这个新问题提供解决的依据。于是研究工作者根据自己以往的经验和知识（旧知识），再结合自己通过调查、实验等手段搜集来的信息，先大胆预测导致这个问题的原因，然后再一步一步地求证。最后，如果这个假设被验证，那么新知识产生并被固定在区域一中的知识体系模块之中；如果这个假设不能被验证，假设失败，再重新假设，重新验证直至产生新的知识。通常这个过程也是一个创新的过程，这也是科学研究一再强调创新性的原因。同样，我们也可以从移动通信从1G到5G的发展变化中看出科学研究的创新性。1G只是一个模拟电路，2G升级为数字电路，3G实现了移动互联网，打电话功能降到了次要位置，4G使用了扁平的网络结构，减少了"端到端"通信时信息转发的次数，同时增加了基站之间光纤的带宽，因此网速变得很快，到了5G通信网和互联网融合成为一个真正的网络，实现了一个质的飞跃，这一切都是科学研究推进的。同样，冥王星被发现的过程，冥王星被踢出行星家族的过程也都是科学研究的过程，这整个过程都是批判性思维作用的结果。

　　研究能力的培养离不开批判性思维，无论是问题意识、假设与求证，还是信息获取与验证、实验与调查……这些都得在批判性思维的指导下完成。批判性思维是知识转化、实践以及产生新知识的摇篮。如果大学生具备了批判性思维，他可以根据所学的知识，将其面临的问题通过推理的方式解决掉，这也就是为什么批判性思维能培养知识的应用能力。对于研究生而言，批判性思维可以帮助学生在现有知识无法解决问题的情况下，先进行实验推理过程，然后反复验证结果，最终确认结果，这将会导致新知识或新方法的出现，这也是一种批判性思维的运用方式。比如现在正在推进的陈薇团队研发的新冠病毒疫苗，已经进入了第三期临床试验，如果试验成功，被证明能够使人类产生广泛的抗体，那么人类在应对冠状病毒方面就成功进行了探索，人类掌握的、对抗疾病的知识就又增加了。研究本身也是以创新为目标的，所以批判性思维与研究能力和创新能力培养之间的关系是十分紧密的。

4. 批判性思维能够培养优秀的心理特质

批判性思维不仅是一个推理的技术过程，也不仅是一个在旧知识基础上产生新知识的过程，它还是一个作用于人的内心，塑造人的心理特质的过程。理查德·保罗和琳达·艾尔德指出，批判性思维会对人的思维方式产生很大的影响，也是一个人幸福和成功的决定性因素。我们接下来就从教育学角度来观察批判性思维能够培养出哪些我们所需要的"毕业生特质"。①

---

① 毕业生特质是一个教育学术语，指的是现在的教育不应当只是专注并围绕自身的知识体系进行教学，要将着眼点放在毕业生应当具备的特质，围绕这些特质来设计教学内容，使用教学方法并进行教学设计。

首先，批判性思维能够培养开放的心态。之前提到过，批判性思维形成的一个障碍就是个人中心主义，即从个人的感受和观念出发来判断事物。批判性思维要求我们依据知识和客观真实来判断事物，并且为了避免个人的主观性要求"兼听则明"，要想对事物作出正确的判断，必须要听取多方面意见，否则信息的片面性、知识的偏颇性、人的主观性就会导致对事物的判断出现偏差。那么，批判性思维者就要学会就一个问题听取多方面的意见，这是批判性思维的必要构成要件。久而久之，批判性思维者在追求正确的、本质化的对问题的解决方案的过程中就培养了开放的心态，即不拒绝不同的声音和观点，甚至主动探寻各种不同的可能。批判性思维者绝不是一个在思想上狭隘、故步自封、不听取别人意见的人。同时，批判性思维者还会尝试站在别人的角度换位思考，体会不同的视角、不同的人对事物不同的观察。

其次，批判性思维能够培养人的公正和正直的品质。批判性思维者不会站在自己的角度考虑问题，也不会利用思维技能为个人的私利服务，他思考的目的是为了找到事物的真相和本质。这样一个出发点已经能够让批判性思维者抛弃个人的好恶、感受、利益等主观偏好，客观理性地看待问题。他能够用同样的标准对待所有的观点，而不是根据这些观点对自己是否有利采取不同的态度和标准，这同样也让批判性思维者具有了理性。

再次，批判性思维能够培养人的坚毅品质。批判性思维代表着深度思考，但凡是对事物的本质进行探寻的工作都是非常艰苦的，都是非常耗费脑力的，也就是学生们经常说的——"烧脑"。有些问题非常复杂，不容易解决。只有品格坚毅的人才会面对挑战和挫折时不退让，他们能够忍耐长期的学习、思考以最终换来对事物本质化的认识。相比之下，那些思维不够坚韧的人，面对特别难的问题时容易放弃。回忆一下我们的学习过程,很多同学都说数学很难,然后越学越难,最后就放弃了。这是因为这种学科需要大脑付出更多的思考,很多人无法面对这么辛苦的脑力劳动,也没有办法面对暂时没有结果的思考给自己带来的情绪上的打击,于是他们开始回避数学的学习。我本人就是这样的,我在高中一直讨厌数学的学习,我喜欢记忆,所以凡是需要记忆的学科我都学得很好,也考得很好。但是数学一直是我学习生涯的短板,上了大学之后又选择一个不用学习数学的学科,这一切都代表着我的个人品质在数学学习上不够坚韧。但是如果我在高中时代就有现在的思维能力,可能我会鼓励自己,再坚持一段时间,可能困难期过去之后,学习就会走向光明,但可惜,我并没有。

复次,批判性思维能够使人谦虚谨慎。人之所以能够谦虚是因为保持着对未知世界的敬畏并能时刻提醒自己,这世界上还有很多自己不知道、不了解的东西。相反,自我中心主义则会蒙蔽人的谦逊之心。自我中心主义者通常依据自己的主观想法对事物进行判断,他们默认自己感受到的就是世界本来的面目,就是客观真实,就是世界的全部,他们因此也会相信由自己的主观感受判断事物而得到的结论是可信的。批判性思维时刻提醒我们脱离自我中心主义的控制,并对试图用自己的感觉认知世界这种行为保持警觉,然后去努力认识这世界中的未知事物。批判性思维者还是谨慎的,他不会对自己不了解、不知道的事情宣称自己知道,他们更愿意在充分调研,充分把握的基础上对事物作出本质的判断。而这种判断是建立在严谨的推理,并依据客观真实或者可靠的知识基础上。经常练习批判性思维,受教育者能够发现除了自己主观世界之外的广阔的未知的世界,从而保持谦逊。同时,批判性思维要求的严格的论证过程促使受教育者在得出结论的过程中必须提供证据并遵循推理的基本原则，这样不知不觉就会锻炼出他们严谨的品质。

最后，批判性思维能够使人勇敢且独立。批判性思维要求人们不盲从，不轻易相信任何意见、观点和信念，而是经过审慎的判断才能作出决断。为了能够做到这一点，批判性思维者不能被动地、不加批判地接受所有东西，要具有勇气，敢于质疑，敢于不遵从大众的观点。我们之前提到过集体中心主义是独立思考的最大障碍之一，人的内心都是期待能够被群体接纳和认同的，这样才会带来内心上的舒适度和安全感。为了不被群体抛弃，人们有的时候甚至将自己的真实想法放弃，盲从集体的无理性思维。只有思维勇敢的人，才敢于质疑群体的观点或者是别人的观点与信念，否则在面对激烈的观点冲突的时候，人们常常会感受到威胁，不敢坚持自己的信念。思维勇敢的结果会直接引导批判性思维者变成一个独立的主体，他们不会受到任何的牵绊，在思想上是自由的，只遵从于客观事实，只相信通过严密推理得出的结论，不会受到外界的干扰，遇到问题能够独立思考，进而形成独立人格。

第二章

论 证

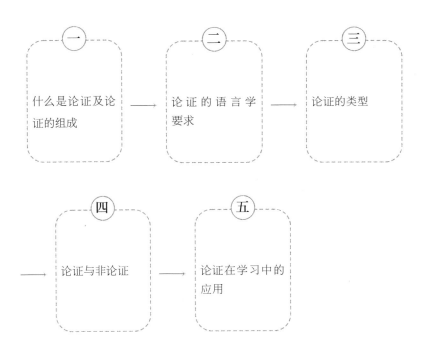

一、什么是论证及论证的组成

（一）论证的概念

1. 论证的目的是为了与人交流
2. 论证的目的是为了使人相信
3. 论证和区域一联系
4. 论证是由问题引发的
5. 论证是与区域三决策部分联系在一起的

（二）论证的构成要素及对各种术语的澄清

二、论证的语言学要求

（一）论证是由断言构成的

1. 如何区分"断言"与"非断言"
2. 理解断言要区分观点和事实
3. 理解断言要区分事实和虚构

（二）断言的语言要求

1. 断言使用的词语必须精准
2. 如何使词语精准？——下定义

三、论证的类型

（一）演绎论证

1. 什么是演绎论证
2. 什么是有效论证和可靠论证
3. 如何构建一个可靠的演绎论证

（二）归纳论证

    1. 什么是归纳论证

    2. 如何构建一个有力度的归纳论证

（三）演绎论证和归纳论证的比较

四、论证与非论证

（一）说明不是论证

（二）价值判断不是论证

（三）修辞不是论证

（四）说服不是论证

（五）无根据断言不是论证

五、论证在学习中的应用

（一）批判性阅读：解构论证

    1. 阅读的层次

    2. 如何阅读一篇议论文

（二）批判性写作：建构论证

一 什么是论证及论证的组成

（一）论证的概念

论证的概念和批判性思维的概念一样，都是可以从很多角度进行界定的，虽然它们的实质内核是一样的，但是表述方式各不相同。比如格雷戈里·巴沙姆（Gregory Bassham）等认为，从批判性思维角度来看，论证指的是用论据来支撑某种观点。① 董毓指出满足以下三个要素的就是论证：其中一个或更多的陈述是前提，另一个陈述为结论，它们之间存在一种支持的关系。② 布鲁克·诺埃尔·摩尔指出，论证是由前提和结论构成。前提是为另一个断言提供理由的陈述，被前提支持的断言就是论证的结论。③ 斯特拉·科特雷尔认为，举出理由来支持某个观点，让不论是已知还是未知的听众都能信服而同意该论点，论证中可能包

---

① 〔美〕格雷戈里·巴沙姆、威廉·欧文、亨利·纳尔多内、詹姆斯·M. 华莱士：《批判性思维》（原书第5版），舒静译，外语教学与研究出版社2019年版，第33页。
② 〔加〕董毓：《批判性思维原理和方法——走向新的认知和实践》，高等教育出版社2017年版，第37页。
③ 〔美〕布鲁克·诺埃尔·摩尔、理查德·帕克：《批判性思维》（原书第10版），朱素梅译，机械工业出版社2015年版，第10—11页。

含反对的意见，但只要言之有理，就不仅是反对而已。① 从上述定义可以看出，不论是哪种关于论证的定义，都要强调如下几方面的内容：（1）论证由前提、结论和推理构成；（2）结论需要被前提证实，或前提是用来支撑结论的；（3）论证或者得出结论的目的是为了让人信服。那么综合上述要素，我们尝试给论证下一个定义：在交流中，为了使自己的观点（结论）能够得到交流对方的认同、接受或信服而提供理由（前提）对自己观点进行证明的过程。

无论是巴沙姆、董毓还是摩尔，他们都从论证的构成、前提和结论的角度来理解论证，这从技术角度无可非议，因为论证本身就是由这几个部分构成的。但是，本书强调的论证是从批判性思维角度进行理解的，而批判性思维是在问题的导向下，人与人、人与自己进行互动时的思维活动，论证作为批判性思维的一部分也应当被放在这样的大环境、大背景中来理解。论证不是为了论证而论证，也不仅为说明前提和结论之间的关系，而是用这种可靠的证明关系来解决生活中的问题，也是人观察和纠正自己思维误区的一个方法，更是作为人和人交往中的思维工具。

1. 论证的目的是为了与人交流

论证一般是发生在人和人之间的交流之中的，人的本质属性是社会性，人避免不了和别人交往，如共同合作完成一项工作，达成一项协议，表达一个看法和观点，获得别人的认同和支持……在这个时候你都需要利用论证来帮助自己进行人际沟

---

① 〔英〕斯特拉·科特雷尔：《批判性思考——跳脱惯性的思考模式》，郑淑芬译，台湾寂天文化出版社2013年版，第88页。

通。所以论证的首要目的是向别人传递自己的观点和看法，并争取别人的认同、接受和信服。只有理解论证在人际互动中的作用时，我们才能更严肃地组织论证，也更能理解论证的技术手段给我们带来的影响和好处。记住，我们不是为了论证而论证，我们论证的目的是与人交流，让别人认同和接受我们的观点。

2. 论证的目的是为了使人相信

论证的过程是给出自己的观点并要为观点提供论据，论据不是想当然提供的，它是有要求的，必须能够从论据推导到结论，你可以把这个过程称为证明，也可以把这个过程叫作推理。为了更好地说明推理是什么，我们要区分推理或证明与给出原因的区别。有时候我们会为我们的观点和行为给出原因，但还是不能获得别人的认同和理解，为什么？单纯地给出我们认为的观点或行为的原因，是会带有主观性的，是我们自己认为的原因。而推理或者证明给出的原因是用来"使别人相信"的原因，是具有客观性的。举个例子，每次美国总统大选之前都会有很多记者在街头采访，随机询问路人的意愿。如果记者问道："你是支持特朗普还是拜登？"路人甲回答："拜登！"记者又问道："为什么？"路人甲回答道："拜登比特朗普帅。"这也给出了理由，但是这个理由其实是主观的，是不可信的，不能获得对方的认同，与采访的目的无关。但如果路人乙也支持拜登，但给出的理由是认同民主党的政策，那么路人乙的观点是不是更靠谱一些？如果针对美国的一项反堕胎法案在街头征询意见，女人甲和乙都不同意这项法案，当问及原因的时候，女人甲说："因为我是个女人。"女人乙说："因为这侵犯了人权。"请你比较一下这两个答案，一个是主观的，并不关心采访者也就是谈话对方是否接受自己的理由。一个是客观的，试图证明自己的观点，也照顾到了谈话对方的期待。所以，同样都是给出理由，给出原因，推理和证明是给出使别人相信的原因，而单纯的给出原因则是不考虑别人是否相信，只是自己相信的理由。为什么要单独把这一点拿出来说？是因为我们每年在审查大量的硕士博士毕业论文的过程中发现，很多研究生貌似在"证明"他们的观点，实则都是在自说自话，给出的理由都是自己认为的理由，而非能够让别人相信的理由。这样的论文没有办法达到学术交流的目的，也没有办法为学术研究作出自己应做的贡献。

3. 论证和区域一联系

综上，将论证放在人际交往中，放在观点传递中，放在问题解决中，放在争取使别人相信的背景中来观察，这是论证的人文基础。正是在这样的背景下，你会发现，论证中所使用的依据或者理由不是随意的，它是来源于知识或者是来源于你对于世界的认知、观念、假设、潜意识……正是由于你提出的理由需要"使别人相信"，所以你必须审视你的理由或者前提，它们是来源于你对知识的正确理解和判断，抑或是你对世界的正确认知和信念。只有这样，才能确保你的观点能被他人接受。在分析了这样一个过程之后，你会发现，在图1.3中的区域二论证部分又一次与区域一的专业知识模块、假设模块联系起来。也就是说，论证所在的区域二并不是孤立的，它是与区域一相联系的。

4. 论证是由问题引发的

同理，虽然说论证总是发生在与人的交流之中，但其实，你与别人交流的内容并不总是论证，或许你与闺密就是在分享一些生活上的感受；你与父母互相交代一些生活的琐事；你与朋友没事的时候交流打游戏或者学习上的一些经验……这些其实都很轻松，你不必无时无刻都端起证明和推理的武器审视自己的结论、别人的观点以及理由。那么，什么时候会发生论证？一定是有一个问题发生，你们对这个问题交换看法，或者是一个观点或行为摆在那里需要你们作出判断并给出理由。只有在这个时候你需要动用论证，也就是说其实论证有时候是由问题、观点、行为触动的，我们称之为问题引导。举个例子，如果你的朋友请你吃饭，说今晚吃海鲜怎么样？你说好。这时候并不需要论证，也不需要审视这个朋友提出的这个观点。但如果你有痛风，或者海鲜过敏，你可能就会对你朋友这个提议和观点说，不好，因为海鲜会引发我的痛风，或令我过敏。你不能吃海鲜，你回绝了朋友的邀请，理由是很有说服力的，这是你根据你的病情作出的判断，你的朋友也不能说什么。这个论证结构是：

问题：
我有痛风和我朋友邀请我吃海鲜之间的矛盾
论证：
海鲜会引发痛风
我有痛风
海鲜会引发我的痛风
所以我不能吃海鲜

所以，当你的朋友的邀请没有引起一个问题的时候，你很愉快就答应了邀请；但是当你的朋友的邀请引发了一个问题（当你有痛风或过敏）的时候，你的论证过程就启动了。我们通过上面这个小例子说明，论证都是问题引导的。

5. 论证是与区域三决策部分联系在一起的

上文说的是论证与区域一联系在一起，因为论证的理由主要来源于区域一的认知模块（包含假设、专业知识等）。同时，论证又是由问题引导的，是通过我们所举的你的朋友请你吃海鲜和你的痛风之间的矛盾引发的。这里要向大家介绍的是论证同时与区域三决策模块也是联系在一起的。还是以上文朋友邀请你吃海鲜为例，我们把问题、论证和决策层面全都列出来，你会清晰地发现：

问题：我有痛风和我朋友邀请我吃海鲜之间的矛盾
论证：
海鲜会引发痛风
我有痛风
海鲜会引发我的痛风
所以我不能吃海鲜
决策：所以我不能答应朋友请我吃海鲜的邀请

在这个论证中，问题和决策是一个层面的，都是现实层面，一个是现实中的问题，一个是对现实中问题的回应。但是论证是理论层面上的，它是在现实问题之上的一个层面，从理论上作出推理，得出结论然后用结论解决目前面临的问题，形成决策——我不能答应朋友请我吃海鲜的邀请。

爱因斯坦曾经说过,问题无法在其产生的层面被解决。通过上述图示和例子,笔者想要阐明的是:区域二同时连接着区域一和区域三,这三个区域是被现实中的问题及其对问题的解决串联在一起的。很多时候现实中存在的问题更像是理论问题的一个现象和表现形式,我们需要透过这个现象分析出其在理论上或者原理上是一个什么问题,然后在原理层面解决它,用理论或原理层面上的结论对现实中的问题形成决策。

我们可以用一个例子说明:你去法院立案,到达立案窗口之后,办案人员会问你什么纠纷,因为他们需要根据你的纠纷类型确定把案件分到民事审判庭、刑事审判庭或者经济审判庭等,而且民事审判庭还会细分成民一庭、民二庭、民三庭……所以,在立案阶段必须确定案件的性质和类型,然后依据案件类型确定最终由哪个审判庭、哪个法官来审理这个案件。当立案庭的工作人员问你:"什么案件?"你回答道:"张三欠我钱。"这是一个现实中的问题,但是根据这个现实中的问题无法确定具体纠纷类型,所以工作人员还会继续问,因为什么欠你钱?如果张三是因为借款欠你钱没还,这是普通私人借贷纠纷;如果张三是因为买房子欠你房款,这是物权纠纷;如果张三是因为买你生产的产品没有支付对价,那么你们之间是买卖关系,是债权纠纷;如果张三是因为购买你的股权没有支付价款,那么就是股权纠纷……这些不同类型的纠纷在现实中的问题(表现)都是张三欠了你的钱,但是实际上它们在理论上的性质是不同的。

为什么探讨这个问题?因为很多时候,我们的学生在搞研究的时候，应当是从现实中的现象入手，研究其背后的理论问题的，但很多学生搞不明白现实中的问题和理论中对应的问题之间的关系，抱着现实中的问题开始分析，这样是不可能有结果的。比如，有一年我看到一篇论文题目是《×××规则缺失问题研究》。规则缺失是一个现象，规则缺失背后的原理是什么？需要把这背后的理论问题透视出来。我们是没办法单独研究一个规则缺失的现象的，它是我们要解决的问题，但是这个问题背后的理论需要提取出来作为标题，因为我们是搞理论研究的。同理，在现实生活中也是一样的，也必须搞清楚这个现实中的问题折射到理论上是个什么问题才有可能找到正确答案。别忘了，批判性思维是要求从知识、理性上给出答案，这也是透过现象看本质的一个深化过程。

综上，我们通过分析理论层面的论证和现实层面的问题及对策来帮助读者更清晰地认识到批判性思维是同时作用于这两个层面的；更需要注意的是，这两个层面是怎样联系在一起的，还有就是区域二和区域三也是通过现实中的问题及对策联系在一起的。本书也会在接下来的部分用更多的例子去阐述图1.3中批判性思维的区域一、二、三之间的联系，以及这三个区域与现实中的问题和对策是怎么联系在一起的。

（二）论证的构成要素及对各种术语的澄清

论证不仅在概念层面上有多种不同的表达和诠释方法，论证的组成要素也有不同的用词用语，它们的含义不尽相同，但也可以在某些特定情况下表示相同的含义，这也是论证让初学者感到非常难懂的原因之一，使用的术语过多，重叠、交叉的现象比较严重，初学者往往迷失在不同的术语和表达之间。本部分就着重介绍一下关于论证构成要素的不同表达并确定和统一本书所使用的术语体系。

常见的几种关于论证要素的术语组合有**大前提、小前提、结论；论据、结论和推理；论点、论据和论证；前提、结论和假设；理由、结论和推论**……先说"大前提、小前提、结论"这一组，我们通常用这组术语来描述演绎推理的一种形式——三段论。演绎推理是一种非常严格的推理形式，它试图从一般情况推出一个具体情况的成立，因此在这种推理中，一般情况就是大前提，具体事实是小前提，结论就是小前提是大前提的一种表现。最常见的例子就是：

  大前提：人都是会死的！

  小前提：亚里士多德是人。

  结论：亚里士多德是会死的。

由于本书接下来还会详细论述演绎推理的情形，在这里不会过多描述，只是希望用这个例子说明，如果一个作者或者表达者在用大前提、小前提和结论这组术语描述他关于论证的故事，这个故事应当是演绎推理。三段论是一种演绎推理的简单判断，一个一般性的原则（大前提），一个附属于前面大前提的特殊化陈述（小前提），以及由此引申出的特殊化的、符合一般性原则的结论。

接下来这几组表达，"前提、结论和推理""论点、论据和论证""理由、结论和推论"差距不大，只是同一事物的不同表达。首先这几组术语中论证都被认为包含三个部分，这三个部分中论点、结论是同一概念，指的是对某一事物的核心看法，但是它们之间是有细微差别的，论点是一个比较有针对性的、小的概念,结论给人的感觉是比较概括的、总的概念,针对的是比较整体的事物。如果面对的是一个很复杂的问题,我们通常会用结论来表达总的观点和看法,如果遇到的是一个很简单的或者一个复杂问题的一个细节,我们可能会用论点来表达对这个细节或者分支的看法。前提、论据、理由是同一概念,指的是支持自己对某一事物核心看法的证据;推论、论证、推理是(或被等同于)同一概念,指的是由证据证明或推出观点的过程。其中需要注意的是"论证"这个概念,它有广义和狭义之分。广义的论证就是本章的标题,包括前提、结论和推理三个要素;狭义的"论证"被等同于广义论证中的"推理",所以,有些书或文章会直接说明,本书中的论证和推理具有同一含义,是被混着使用的。① 这几组概念的相关术语出现的时候,大家要注意辨别,很多时候笔者指代的是相同的事物,却使用了不同的表达,这也会造成初学者的误解和迷惑。还需要指出的是,这几组表达与上文的大前提、小前提和结论(三段论,仅适用于演绎推理)不同,会被广泛适用于各种类型的推理中,适用范围比较广泛。

  还有一组不太常用的表达——前提、结论和假设;这组表达中的前提、结论与上文的分析是一致的,它唯独强调了假设而非推理。推理是指前提推出结论的过程,而假设这个概念是想说明前提之所以能够推出结论是因为有假设存在。因此,假设是推理能够成立的基础。本书在不同的层面上也会交替使用这些不同的概念,请仔细体会它们之间的相同之处和细微的差别。

---

① 其实,即便在论证和推理被认为具有同一含义的情况下,两者还有细微差别,这在后文会继续说明。

二 论证的语言学要求

（一）论证是由断言构成的

论证本身是一种语言表达，无论是书面论证还是口头论证都是以语言为载体的。论证是由句子构成的，这种句子在语言学上有特殊的要求，并不是所有的句子都能构成论证的。通常我们会把构成论证的句子叫作"断言"，因此，论证也被称为通过证明一个或多个断言（前提）为真，经过推理证明另一个断言（结论）为真的过程。但是构成论证的这个基本单位——"断言"其实有很多不同的称呼和表达，英文也是如此，这也造成了学习者的困惑。通常中文论著中将"断言"称为陈述、主张……英文的表达可以是 assertion、claim、statement……本书统一称之为"断言"，它主要指在口头或书面交流中，表明自己观点的、有真假之分的论断。要想作出一个成功的论证，断言至关重要，因此本书围绕以下几方面对断言进行深入解析，帮助大家理解断言以及它与其他用语的区别。

1. 如何区分"断言"与"非断言"

（1）断言体现作者对事物进行判断的意图

不是所有的陈述都是断言，断言必须包含对事物的判断，同时在判断的过程中传递观点。只有满足这样要求的陈述或者句子才是断言，断言最常见的表述形式是：X 是 Y；X 不是 Y 或者 X

比 Y 好……包含判断。我们可以通过一句话是否体现了说话者的意图——给事物作判断——来判断其是不是一句断言，如果说话者的语句并不想要给事物作判断，而是想要体现其他的意图，则不是断言。

① 命令不是断言：比如父母经常对孩子说：完成作业！这样的表达虽然传递了信息，表达了观点，但从单纯的表达来看，说这种话的人目的并不在于对事物进行判断，而是意在让对方执行，让对方做某事。或者这样说，在下命令之前判断已经作完了，父母内心的判断是：孩子的主业就是学习！在这个断言的基础上，直接下命令。所以，祈使句一般不被认为是断言，因为本身不是判断。

② 建议不是断言：比如你的朋友跟你说，我们中午吃火锅好吗？这句话也传递了信息，但不是判断，说话的人在说建议的时候只是提供一个选项，至于这个观点是否正确，会不会被对方接受和认同，说话的人并不追求。当我们提供建议的时候，这个建议有可能是深思熟虑的结果，但也有可能就是一个直观的感受或者头脑中一瞬间的想法，根本不包含判断。即便是深思熟虑的结果，单纯以建议形式表达出来也不是断言。

③ 请求不是断言：比如每年期末考试的时候笔者都会收到几封邮件，会有学生说自己考得不好，希望老师能高抬贵手，这就是请求。请求虽然也传递信息，但不是判断，只是表达希望，因为这个问题不是学生能决定的，学生自己作不了判断，学生不是作出判断的主体。

④ 说明不是断言：比如，"苹果是一种大家都熟悉的水果，它胖乎乎的，全身有一种丰收的红色"，这是一段说明性和描述性的文字，它不是在作判断，作者只是描绘了苹果这个东西的形

状,并采用了一些修辞手法,比如拟人和比喻。很多同学在写文章的时候经常用一些说明性的文字,但是这种说明性的文字一般出现在说明文或教科书中,议论文在表达观点和论证的过程中要使用断言这种表达。

⑤ 疑问不是断言:还有一种语句是表达自己的疑惑的,比方说,你最近身体不好吗?现在几点了?作者并不是要作判断,只是希望从对方获得具体的信息来解答自己的疑惑,因此这样的文字也不是断言。

(2) 断言是有真假之分的

断言是说话者对事物的判断,既然是判断就会有判断正确的时候,也会有判断错误的时候,因此断言是有真假之分的。在这里强调两点,论证是建构在断言基础上的,只有断言为真,结论才有可能为真,所以我们对断言识别的目的是希望寻找到真的断言。另外一点,断言有真假之分。说话者在作出一个断言也即判断的时候,也许这个断言从客观判断不是真的,但是说话者追求该断言是真的,或者说话者认为这个断言是真的,他才说出来(当然,某些利用逻辑谬误进行诡辩的人可能也会故意说一些假断言来混淆视听)。从这个角度仍然可以帮助我们判断一些表达是不是断言,比如单纯的问候:你今天怎么样?单纯的命令:完成这个工作,或者关窗!这也都不是断言,因为无所谓真假,不涉及判断。一个物理现象的描述、一个产品说明书都是说明性文字,也没有真假之分。

(3) 断言的目的是为了交流观点并希望获得认同

我们说话的目的是为了交流,有的时候交流的是经验,有的时候交流的是情感,而我们使用断言的时候交流的是观点,是思想和思维方式。所以从断言的目的是交流、内容是思想和观点的角度也能将断言和普通的表达区别开来。比如单纯的问候，你身体如何？吃饭了吗？今天天气挺好啊？最近怎么样啊？这些是交流，但是交流的都是情感，不是思想和观点。描述性的文字没有观点，只是告诉你信息，甚至不是交流。命令也是如此，没有交流的空间，命令的受众可能只能选择配合或者不配合。请求和建议也是如此，能否获得认同暂且不说，它们算不算一种正式的、公平的观点交流都是值得商榷的。

2. 理解断言要区分观点和事实

断言有很多种分类，比如主观断言和客观断言。主观断言是表达个人的观点和信念，它的内容是依赖人的认知和理解的，客观断言的内容涉及的是事实，不依赖人们对它是真是假的主观判断。也就是说，我们可以笼统地说主观断言主要是主观的观点，但是客观的断言涉及的是客观事实。之所以要区分主观断言和客观断言，原因在于我们需要在交流中判断断言的真伪，别忘了断言的目的是为了交流，如果对方提出的是主观断言，这涉及对对方的思想、认知和专业判断的考查，这部分是可以争论的。但是如果对方提出的是客观的断言，而且这个客观的断言还是错误的，这个时候请果断地停止跟对方争论，因为我们一般不在客观事实的争论上浪费时间。比如，比尔买了一辆红色的车，但是马克却跟你抬杠说比尔买的是一辆蓝色的车，这时候不要争论了。因为基本事实都搞错了，就别争论，浪费时间！

即便是主观断言也分不同的类别，有些主观断言涉及个人的价值判断，个人的感受，比如说，这道菜太咸了，苹果是一种很好吃的水果，女孩应该在30岁前结婚等，这些可以争论，但是争论的结果不好达成一致，因为没有一个共同的标准。我们要围绕那些能够越辩越明，能够澄清认识的判断进行交流和争论，不要围绕没有结果的争论浪费时间。所以，当有人指鹿为马的时候，你要清晰地察觉这是一个关于事实的判断问题，然后决定采取什么样的策略对待这个跟你争论事实的人。同样，当有人试图说服你他认为蓝色是最漂亮的颜色时，批判性思维要求我们明确这种断言是关乎个人的感受且没有统一标准的，所以你需要考虑的是"不要与思维不在一个层面上的人争论"。有句俗语是"不与傻瓜论长短，常与同好争高下"，仔细辨别不同层面上的断言，体会说话人的思维水平，也有助于自己辨别能力的提高。

还有另外一个问题就是观点和事实有时候会转化，所谓的事实在最开始没有被大家接受和没有被反复证明成为一个被接受的事实之前，通常只是一个观点。比如最早的"地心说"，那时候是一个事实，日心说最开始的时候是一个观点，这个观点出现之后产生了很多争论，也不被很多人接受，后来日心说得到证实，也逐渐被接受，现在提起太阳是太阳系的中心这个问题，没有人会认为这不是一个事实。因此，围绕这个问题也就不会再产生争论。再比如进化论，最开始的时候是一个观点，现在基本上也被当作一个被接受的事实。很多情况下，我们会发现事实是由观点进化而来，与你所处时代的人们当时的认识有关系。比如人们在没有发现澳大利亚的时候一直认为天鹅只有白色的，但是在澳大利亚人们第一次看到了黑天鹅，所以这个事实又被改写。随着人类认识的加深，事实和观点总是在转化的。

3. 理解断言要区分事实和虚构

断言的内容除了可以围绕观点和事实展开之外，还有的断言内容是虚构的，批判性思维要求我们识别出这些虚构的"断言"，从而更好地进行论证。人的大脑很复杂，人的心理也很复杂，有的时候出于自我保护，人们会不由自主地说一些让自己很舒服的话，然而这些话很多都是虚构的，我们需要识别出这些虚构的内容。比如，我曾经做过律师，有一类案件特别有意思——离婚案件。其实离婚案件在"事"的层面处理起来并不复杂，就几个核心的事：离还是不离，分清婚前还是婚后财产，是否争取孩子的抚养权等。但是在"情"这个层面上处理起来就非常的复杂。很多时候，一个半小时就能把基本事实调查清楚的离婚案件，由于当事人深陷情绪和情感之中，拖拖拉拉好几天也问不出相关的信息。而且有一个特别有意思的现象，通常第一次会见的时候，当事人告知的内容有80%都是靠不住的，她会向你数落对方的不是，烘托自己跟配偶同甘共苦、一路辛苦打拼，强调自己的不容易。但是随着会见次数增多，你会发现第二次见面就会修正很多第一次见面的内容，直到最后，我们能够利用证据来证实当事人说的绝大部分都是不真实的，是自己头脑中想象出来的，有利于自己的"虚构"。每次处理离婚案件都是一样的，相较于我们最后能够核实的信息，当事人最开始陈述的信息有时候能含有80%的水分。为什么会这样？因为人有自我保护机制，会用虚构来给自己心理暗示，对自己进行保护，烘托自己的形象，达到自己的目的。所以老话讲"耳听为虚，眼见为实"。有经验的律师通常对当事人的陈述都不是太往心里去，因为水分太多，虚构的成分太多，自以为是太多，只应相信有证据证实的那部分当事人陈述。但是令人感到惊奇的就是，虚构的成分每次都远远超过那部分能够被证据证实的陈述。

再举一个例子，有一次我家的两个孩子打架，每个人单独陈述的时候都指出了对方的错误。但是当我深入了解他俩为什么打架的时候，发现两个人都有过错，但是都把过错推给了对方，并且突出了自己的委屈。这就是人类大脑的自我保护机制编造谎言来"保护"自己的体现。我们不试图分析人的心理和大脑的这层自我保护机制，但是批判性思维要求我们用证据说话，兼听则明。识别出虚构的断言和事实的断言也是构建论证的前提。

（二）断言的语言要求

上文说断言是论证的基本构成单位，但是断言本身是一个句子，它也可以继续被拆分。断言是由词语构成，如果词语本身不准确，或者使用了包含有不恰当立场和情绪的词语，断言的效果会有很大不同，甚至带来截然相反的结果，同时也会影响断言的"真值"。论证从语言的角度来看必须符合真实、准确和客观的要求，如果构成断言本身的词语存在问题，就会导致断言不满足要求，从而论证的目的也不能实现。本部分着重从词语的准确度及其表达的风格立场角度进一步分析影响断言"真值"的一些情况。

1. 断言使用的词语必须精准

断言使用的词语必须是精准的，"准"强调正确性，我们使用的词语是可以被运用在论证的场合上的，但是在同一场合可以使用的词语可能有多个；"精"强调的是在众多的词语中选择最能够严丝合缝地表达说话者意图的词语。一个用词精准的断言能够将说话者的意图完整传递、消除误解，一个用词不精准的断言则会使论证在断言阶段就产生歧义甚至争议！本部分介绍常见的词语错误，帮助大家理解断言在语言学上的一些要求。

（1）词语模糊

词语模糊是指词语不准确，不能使听者直接领会到表达者的核心意思，反而留给听者一个自己领会、领悟和选择的弹性的语言空间。断言的语言要求是精准，意思是说不能留给听众过多的自我联想、自己想象的空间，如果词语模糊，听众无法直接把握表达者的核心意思，反而会自己"脑补"出很多无关的内容，从而引起歧义。比如，刑法上有些罪行涉及数额，刑法会笼统地规定数额巨大的判处有期徒刑××年，数额特别巨大的判处有期徒刑××年。这里的数额巨大、数额特别巨大是指什么？没有明确的界定就会让受众不理解，甚至自己想象，无法产生预期。同时司法实践中，法官也不知道怎么操作。这样的用词模糊的情况持续了一段时间之后，司法机关就出台了相应的司法解释来帮助法官和当事人确定这些模糊的数字。同样，中国刑法的有期徒刑很有意思，基本上3年以下是一个档位，3至7年是一个档位，7年以上是一个档位，比如《刑法》第124条规定，破坏广播电视设施、公用电信设施，危害公共安全的，处3年以上7年以下有期徒刑；造成严重后果的，处7年以上有期徒刑。过失犯前款罪的，处3年以上7年以下有期徒刑；情节较轻的，处3年以下有期徒刑或者拘役。我们从中可以看到在破坏广播电视设施、公用电信设施罪当中，情节较轻的，处3年以下有期徒刑，过失犯罪的处3年以上7年以下有期徒刑……那么3年以下具体是几年？3年以上7年以下具体是几年？当然，法律具有一定的抽象性，这是法律的共性，所以其使用的语言也具有一定的涵盖性。但这种涵盖性就导致了模糊，模糊就会导致司法机关同案不同判的结果。曾经一度，基层人民法院的刑庭权力非常大，因为就某一具体的案件他们完全可以自己决定是判3年还是判1年，这从法律角度是被允许的，但是从当事人角度来看则相差两年，差别非常大。为了解决这个问题，最高人民法院出台了《人民法院量刑指导意见（试行）》具体指导人民法院解决量刑不一致的问题。同时，在该条款中，我们还能看到"情节较轻"这样的表述，这个表述也同样具有模糊性。日常生活中这种模糊性的词语特别的多，比如显著提升、大幅改进、差不多、深刻的、大量的……这些词语都给读者的理解留下了很大的空间，不精准，所以不能满足断言对于准确性的要求。

（2）词语歧义

与词语模糊导致受众在理解上存在想象的空间不同，词语歧义是指某词汇有两种或者两种以上的理解，会令人产生误解。也就是说，有些词汇你可以作这样的理解，也可以作那样的理解，但是就是不确定究竟应该作哪一种理解。比较常见的能够带来歧义的词语比如："走了"，一般指离开、拜别，也可指离开人世了。"老子"，通常指父亲，也可指道教文化中的老子。"上课"，可以指学生听讲，也可以指老师讲课。"生气"，可以指一种愤怒的情绪，也可以指生动的气氛。在早些年，社会上流行一句网络用语形容人们之间的代沟，也就是对同一句话理解的不同——世界上最遥远的距离是你出门买苹果四代①，我去买四袋苹果。现代意义上的广告词经常会用一些歧义的词语来诱导消费者，比如"六个核桃"的广告，曾经有一位较真的顾客做了一个测试，亲测了每一罐"六个核桃"，发现其核桃含量极低。商家解释说

---

① 苹果四代指的是 iPhone 4。

这只是一个商标，但是顾客可能会理解成里面含有"六个核桃"。① 这些都是由于词语的歧义导致的，由于对同一词语存在不同的理解，那么对由该词语构成的断言就会有不同的理解，最后构建在该断言基础上的论证也会遇到障碍。

还有，现在疫情时期，出入各种场合都需要证件，即便不是疫情时期，不同场合也需要出示不同的证件。比如当一个交警拦下你的时候，你可能需要出示驾照；当你进入校门的时候，可能需要出示学生证或者教工证；当你去火车站的时候可能需要出示身份证；当你出入海关的时候可能需要出示护照。所以，当你在一个表达中涉及了"证件"这个词，如果不明确具体的要求和场合，"证件"可以作多种解读，也会引发歧义。

（3）词语感情色彩过重

批判性思维是一种理性思维，理性思维是一种中立、客观并且构建在知识和事实基础上作出的判断。因此，批判性思维其实不太能接受包含情感色彩的主观表达。汉语中有很多词语蕴含饱满的情感，这些词汇通常用来表达说话者的情绪，并不太适合放在论证以及构成论证的最小单位——断言里，使用了过于表达情感的词语容易让别人怀疑论证的客观性，也影响人们对该论证理性的判断。举个例子，现在比较流行电视庭审，就是把法院庭审的画面通过电视转播出来。有一天，一个被害人的代理律师在发表代理意见的过程中频繁使用了"天理难容""穷凶极恶""倒行逆施""人面兽心"……我们可以理解被害人的心理和感受，但这些词汇其实不是法庭用语，法庭上代理律师只需要用证据证

---

① 详见百度网，https：//baijiahao.baidu.com/s? id = 1646082143807313415，2020 年 12 月 21 日最后访问。

明犯罪嫌疑人构成某罪即可,法庭重视的是证据,如果没有证据,无论是被害人还是代理律师怎么谩骂,怎么抒发感情都无济于事,都是情绪的发泄。相反,也有一些律师非常专业,在举完证据证明自己的观点之后,仅是恳请法庭考虑并作出公正判决,非常冷静、客观和理性。相形之下,你就会发现用了太多包含感情词语的律师其实是不专业的,法庭不是宣泄情感的地方,是理性论证的地方。法庭上的辩论其实是批判性思维的一种体现,批判性思维同样要求人们冷静、客观、中立,在词语的使用上非常慎重,对于这种饱含情感色彩的词语尽量不用,或者是慎重使用,即便要用也要考虑是否会影响论证的效果,如果影响论证效果或者对论证帮助不大,只是博同情,那就最好舍弃。

  同样,现在的生活中充斥着一种现象,就是当我们浏览各种新闻网页、博文、帖子的时候,会发现很多文章的题目都使用这种过激的、感情色彩特别重的词汇,这样的词语一方面吸引你的注意力,但是另一方面它引发的是你情绪上的关注,绝对不是理性的,很多时候新闻如果使用这种标题也是很不负责任的,不在内容上下功夫,只在煽动情绪和情感上玩手段,这是目前网络文章的一个很大的问题,让人一看就觉得有失新闻专业水准。如,"大事不好了""太吓人了""爱了爱了""娱乐圈又传来噩耗"……甚至在比较严肃的媒体上也有这样的标题《美国又在联合国栽了个大跟头……》《日本政府这招很厉害……》《奥巴马做这件事用了8年 特朗普却只花了1天》等。有时候我们打开电脑,在推送的一些页面上也能看到一些"惊悚"的标题……我们要清晰地辨别这些句子所使用的词语,它们多数都是具有感情和情绪色彩的,断言不能使用这样的词语,不能使用影响人们理性判断的词语。

(4) 词语过于晦涩难懂

2020年夏天，一位浙江考生的高考作文因为词语和表达的晦涩引发了人们的热议。我们先来看一下这篇名为《生活在树上》的作文：

> 现代社会以海德格尔的一句"一切实践传统都已经瓦解完了"为嚆矢。滥觞于家庭与社会传统的期望正失去它们的借鉴意义。但面对看似无垠的未来天空，我想循卡尔维诺"树上的男爵"的生活好过过早地振翮。
>
> 我们怀揣热忱的灵魂天然被赋予对超越性的追求，不屑于古旧坐标的约束，钟情于在别处的芬芳。但当这种期望流于对过去观念不假思索的批判，乃至走向虚无与达达主义时，便值得警惕了。与秩序的落差、错位向来不能为越矩的行为张本。而纵然我们已有翔实的蓝图，仍不能自持己在浪潮之巅立下了自己的沉锚。
>
> "我的生活故事始终内嵌在那些我由之获得自身身份共同体的故事之中。"麦金太尔之言可谓切中了肯綮。人的社会性是不可被除的，而我们欲上青云也无时无刻不在因风借力。社会与家庭暂且被我们把握为一个薄脊的符号客体，一定程度上是因为我们尚缺乏体验与阅历去支撑自己的认知。而这种偏见的傲慢更远在知性的傲慢之上。
>
> 在孜孜矻矻以求生活意义的道路上，对自己的期望本就是在与家庭与社会对接中塑型的动态过程。而我们的底料便是对不同生活方式、不同角色的觉感与体认。生活在树上的柯希莫为强盗送书，兴修水利，又维系自

己的爱情。他的生活观念是厚实的，也是实践的。倘若我们在对过往借韦伯之言"祛魅"后，又对不断膨胀的自我进行"赋魅"，那么在丢失外界预期的同时，未尝也不是丢了自我。

毫无疑问，从家庭与社会角度一觇的自我有偏狭过时的成分。但我们所应摒弃的不是对此的批判，而是其批判的廉价，其对批判投诚中的反智倾向。在尼采的观念中，如果在成为狮子与孩子之前，略去了像骆驼一样背负前人遗产的过程，那其"永远重复"洵不能成立。何况当矿工诗人陈年喜顺从编辑的意愿，选择写迎合读者的都市小说，将他十六年的地底生涯降格为桥段素材时，我们没资格斥之以媚俗。

蓝图上的落差终归只是理念上的区分，在实践场域的分野也未必明晰。譬如当我们追寻心之所向时，在途中涉足权力的玉墀，这究竟是伴随着期望的泯灭还是期望的达成？在我们塑造生活的同时，生活也在浇铸我们。既不可否认原生的家庭性与社会性，又承认自己的图景有轻狂的失真，不妨让体验走在言语之前。用不被禁锢的头脑去体味切斯瓦夫·米沃什的大海与风帆，并效维特根斯坦之言，对无法言说之事保持沉默。

用在树上的生活方式体现个体的超越性，保持姆直却又不拘泥于所谓"遗世独立"的单向度形象。这便是卡尔维诺为我们提供的理想期望范式。生活在树上——始终热爱大地——升上天空。

这篇作文第一位评阅老师给出39分，后两位评阅人给了55

分的成绩，经过讨论又给出了满分的成绩。此文一经公布就引发了很多反对的声音，其中之一就是不能因为有很多深奥晦涩的表达，"感觉"这位考生很有"阅读量"和"哲学底蕴"就给高分，因为此文从逻辑和结构上，甚至在表达观点上是不通畅的。有一位热爱哲学的网友甚至将此文进行了非常细致的拆分并认为如果没有哲学系的大咖们做名词解释和内部逻辑解析的话，阅卷老师应该没看懂。

此文中含有：

字词：

嚆矢，滥觞，振翮，肯綮，薄脊，孜孜矻矻，一觇，玉墀，婞直

名人名言，字词引用：

"一切实践传统都已经瓦解完了"——海德格尔

"树上的男爵"——卡尔维诺

"我的生活故事始终内嵌在那些我由之获得自身身份共同体的故事之中。"——麦金太尔

"大海与风帆，被禁锢的头脑"——切斯瓦夫·米沃什（诺贝尔文学奖获得者）

"对无法言说之事保持沉默"——维特根斯坦

部分哲学理念：

超越性（transcendence）——柏拉图

达达主义：无政府主义艺术运动，被一部分人认为是虚无主义的实质表现之一。

"祛魅"（disenchantment）——马克斯·韦伯

骆驼，狮子，孩子——尼采：精神三变《查拉图斯

特拉如是说》

"永远重复"——尼采:"同一性的永恒轮回"

场域理论——考夫卡等

单向度——马尔库塞《单向度的人:发达工业社会意识形态研究》①

单从语言文字表达的角度来看,这篇文章的词语是晦涩难懂的,无法让人们直接了解作者的核心意图,会给交流带来不小的障碍。也许会有人说,那是因为你不了解哲学,如果了解哲学的话这些文字就不成问题。但是,从批判性思维角度来看,交流——不论是文字交流还是口头交流都是需要考虑受众的接受度的。爱因斯坦的理论是很高深的,但是如果大家去翻看《爱因斯坦文集》的时候,你会发现他的文笔不仅非常优美还十分好懂。要时刻记住,论证的目的是为了交流,是为了表达自己的观点、争取别人的认同和接受,而不是为了炫耀生僻的文字,晦涩的表达。

(5)词语的叙事观不准确,或过于宏观或过于微观

常规上,存在两种叙事观。一种是个人的叙事观,它的特点是贴近个人,贴近生活,以社会生活中的"我"的视角来进行阐述。请注意,这里面从"我"的视角阐述并不意味着一定就是自我中心主义,它只是一个叙事切入的角度而已。之所以存在这种叙事观是因为我们每个人都活在一个微观层面,这个微观层面与我们的日常生活、学习和感受息息相关。但是同时,人还活

---

① 参见沙拉小沙拉:《浙江高考满分作文〈树上的生活〉,请别拿哲学说事》,引自微信公众号"成长羽翼",微信号:chengzhangyuyi2020。

在一个宏观的层面——也就是社会背景之中，当我们想要探讨社会规律的问题或者大背景的问题时，个人的叙事观只是一种选择，还有另外一种从学科角度、从宏观角度的叙事观——宏大叙事观。

这是客观存在的两种叙事观，并无优劣之分，但是存在是否适当的情况，也就是在某一种场合有一种叙事观是最合适的。所以，我们今天只是从是否适当的角度来探讨这个问题。个人叙事观会把叙事中心放在个人身上，关注和重视个人的命运和处境，着眼于个人感情的表达、个人的观察和个人的感受，比如张爱玲、龙应台的文字一般都是这样的叙事方式。宏大叙事观会把叙事的中心放在国家、社会的层面，关注国家和民族的命运。从这个角度来看，你会发现这种场合经常使用的词汇有国家、民族、阶级、性别、富强、民主、文明……这些词汇的能量都比较大，叙事层面比较宏观。

因为在不同叙事观之下使用的词语是不同的，有的时候这两种叙事观的文字表达不好会引发很大的问题。比如在2020年的疫情期间，武汉市委书记主持召开武汉市新冠肺炎疫情防控调度会时指出，要对武汉人民开展感恩教育。此言一出旋即引发了网上非常激烈的质疑之声，不少人认为，武汉人民甚至是湖北人，在这次疫情中为全国防疫作出了极大的牺牲，但是部分官员却要求群众对领导干部感恩戴德，这从本质上是一种官本位和官老爷的作风。必须正本清源，从源头上解决对权力来源的认识问题，摆正党群、干群关系，践行正确的群众观和权力观。[①] 这次风波

[①] 详见 https://www.yidianzixun.com/article/0Oo0h0Pi?_ _ pf_ _ = detail&_ _ publisher_ id_ _ = Tkvyq52RyxQKwcRpw40qtw&appid = oppobrowser&impid = -1134756418_ 1583615213287_ 0HOOju7D_ n2n&s = oppobrowser，2020年12月21日最后访问。

从语言的角度来看，就是混淆了宏大叙事和个人叙事观。"感恩"这个词汇放在个人叙事观层面没有问题，但是放在宏大叙事观方面就比较不适当。这是词语使用错误折射出的人们头脑中思维的问题。

在不同的叙事层面需要使用恰当的、符合这个叙事层面的词语，任何不适当的词语不仅会增加不必要的误解，同时还会导致说话者的观点受到质疑，不被接受，妨碍交流。比如，我家有两个孩子——姐姐和弟弟。奶奶总是会跟姐姐说，"你要让着弟弟，你是个姐姐，姐姐要像母亲那样照顾弟弟"。奶奶出生在20世纪50年代，那个年代强调的姐姐角色是跟母亲一样的，而现代社会兄弟姐妹之间的关系更强调的是平等。"长兄为父，长姐为母"这种表达对于几岁的孩子来讲太宏大了（更何况他们的母亲——我——还健在），而且每次都弄得姐姐很不开心，哭着给我打电话。这个时候我会跟孩子说："你是弟弟的姐姐，但你更是你自己。"同时跟奶奶沟通兄弟姐妹之间的关系在当代社会更注重保证个人的平等，首先是一个个人叙事观，然后才是一个宏大叙事观。不能一上来就把这个关系弄乱了，让宏大的东西侵犯了个人的空间。在考虑断言的措辞的时候，需要注意我们使用的词汇不能过于宏大，但同时也不能过于微观。如何把握词语的细微差别，还要在学习中不断体会。

（6）词语类型混淆

词语根据不同的标准可以分成不同的类型，比如口语和书面语、俗语和文雅用语、敬语和谦辞等。词语类型混淆就是将上述不同类型的词语使用的场合弄错，使得本应使用的词语没有被使用，而误用了意思虽然对，但是表达效果差别很大的词汇。词语类型混淆应该说不影响理解，因为无论是口语还是书面语，对于同一个事物的描述本身是准确的，只是表达的场合和效果不同。比如，说明某个人已经故去，私人、不正式且有慢待意味的场合可能会用"死了"；私人、不正式但是隐晦一点的说法可以用"走了"；正式一点的场合可以用"逝世"；婉转且正式的场合可以用"辞世"；怀旧一点的场合可以用"故去"；皇帝的死叫"驾崩"，皇后的死叫"薨"……用错了就会不严肃，比如在追悼会上，如果用了特别不正式的表达"死了"或"走了"，虽然能够让别人明白你的意思，但是表达的效果会差距很大，甚至引起别人的厌恶。还有一个词语在南方叫"生意"，北方叫"买卖"，书面叫"贸易"，官方称"商业"……核心意思基本一样，但是给人的感觉和适用场合都不一样。

还有一些词汇是随着文明的进化不断变化，比如"厕所"这个概念，农村称"茅房"，城市称"洗手间"，大学宿舍称为"盥洗室"，讲究一点的叫作"更衣室"……相应地，我们在不同场合也要注意这些词汇的使用准确度。敬语和谦辞也会被混淆，比如在校园中，学生跟老师交谈的时候还是要尽量使用敬语，比如称呼上用"您"而非"你"！在跟老师请教问题的时候要用"请教"而非"交流和探讨"。无论是称呼上的"你"还是"交流"，都是用在平等主体之间的，用在身份、资历、年纪以及学术经历和背景差不多的人之间的，而非用在师生之间。师生在身份、资历、年纪以及学术背景上相差太多，如果使用词汇不正确是会影响双方的交往的。

（7）词语的蓄意改写和衍生

以上几种关于词语使用的错误或者不当都是无意识的，都不是说话人刻意而为的。但是，有一种词语的现象是出于特定的目的被改写的，甚至是衍生出新的词汇取代原来的词汇以达到特定的目的。词语的改写和衍生多数都是一种婉转表达,也被称为委婉语,就是用一种比较含蓄、文雅、幽默的话语来代替那些令人们感到不愉快的表达。比方说历史上曾国藩领兵出山要扫平太平天国,结果连太平军的一个小头目林绍璋都没有打过。但是曾国藩还要向朝廷汇报战况,经过反复斟酌之后,他将自己对太平军作战以来的屡战屡败的表达改成"屡败屡战",这一字的改变塑造了一个坚韧执着的官员的形象。① 还有就是针对一个可能会引起负面情绪和感受的词语,塑造出其他的不带有消极字义的词汇来代替,比如裁员会被戏谑地表达为:放弃平庸员工、进行结构性优化、鼓励狼性、淘汰小资等,还有的将裁员表达为向社会输出 1000 名人才,用具有丰富工作经验的人才回馈社会各行各业的建设……其实这些花式表达唯一的内涵就是裁员,但是这些词语却掩盖了裁员的残酷性,带有一些迷惑性。

美军也经常用各种花式表达来掩盖其发动战争的事实,如军事介入其实就是军事侵略;采取政治行动其实就是侵略;可见侦查其实是间谍活动;战略村就是集中营;后勤打击就是狂轰滥炸;对平民的杀戮称为敌人消耗;把伤及无辜说为附带损伤……这些表达无疑都是对原有词汇的改写,意图就是回避原有词汇的负面感官效果。在判断论证的时候要识别这些词语的真实含义。

(8) 偷换概念

偷换概念是在思维和论辩过程中自觉或不自觉地违反同一律的逻辑要求,用一个概念去代换另一个不同的概念而产生的逻辑错误。偷换概念既是一种语言错误,也是一种逻辑错误。在这种

---

① 详见新浪网,http://blog.sina.com.cn/s/blog_ dbc4c4220102wdk3.html,2020 年 12 月 21 日最后访问。

情况下只需要反驳语言就能够达到推翻对方逻辑的目的。给大家举个例子。过年的时候，亲戚串门，一家人围坐在一起聊天，他们都说我身体看起来很好，我说我每天都要运动。我的妈妈说："我每天也运动，每天来回买菜走很远，为啥还总闹毛病呢？"我的三姨说："我家有一亩地，种地也是锻炼，为什么我也觉得自己身体不太好呢？"这个对话里涉及三个相关的词汇，相近但是不一样。我说的是"运动"；我妈妈说的是"活动"；我三姨说的是"劳动"。这是三个不同的概念，她们犯了偷换概念的错误。因此，我只要跟她们解释清楚活动不是运动，劳动也不是运动，她们就知道为什么身体总是不大好的原因了。

2. 如何使词语精准？——下定义

上文指出构成论证的基本单位断言在词语使用上必须是精准的，但是要想达到精准是很困难的。我们经常能够在媒体、报端、互联网上看到很多词语使用不精准的情况，本书也对其中的一些典型情况进行了解读。词语使用得不精准影响断言的真值，也影响对方的理解，进而也影响对整个论证的判断。在词语使用不精准的情况下，如果还想继续沟通和交流，就必须使这些词语精准化，而精准化的手段就是——下定义。说话者为了让对方能够进一步了解自己的意图，可以对断言中使用的不精确的词语进行定义，受众出于理解的需要也可以让说话者重新界定断言中的某些词语。无论是说话者主动进行的澄清还是受众要求的重新界定，都会使用一种方法——下定义。下定义是一个重新使断言中的词语精确化的过程，只有交流双方能够对某些关键词语达成一致理解，才能推进下一步的判断。

下定义是指用一种简洁明确的语言对事物的本质特征作概括

的说明方法，下定义必须抓住被定义事物的基本属性和本质特征，其目的是要将被定义的事物与其他事物区分开来。下定义主要有以下几种常用方法。

（1）同义词定义法：用一般人能够理解的、常见的解释被定义的词汇含义的方法就是同义词定义法，即给出与被定义词汇具有相同含义的词语。比如阿谀的意思就是指谄媚、逢迎、讨好、奉承、恭维等。癖好就是指爱好、嗜好或者是喜好。

（2）举例定义法：用被定义词汇的典型例子来说明被定义词汇的含义的方法。比如哺乳动物就是指猴子、熊猫、大象等一类的动物。化学元素就是指氢、氧、氮、碳之类的金属或非金属物质。

（3）分析性定义法：通过指出被定义对象本质特征的方式，通常是通过明确被定义对象的属和种的方式来下定义的一种方法。我们还是用哺乳动物来举例，上文给出的是用举例的方式给哺乳动物下定义，如果从分析性定义法来看：哺乳动物是全身被毛、运动快速、恒温胎生、体内有膈的脊椎动物，是脊椎动物中躯体结构的动物类群，因能通过乳腺分泌乳汁来给幼体哺乳而得名。哺乳动物可分为原兽亚纲、真兽亚纲和后兽亚纲。哺乳动物分布于世界各地，具有陆上、地下、水栖和空中飞翔等多种生活方式；营养方式有草食、肉食两种类型。

这是三种常见的下定义的方法。分析性定义法是比较可靠的方式，我们从字典或词典中看到的大部分概念都是通过分析性定义法获得的。分析性定义法比较本质化，能够揭示被定义词汇的本质特征，从而使之与其他概念相区别。只有当无法对被定义对象进行分析性界定的时候，我们才会通过其他方法进行定义。但是，同时也需要看到，分析性定义法比较学术和深奥，辅之以其他的下定义方法会让受众获得对被定义对象的本质和形象的双重理解。比如化学元素，指自然界中一百多种基本的金属和非金属物质，它们只由一种原子组成，其原子核具有同样数量的质子，用一般的化学方法不能使之分解，并且能构成一切物质。一些常见元素的例子有氢、氮和碳。这个定义就混合了分析性定义法和举例定义法，受众既可以从学术理性上了解这个概念，掌握其本质，又可以从氢、氮、碳这些直观的物质上形象感知什么是化学元素。

下定义的目的就是明确断言中使用的词语的具体含义，或者限定词语的具体范围，消除歧义，减少误解，为下一步的论证扫清障碍。如果是表达者故弄玄虚使用一些蓄意改写和衍生的新词来掩盖自己的真实目的，消除真实词汇的负面观感，那么通过澄清这些词汇的含义，也能够识别出表达者的"诡计"。

三 论证的类型

在知道什么是断言，怎样判断断言与非断言，以及断言在语言上的一些要求之后，我们可以开始了解由断言构成的论证的一些相关知识了。本章主要介绍两种常见的论证类型——演绎论证和归纳论证，并在介绍这两种不同类型论证的过程中继续说明批判性思维是怎样工作的。我们会通过具体的例子来说明：(1) 论证自身包含的要素——前提、结论、推理及要素之间的互动；(2) 论证与图 1.3 中区域一和区域三是怎样被问题连接起来并互动的。

（一）演绎论证

1. 什么是演绎论证

（1）概念

演绎论证（deductive argument）是一种由一般到个别的论证方法。它由一般原理出发推导出关于个别情况的结论，其前提和结论之间的联系是必需的。通俗一点讲就是前提能够保证结论为真，前提能够推导出结论。

（2）常见类型

演绎推理有很多种形式，最常见的是三段论，此外还有排除法、由定义而来的论证以及基于数学的论证等。本书主要分析三段论的几种表现形式,这是最基本的演绎推理的形态,其余情况,可以作为学有余力的时候自学的内容。

三段论是指由三段话形式展开的论证,其中有两个前提(大前提和小前提)和一个结论。三段论包含直言三段论、假言三段论和选言三段论,这种分类方法来源于康德①,原因在于前提中包含的命题可以被细分为直言命题、假言命题和选言命题,直言命题是指对对象具有或者不具有某种性质的判断是直接的,无条件的;假言命题是指对对象的某种判断是有条件的;选言命题是指对对象的某种判断是有选择的。相应地,三段论也就被区分为直言三段论、假言三段论和选言三段论。

① 直言三段论是指所有前提都是直言命题的演绎推理。也就是说,大前提和小前提是包含一个共同词项的两个直言命题,在此基础上推出结论这个新的直言命题。

比如:

所有狗都是动物。

拉布拉多是狗。

拉布拉多是动物。

"所有狗都是动物"是大前提,并且是由直言命题构成的;"拉布拉多是狗"是小前提,也是由直言命题构成的;这两个前提中有一个共同词项——狗。结论是一个新的直言命题——"拉布拉多是动物"。

直言三段论如果用逻辑模式表示就是:

所有 A 是 B。

---

① 参见〔德〕伊曼努尔·康德:《纯粹理性批判》,邓晓芒译,杨祖陶校,人民出版社 2004 年版,第 11 页。

C 是 A。

　　因此，C 是 B。

② 假言三段论是指前提中包含假言命题的演绎推理。也就是说大前提和小前提中至少含有一个条件性陈述的演绎推理，其实就是"如果—那么"模式的表述。

比如：

　　如果台风登陆，中小学就放假。

　　台风会登陆。

　　因此，中小学放假。

在这个演绎推理里，大前提——如果台风登陆，中小学就放假——是一个假言命题。如果假言中的条件成就，就会导致结论——中小学放假。假言三段论可以用逻辑模式表示如下：

　　如果 A，那么 B。

　　A。

　　因此，B。

这种模式也叫作**肯定前件式**，因为小前提肯定了 A（A 是前件）。假言三段论还有几个变换的形态，如连锁论证、否定后件式。

连锁论证包含三个条件式的陈述：

　　如果 A，那么 B。

　　如果 B，那么 C。

　　因此，如果 A，那么 C。

这用来描述一种引发连锁反应的推理状态，比如：

　　如果你不好好学习，期末考试就不会取得好成绩。

　　如果你期末考试成绩不好，你就得不到奖学金。

　　如果你不好好学习，你就得不到奖学金。

否定后件式与肯定前件式的差别就在于小前提否定了 B（B 是后件）。

如果 A，那么 B。

不是 B。

因此，不是 A。

比如：

如果你学习够好，你就能获得奖学金。

你没有获得奖学金。

你学习不够好。

在日常生活中，这种假言三段论可以帮助倒推真实的情况是什么（有点类似破案的感觉）。比如，你跟老师请假说你感冒了，今天不能上课了。结果老师却在体育馆看到你打篮球。那么老师瞬间就能判断出你撒了谎。为什么？因为用的就是这种否定后件式的推理。

如果你感冒了，你应该卧床，你不会打篮球。

你打篮球。

因此，你没有感冒。

怎么样？通过这样一个例子是不是可以看出推理在我们的生活中无所不在呢？只不过我们没有意识到我们在某些情况下是在推理。再来看一个《福尔摩斯探案集》中的故事——福尔摩斯第一次见到华生就知道他是从阿富汗来的，为什么？

福尔摩斯："……咱们初次会面时，我就对你说过，你是从阿富汗来的，你当时好像还很惊讶哩。"

华生："没问题，一定有人告诉过你。"

福尔摩斯："没有那回事。我当时一看就知道你是从阿富汗来的。由于长久以来的习惯，一系列的思索飞也似地掠过我的脑际,因此在我得出结论时,竟未觉察得出结论所经的步骤。但是,这中间是有着一定的步骤的。在你这件事上,我的推理过程是这样的:'这一位先生,具有医务工作者的风度,但却是一副军人气概。那么,显见他是个军医。他是刚从热带回来,因为他脸色黝黑,但是,从他手腕的皮肤黑白分明看来,这并不是他原来的肤色。他面容憔悴,这就清楚地说明他是久病初愈而又历尽了艰苦。他左臂受过伤,现在动作还有些僵硬不便。试问,一个英国的军医在热带地方历尽艰苦,并且臂部负过伤,这能在什么地方呢?自然只有在阿富汗了。'这一连串的思想,历时不到一秒钟,因此我便脱口说出你是从阿富汗来的……"①

读者可以分析一下,福尔摩斯用的是什么样的推理呢?

③ 选言三段论是指至少有一个前提为选言命题,并根据选言命题各选言之间的关系而进行推演的演绎推理。一般由两个前提和一个结论组成,根据选言前提各选言支之间的关系是否为相容关系,可分为相容的选言推理和不相容的选言推理。

相容选言推理就是以相容选言命题为前提,根据相容选言命题的逻辑性质进行的推理。逻辑模式如下:

A 或者 B。

非 A。

所以,B。

或者

---

① 〔英〕柯南道尔:《神探福尔摩斯》(第 1 卷),岳文楚、周可等译,中国文联出版公司 1995 年版,第 17 页。

A 或者 B。

非 B。

所以，A。

比如：

小明在食堂或者吃米饭，或者吃水饺。

小明没吃米饭。

所以，小明吃水饺。

不相容选言推理就是以不相容选言命题为前提，根据不相容选言命题的逻辑性质进行的推理。逻辑模式如下：

要么 A，要么 B。

非 A。

所以，B。

或者

要么 A，要么 B。

A。

所以，非 B。

比如：

小明要么上课，要么在图书馆看书。

小明没在图书馆看书。

所以，小明在上课。

2. 什么是有效论证和可靠论证

我们学习演绎论证的最终目的是要能够构建一个可靠的演绎论证，一个好的演绎推理能够保证结论是正确的，能够被人们接受。但是并不是所有的演绎推理都是严谨的，我们要想构建一个可靠的令人信服的演绎论证，需要先了解两个相关的概念，即有效论证和可靠论证。

（1）有效论证与可靠论证的概念

有效论证是指如果前提为真，则结论为真的论证。有效性是针对论证形式而言的。有效的论证不管论证的内容（具体前提和结论）是什么，其推理形式都是正确的有效的，即对于一个有效的论证，如果前提为真，那么结论也为真。**可靠论证**是指前提为真的有效论证。有效论证关注的是前提和结论之间的关系，可靠论证是在有效论证基础上关注前提为真的问题。我们举例说明这个问题：

有效论证：

前提：法国人都喜欢吃法棍面包。

前提：吉大秋果是法国人。

结论：吉大秋果喜欢吃法棍面包。

这个论证从推理角度来看，如果前提成立，结论是成立的，也就是前提能推出结论，推理形式上很严谨。但是有效论证只是强调"如果"前提成立，"那么"结论成立。而"吉大秋果"也就是本人并不是法国人，这个前提是不成立的。但是这个前提不成立并不影响这个推理结构的成立。有效推理只关注前提是否能推出结论，前提是否为真并不影响有效推理的成立。

可靠论证：

前提：法国人都喜欢吃法棍面包。

前提：马克龙是法国人。

结论：马克龙喜欢吃法棍面包。

在这个论证里，推理形式是成立的，也就是这个推理是一个有效推理。如果前提还是真的话，这个推理就是一个可靠推理。

那么我们来看一下前提是否为真的？是的，前提是真的。① 说到这里，我们为什么能判断出马克龙喜欢吃法棍面包是一个可靠论证？因为，这个推理首先是有效论证；其次，这个推理的两个前提为真。了解法国的人都知道，法棍面包对于法国人就相当于米饭对于中国人一样，是一种最主要的主食。马克龙是法国总统，因此也是法国人。所以，想要判断一个论证是否有效论证只要从逻辑上判断就可以，但是想要判断一个有效论证是否为可靠论证就需要超越逻辑了解一些相关的知识（如法国人的主食以及法国总统是谁），这些不是单纯靠逻辑就能判断出来的，这也是为什么我们除了要掌握逻辑思维还要学习专业知识的原因，专业学习是进行判断的基础。

（2）有效论证和可靠论证之间的比较

有效论证和可靠论证其实说的就是前提是否为真，前提和结论之间的关系。为了更好地了解可靠论证只是论证中的一种形式，笔者用表 2.1 来揭示前提真假以及前提与结论之间关系不同会形成的四种可能的论证类型。

表 2.1 前提、论证变化形成的不同论证类型

分类	前提真假	论证效力	
情形一	√	√	可靠论证
情形二	√	×	无效论证
情形三	×	√	有效论证
情形四	×	×	无效论证

情形一：前提为真；前提与结论之间的推理有效——可靠

---

① 当然，这里是举例，法国人肯定也存在不喜欢吃法棍的例外。

论证

情形二：前提为真；前提与结论之间的推理无效——无效论证

情形三：前提为假；前提与结论之间的推理有效——有效论证

情形四：前提为假；前提与结论之间的推理无效——无效推理

我们主要追求的是情形一，但是情形三也非常具有价值，下文我们会详细论述。

(3) 有效论证和可靠论证的实践应用

我们学习的目的是为了追求情形一这种可靠论证的情况，即前提为真，前提与结论之间的推理有效。也许有读者会认为这是一种纯逻辑的游戏，没有现实意义。其实，区分这四种情形是很有必要的，尤其是推理形式是有效的，但是前提不确定是真是假的情形。原因之一是，很多情况下，我们通常不知道前提到底是真是假，因为人们对于自然界的认识，对于很多事物的认识都是在探索过程中的。但是，在我们能够判断这是一个有效推理的情况下，一旦我们能确定前提是真的，那么结论就是真的，这个有效论证就上升为可靠论证。这种情形随着科学技术的发展，人类认识的不断加深总是在不断上演。比如冥王星的发现过程其实就是这样推论出来的，根据有效推理，人们推测应该有另一颗星——冥王星的存在。1930年汤博发现了冥王星，这颗行星的发现过程很有意思。起初人们并不知道冥王星的存在，但是发现海王星的运行轨迹与根据牛顿力学预测的结果不一样，总是有偏差。这时候科学家推测应该在海王星之外还有一颗行星，这颗行星影响了海王星的运行轨迹。这种倒推理的过程就是我们不知道前提（还有另外一颗行星——冥王星的存在）是否为真，但是如果牛顿力学理论没有问题，海王星运行轨迹出现偏差这个结果是正常的，那么从推理角度是有效推理，只是我们不知道前提是否为真。最终，汤博经过不懈的努力，终于发现了这个前提是真的——冥王星的存在，有效推理上升为可靠推理。这个论证的结构予以拆解如下：

前提1：海王星之外存在其他干扰海王星轨迹的星球。

前提2：这些运行轨迹都可以依据牛顿力学计算和预测。

结论：海王星没有在预测的A轨迹运行，而是在B轨迹运行。

在这个推理中，我们无法判断前提1是否为真，人们认为牛顿力学靠得住。随着冥王星的发现，前提1被确认，人类获得了新知。这也是新知识产生的一个逻辑学上的表现。

我们还可以用有效推理和可靠推理来验证前提是否成立。还记得上文那个生病请假打篮球被发现的孩子吗？

如果你感冒了，你应该卧床，你不会打篮球。

你打篮球。

因此，你没有感冒。

因为老师看到了你打篮球，就瞬间动用可靠论证和有效论证识别出，你的前提——感冒了是假的。因为错误的结论是不可能由正确的前提推导出来的。

（4）有效论证和可靠论证的小结

所以，在这里我们总结一下，有效论证关注的是前提和结论之间的关系，也就是前提能推出结论，但是前提是不是正确不是有效论证的关注点。但是如果一个有效论证的前提是正确的，那么这个有效论证就上升为可靠论证。在科学研究中，如果一个论证是有效论证，接下来我们可以验证或者通过科学实验、发现等确认其前提是否为真。如果前提为真，那么该有效论证可以上升为可靠论证。这也是我们科学发现的一个方式，人类通过这种方式获得新知识。在日常生活中，如果我们发现一个有效论证的结论发生了偏差，如发烧的学生本应该卧床，但是他却在打篮球。那么有效论证推不出打篮球这个结果，所以一定是前提有问题，我们通过逆推能够验证前提的准确性从而进行日常的判断。

有效论证和可靠论证的差别就在于，可靠论证是有效论证，但是可靠论证的前提为真。这又引发了另外一个关注，当一个论证摆在我们面前，假设我们能够确认这个论证在逻辑上是行得通的，也就是说这个推理是有效论证。但我们不知道它是不是可靠的，原因在于我们不知道前提是不是为真。那么我们需要做的是什么？判断前提是否为真已经超出了逻辑学的范畴，需要努力扩展知识面，拓展专业知识才能判断。总结一句话，有效论证是一个逻辑判断，是逻辑学范畴，但是有效论证是否能上升为可靠论证涉及前提是否为真的判断，就不单纯是逻辑学或者哲学范畴，而是涉及其他学科的知识。这就是为什么我们要学好逻辑学，同时也一定要学好自己的专业知识，这样才能判断一个相关的有效论证能否上升为可靠论证。

3. 如何构建一个可靠的演绎论证

从上文可知，我们学习论证的目的之一是构建一个可靠的演绎论证。可靠论证有两个要求：其一，前提为真；其二，推理成立，即前提能推出结论。如何判断前提为真以及前提和结论之间的关系是我们这一节要学习的主要内容，把握了这两项内容并知道如何具体操作和认定，我们就具备了构建一个可靠演绎论证的基础。

（1）可靠演绎论证：前提为真

可靠演绎论证的条件之一就是前提为真，要想满足这个条件我们需要从以下几点来进行深入理解。

① 前提在语言学意义上是一个断言。

我们之前已经提及，论证就是由一个或一些断言的真实性通过推理得出另一个断言的真实性的思维过程，论证的基本单位就是断言，前提是断言，结论也是断言，前提可以由一个或者多个断言来充当。我们在之前已经详细介绍了什么是断言，断言和非断言的区别；断言由词语概念组成，对构成断言的词语的要求是精准，即要达到客观真实和准确的程度，只有这样才能保证论证在交流中能够继续推进。

但是在现实中，我们却发现很多前提不是断言，或者同学们在分析一篇文章的论证结构的时候将不是断言的表达看作是断言并将其作为论证的前提，这就说明我们不仅需要了解断言的概念，还需要能够在实际的阅读写作中将其识别和表达出来。此外，断言词语表达也容易出错，我们详细指出了几种词语表达存在的问题。词语不准确，断言的真值也会受到影响，在这个时候，我们就需要使用下定义的方法将断言不断地精确化，只有这样才能满足断言在语言学上的要求。

构建一个可靠的演绎论证，其过程必然涉及评价别人论证的前提和阐述自己论证的前提，同学们在这个过程中经常容易将本应是断言的句子写成非断言。比如，在论文写作中经常能看到的问题就是标题撰写得不到位，标题一般就是断言，但是大多数同学会写成非断言。比如在提出问题的部分，同学们经常会写成：

> 正当防卫在认定过程中存在的问题

这是一个非断言，是一个描述性的句子，不涉及判断，也不能表达观点，更没有真假之分。正确的表述应该是：

> ×××是正当防卫在认定中存在的问题

这就是一个断言，它涉及判断并包含观点，同时其也有真假之分，可以供圈内人讨论和判断。这在后面的写作环节也会给大家一一呈现。在此，笔者就是提示大家，前提是由断言构成，需要满足断言在语言学上的要求。

② 前提来源于图1.3区域一的专业知识、三观、事实和信息的判断与筛选。

可靠论证是前提为真的有效论证，有效论证和可靠论证的差别就在于前提是否为真。而前提是否为真并不来源于逻辑学或者哲学，它来源于综合图1.3中的区域一，即模块一的假设、潜意识、三观等以及模块二的专业知识、事实和信息的判断与筛选。这就是我们为什么要学习专业知识，要拓展阅读，要见多识广，要博闻强识……

有些前提可能依据我们既有的知识体系就能够被判断出来是否为真，比如对于我而言，一个简单的生活问题和简单的法律问题我随口就能判断，因为我的既有知识体系就能回答。生活问题比如婴儿从3个月起要开始添加辅食，然而早产儿3个月不能添加，要从他的纠正月龄起算满3个月才可以添加；专业问题如一般纠纷的诉讼时效为3年，而人身伤害的诉讼时效为1年，国际贸易纠纷的诉讼时效为4年等。

但有一些生活问题和专业问题我需要在我专业知识和专业素养的基础上继续研究才能够解决。因为这些问题超出我的认知范围，但是没有超出我的能力范围，我在学校积累的专业知识虽然有限，但是我们还有专业素养，这个素养能够帮助我们在遇到超出我们认知范围的事物的时候，通过我们培养的能力将其解决掉，这部分是我们的潜在能力，也是我们学习的意义所在。比如金融通道业务、反担保业务、保理法律业务等，这些我虽然没有接触过，但是我具有法律专业知识和专业素养，在检索和钻研的基础上还是能够解决的。但是物理学的问题、数学的问题超出了我的专业素养，这种跨学科的问题我解决不了。还有些现象也很有意思，很多人大学毕业之后并没有从事原来专业的工作，比如搞材料的后来做起了销售，搞机械的后来做起了保险；马云的专业是英语，但是却从事互联网方面的工作。那么为什么有人跨专业工作也做得很好？也是因为大学的培养（也有可能是人的天赋）虽然是按专业划分的，但是除了专业知识之外还培养人的基本素质，这些基本素质保证了人们在社会上即便不从事本专业的工作，在从事其他方面工作的时候也能脱颖而出。

说了这么多，想表达的其实很简单。判断前提是否为真不能依据逻辑学或者哲学，而是需要依靠大家的生活积累和专业知识，甚至是对相关信息和事实的掌握情况，也就是说前提是跟综合图1.3的区域一连接在一起的。有时候，一些简单的问题我们能够很快作出判断，不需要额外地进行调查研究。有时候，一些复杂的问题超出了我们目前的知识框架，但是仍在我们的素养范畴之内，我们可以通过研究（包括收集信息、筛选信息、评价和综合信息）进而作出判断。前提的判断与我们的专业素养和生活素养息息相关。

③ 前提从结构和功能上来看是结论的依据和理由。

从结构上来看，一个论证包括前提、结论以及前提推出结论的推理关系。前提是论证的一部分。从功能上来看，前提是得出结论的依据和理由。这一点看似简单，但是要做到就特别地困难。很多人在组织前提的时候经常忘了前提是为结论服务的，只是简单地将一堆语言堆砌就试图得出一个结论，这些语言通常都只是解释而非论证。前提能够为结论提供服务绝不是因为你写了一段文字，而是作为前提的这段文字与结论之间存在内部相互连接的机理，这个内部的作用机理我们在下文继续讨论，我们在此仅是提示一下表达者，在陈述理由和前提的时候一定要警觉，时刻提醒自己所陈述的理由和前提要能够为结论服务。以下是笔者从网上摘录的关于为什么要去西藏旅游的两篇博文，注意比较一下两者的差别。

第一篇：
为什么要去西藏旅游

西藏是一生一定要去一次的地方，相信很多朋友都想去西藏，去那里感受美丽的高原。去西藏的最佳月份是在 6—10 月份，您去西藏唯一要注意的就是，一定要选择一家靠谱的当地旅行社或者当地导游，其余的完全不用担心。我就是这段时间去的西藏，真的太美了。西藏空气是通透的，天空完全是纯粹的蓝色，没有任何云朵，蓝得像 PS 出来的。在雅鲁藏布大峡谷，可以完美地看到特别壮观的南迦巴瓦峰。南迦巴瓦峰，基本上每天的傍晚都能看到金色的祥云，观看地点在大峡谷的索松村。图片上体验不到那种震撼，到了之后简直让人震惊。[1]

---

[1] 详见看点快报，http：//kuaibao.qq.com/s/20200115AZPB6H00?refer=spider，2020 年 12 月 21 日最后访问。

第二篇：

为什么要去西藏旅游

1. 从宣传的方面说，西藏被认为是神秘的象征，是一块圣地，去西藏被认为是朝圣之旅。西藏有着非常多关于信仰的故事，一个地区有很多故事，那么它一定会成为旅游胜地。藏族文化在这里……

2. 从旅游花销上面来说，旅游的决定性因素就是时间和金钱了，这方面，西藏比全国其他地方都有优势……

3. 我们再从时间上面来说，虽然西藏和新疆两个地方的面积都非常大，但是西藏旅行主要旅行的地方都比较集中，路途并不坎坷……①

第一篇显然是个人心得体会，全部是描述性的文字，介绍了自己的体会和对一些景点的描写，没有给出理由。作者显然忘了他是在写为什么要去西藏，通篇没有针对"为什么"给出理由，自己想到哪儿写到哪儿。这种所谓"前提"根本就不是理由和依据，因为它并不能为"一定要去西藏旅游"这个观点服务。第二篇的作者试图从几个方面给出理由，不管这几个理由是不是有力量，是不是成立，但是作者在试图给出"为什么"去西藏的理由，作者希望通过自己给出的这几个理由帮助大家作判断。

---

① 详见旅游攻略小姐姐，https：//baijiahao.baidu.com/s？id＝1609949405384871672&wfr＝spider&for＝pc，2020年12月21日最后访问。

④ 存在未表达前提。

论证的理由有两种表现形式,一种是明确表达出来的理由,我们把它叫作前提;另一种是没有明确表达出来的前提,我们把它叫作假设。假设是被省略的前提,以及前提(已表述的或未表述的)得以成立的深层根据。假设是论证赖以成立的前提之一,其中有一个为假,就会导致论证的流产。然而,假设在论证中没有表达出来,需要理解者将它们挖掘出来。挖掘论证的假设,标志着一个人的理解能力和理解的深度。

有的时候,一个断言的假设只是一些事实问题,很容易查验清楚,只有这些事实成立,断言中的判断才成立,但是未表达出来的这些事实与断言中的判断只是有单纯的时间上或者连接上的并行关系,并不涉及谁是谁的深层基础,我们将这种假设称为预设。但有些未表达前提则是前提赖以成立的"深层根据",我们将这种假设称为支撑假设,以下用两个例子来说明这两种不同假设之间的关系。

例1——预设

断言:安倍是日本在位时间最长的首相

预设:

1. 日本是首相制
2. 日本首相有任期
3. 历史上各位首相的任期
4. 安倍是首相
5. 安倍的任期

1 ⟶ 2 ⟶ 3 ⟶ 4 ⟶ 5 ------ 断言

例2——支撑假设

断言：张三是杀人犯

支撑假设——故意杀人罪：

1. 张三年满14周岁，精神上没有障碍①
2. 张三实施了杀人行为
3. 张三主观上是故意
4. 张三侵害了他人的生命权

我们具体分析一下这两个例子，第一个断言——安倍是日本在位时间最长的首相是最近热议的一个话题，但是这个断言要想成立需要五个前提条件，这五个前提条件的信息必须都具备并且均为真才能判断出安倍是否为日本在位时间最长的首相。这五个条件之间的关系是顺序排列的，它们只是在前后逻辑上与最后的断言相联系，这种假设我们将其称为预设，它是指判断一个断言真假的必要条件。第二个断言——张三是杀人犯这个判断要想成立必须符合杀人犯的要求，也就是行为人触犯了故意杀人罪，故意杀人罪在刑法上有四个构成要件。所以，这四个构成要件与断言之间就形成了支撑关系。

什么时候可以使用未表达前提？当说话双方都知道这个未表

---

① 根据最新的刑法修正案，刑法对于故意杀人罪的刑事责任年龄规定了两档：其一，年满14周岁犯故意杀人罪，应当负刑事责任；其二，年满12周岁不满14周岁的人犯故意杀人罪，致人死亡或者以特别残忍手段致人重伤造成严重残疾，情节恶劣，经过最高人民检察院核准追诉的，应当负刑事责任。本书所举示例主要针对第一种情况，即年满14周岁犯故意杀人罪的情形。

达前提，则可以省略，否则就会带来不必要的误解并造成信息在传递过程中的偏差。未表达前提使推理不够完整，给推理形式的判断带来不便，进而给论证方式的判断带来困难。表达者必须清晰地知道自己所表达的内容的前提是什么，并且切实地了解到说话的对方也知晓这个未表达前提时才可以省略，否则就要明确地将其表达出来。有时候，未表达前提是表达者故意隐瞒的前提，他也许想要通过这种方式达到某种目的。比如之前提及我和我女儿的对话："你是洗澡还是洗头？"这句话里就隐藏了一个未达前提——你必须得洗，洗啥自己可以选择。在我的女儿年纪还小的时候，她并不能识别出这个未表达前提，经过利益权衡之后，她会乖乖地选择洗头（而这也是我的目的）。我用人为制造的二选一困境成功达到了我的目的，而这个未表达前提是我故意不说清楚的。

  还有的时候是表达者自己不清晰，没有意识到交流的对方可能缺乏相应的背景知识和认识，直接就将自己表达的问题当作常识脱口而出，比如，跟一个小学生，或者一个年纪特别大的老年人脱口而出"安倍是日本在位时间最长的首相"，他可能会问你安倍是谁？这种情况在高校教育环节也时有发生。比如在开题或者答辩过程中，老师会说，同学你这篇文章缺乏问题意识。这是一个断言，这句话的前提是同学你应该知道什么是问题意识，但是事实上，很多同学不知道什么是问题意识，不知道论文的文体，不知道论文展开的基本逻辑……这也是本书写作的初衷，要把这些最基本的问题解决掉。

  在演绎论证中，未表达前提决定论证的可靠性。指出这一点还是希望大家能够意识到未表达前提的重要性，表达者要时刻记得从受众的角度进行判断，一定要将前提阐述到双方共同认识的那个层面，而不是主观臆断，对方可能知道自己的未表达的内容，谁也不是谁肚子里的蛔虫。从受众的角度来看，当对方没有表达出来一些重要的信息的时候，你可以要求对方提供和明确相关信息，这样才能进行良性的沟通。否则，双方对前提都认识不到一起去，结论就无从而言，更不要说构建一个可靠的论证了。

⑤ 前提必须为真，结论才有可能为真。

要想构建一个可靠论证，假设，也即未表达前提为真，其他的前提也必须为真，只有前提为真，结论才有可能为真。那么我们如何判断前提是否为真呢？这很复杂，不同的学科、不同的背景以及信息的不同类型都涉及不同的判断标准，以下几个方式可以供大家参考：

第一，是否符合专业知识和专业直觉。

我们每个同学都是有专业的，专业知识能够帮助我们判断一部分断言是否正确。比如，学医的人，尤其是呼吸科的人，一看到肺部 CT 片子再加上化验得到的病毒数据马上就能判断出这是一种冠状病毒，哪怕这是一种"新型"冠状病毒，并且很容易根据自己之前学习的知识进一步作出判断——这种病毒的传染性极强。这也就是我国新冠疫情最初被判断出来的过程。学经济的人普遍根据当今的疫情、国际关系现状作出 2020 年是新型基础设施建设（简称"新基建"）大年的预判。新基建和之前 2008 年所提到的老基建不同，老基建主要是指传统的"铁公基"项目，多是铁路、公路、机场、港口、水利设施等建设项目。新基建主要是战略新兴领域，科技端主要包括 5G 基建、工业互联网、特高压、新能源汽车及充电桩、大数据中心、人工智能等。还有由于 2020 年疫情而受到重点关注的医疗新基建，如医疗设备和医疗信息化等。法律人结合今年国际贸易受到疫情影响的情况可以作出对外贸易数量可能都会下滑的预判，外贸行业整体都会迎来比较严峻的时期。

　　根据我们学习的积累，有些事情我们可以直接作出判断，有些事情尽管我们不能给出确切的答案，但是专业直觉也会给我们一些提示让我们作出一些预判。比如，有一个朋友跟我争论法院的一个判决，关于利息保护从什么时候开始起算，他的理由是从法院判决的时候开始起算，法院判决也是这么写的。虽然我不专门做这个方面的研究，但是我有一种直觉，应当从债务产生开始起算，因为利息是一种孳息，具有从属性，从属于主债务。这就是根据专业直觉作出的判断。我的一个医生朋友是麻醉科的，一天，他给一台手术的患者做麻醉，问他平时是否饮酒，若饮酒酒量如何？病人说不怎么喝酒。我这个朋友给他推了一定剂量的麻醉药，结果麻醉效果始终不好。于是我的朋友再次严肃认真地问这个患者：" 请你如实告知你的饮酒状况，因为会影响麻醉。"后来，患者只能如实告知自己隐瞒了一些饮酒的真实信息。

　　第二，是否符合信息的 CRAAP 原则。

　　这部分通过表 2.2 来介绍美国图书馆的一个批判性辨别信息的方法——CRAAP。无论是期刊文章、网站、书籍或博客，都可以通过 CRAAP 测试来确定信息来源的及时性、相关性、权威性、准确性和目的性。

表 2.2　CRAAP 批判性辨别信息法

序号	名称	内容	评分标准	评分结果
1	及时性（Currency）：信息的及时性	这些信息是什么时候发布的？ 信息是否已修订或更新？ 对于这项研究来说，该信息是否过时或太旧了？ 这个链接是有效的吗？	从 1 到 10 的评分（1 = 最差，10 = 最好的可能）	

(续表)

序号	名称	内容	评分标准	评分结果
2	相关性（Relevance）：信息对你的研究是否重要	这些信息是否与你的研究课题有关？	从1到10的评分（1＝最差，10＝最好的可能）	
		它是个深入的调查还是个简短的总结？		
		这些信息的目标受众是谁？是普通大众，学生，研究人员还是企业？		
		这些信息是否达到了适当的水平（对你的需要来说是不是太初级或高级）？		
		在决定使用某种方法之前，你有没有看过各种来源的资料？		
		你愿意在研究论文中使用这些资料吗？		
3	权威性（Authority）：信息来源是否可靠	是谁编写或发布了这些信息？	从1到10的评分（1＝最差，10＝最好的可能）	
		你能识别出作者吗？		
		他们是其领域的专家吗？		
		关于这个话题他们还写了什么？		
		你能核实作者的资历或他们所代表的组织机构吗？		
		他们受到资助了吗？		
		他们具有谈论这个主题的资格吗？		

(续表)

序号	名称	内容	评分标准	评分结果
4	准确性（Accuracy）：内容的可靠性、真实性和正确性	这些信息从何而来？ 这些信息有证据支持吗？ 资料是否已被审阅或参考？ 你能从其他来源或个人知识中验证这些信息吗？ 有没有一份引用的参考文献清单？ 他们是否概述了分析中使用的方法和数据？ 语言或语气是否带有偏见或不带感情？ 是否有拼写、语法或其他印刷错误？	从1到10的评分（1 = 最差，10 = 最好的可能）	
5	目的性（Purpose）：信息存在的原因	这些信息的目的是什么？ 通知吗？ 想教授什么吗？ 想出售什么吗？ 以娱乐为目的吗？ 想说服什么人吗？ 作者或赞助者是否明确了他们的意图或目的？ 信息是事实吗？ 是个人意见或者是宣传？ 这个观点是否客观公正？ 是否存在政治、意识形态、文化、宗教、机构或个人偏见？	从1到10的评分（1 = 最差，10 = 最好的可能）	
6	合计	—	—	

注：最终评价标准：优秀：45—50分；好：40—44分；平均：35—39分；边界可接受：30—34分；不可接受：低于30分。

第三，是否符合常识。

这一点其实特别重要，但是就有人总认为自己是特别特殊的那个，总是能碰到小概率事件。大家知道这几年特别流行的医保卡诈骗、信用卡诈骗、庞氏骗局等。这些骗局其实都没有什么高超的手段，骗子都是利用了大家想要不劳而获一夜暴富的心理。其实我们只要静下来想一想，人生哪有那么多天上掉馅饼的事情啊，甚至一件都没有。你怎么就那么幸运，可以不劳而获呢？现在校园也有很多校园贷，你没借钱的时候天天追在你的屁股后面让你借钱，跟你说得天花乱坠。你借完钱之后利滚利，你永远都还不清。为什么还有很多姑娘相信富二代能够看上灰姑娘？现实之所以是现实就是因为它"现实"，真相从来都是残酷的。你在童话里看到的是富二代穷追贫家女，现实中其实都是门当户对；你看到的是年收益率高达50%，现实是巴菲特也就能维持年化收益率10%左右。为什么那么多人有不切合实际的想法，然后上当受骗呢？因为总是有不切合实际的想法，总觉得自己是上天眷顾的那个宠儿。实际上，上天只眷顾勤勤恳恳、踏踏实实工作和生活的人。

在以上三条判断标准中，美国图书馆推荐的信息CRAAP的判断标准相对客观，我们依据专业知识和常识进行判断也是可以的，但是一定要考虑到专业知识和常识容易受到人的理解力因素的影响，带有很强的主观性，很多人就是对于自己的专业过分自信，很多人就是对自己的个人经验有着不切合实际的误判，在这种情况下判断也会不准确。因此，请大家在使用上述三种标准的时候仍然要保持批判性的头脑，时刻警觉自己的判断是否是过于自信的，不符合客观标准的。

（2）可靠演绎论证：推理（前提能推出结论）

之前我们已经详细论述了可靠演绎论证对于前提的一些基本

要求，本部分将集中论述一下构成可靠论证的另外一个要素——推理应具有的一些基本要求。可靠论证不仅要求前提为真，同时要求前提能推出结论，也就是前提不是随意的，它是有要求的，它必须为结论作贡献。

① 前提不是堆砌而是有序排列的。

一个结论可能有多个前提，这些前提不是随意堆放上去的，而是有顺序的，比如结论——安倍是日本在位时间最长的首相，其前提包含如下几个：

  A. 日本是首相制

  B. 日本首相有任期

  C. 历史上各位首相的任期

  D. 安倍是首相

  E. 安倍的任期

我们说安倍是日本在位时间最长的首相——这个结论是有多个前提的，这些前提一定是按照断言中所涉的词语的范围从大到小进行排序的，在先的前提如果不成立，就不需要看在后的前提。在"安倍是日本在位时间最长的首相"这个断言中，如果前提 A——日本是首相制不成立，则后续四个断言不需要看。如果前提 A 成立，我们接下来看前提 B——日本首相有任期。如果前提 B 成立我们接下来看后续的前提，如果前提 B 不成立则后续三个前提不需要再看了。以此类推，直到我们确认前四个前提都成立，我们再看最后一个前提——安倍的任期，我们才能确认断言—— 安倍是日本在位时间最长的首相。在这一个例子中，前提的顺序是由断言中所涉及的概念的范围远近决定的，首先判断核心关键词——首相制；其次是首相任期及各位首相的任期；再次判断安倍是首相；最后判断安倍的任期。这是一种天然的、叙事的逻辑，也是前提排列的顺序，这个顺序不能被打乱，它有其内在的逻辑和存在的意义——只要在前的前提不成立,后续的前提就可以不用看了。这也是我们判断事物的逻辑顺序。

再如结论——张三构成故意杀人罪,其前提包含如下几个:

A. 张三年满14周岁,精神上没有障碍

B. 张三实施了杀人行为

C. 张三主观上是故意

D. 张三侵害了他人的生命权

在这个例子中,四个前提条件分别是主体、客观方面、主观方面、客体。这在检察院的公诉意见书中仍然是有先后顺序的,这个顺序就是,先判断主体是否适格,如果主体不适格,其他条件就可以不用看了。如果主体适格再看客观上有没有杀人行为,如果有,再看主观上是否是故意,如果不是,断言依旧不成立。

以上两个例子让我们能够看出,前提条件不是随意堆砌的,而是按照一定的顺序排列的,这个顺序是我们认知事物由远及近的顺序,是我们判断事物从前到后的顺序……前提一定是有顺序的,而不是随意凌乱地堆放在那里的。

② 前提是有层次的。

英国哲学家图尔明(Stephen Toulmin)指出①,一个论证应当包括6个组成部分,其一是论据,它的表现形式可以是证据数据、理由,也可以是三段论中的小前提;其二是结论,就是被证明的陈述、主题和观点;其三是保证,用来连接证据和结论之间的普遍性原则、规律等,是连接证据和结论之间的桥梁,它可以是大前提、未表达前提或其他推理的依据;其四是支撑,用来支

---

① See Toulmin S., *The Uses of Argument*, 2nd edition, Cambridge University Press, 1958, pp. 7, 97, 99-100.

撑上面的保证部分的陈述，它不是直接支持结论，而是支持保证的，表明这些普遍原则或关系是真的；其五……从上述四个组成部分我们就可以看出，有三个部分是涉及前提的，这三个部分是有层次的，具体图示如下：

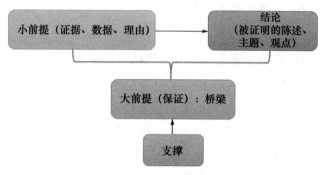

图 2.1　多层次的前提

在图 2.1 中，小前提，也就是论据的部分可以直接推导出结论，这是最低一层次的前提；小前提之所以能够推导出结论是因为大前提的存在，大前提保证小前提和结论之间的关系是成立的。因此大前提又被称为保证，这是第二层次的前提。但是什么能够使保证或大前提成立呢？再往上推导我们会发现还有支撑这个层面的前提存在，它对大前提的成立起到支撑的作用，这是第三个层次的前提。在前述张三构成故意杀人罪的例子中，其中一个条件是张三要符合故意杀人罪的主体要求，即年满 14 周岁。那么，在张三构成故意杀人罪主体这个问题上必须证明张三年满 14 周岁，具有刑事责任能力。

　　结论：张三具有刑事责任能力

　　小前提（证据）：张三身份证显示，张三出生于 1998 年 9 月 1 日，年龄是 22 周岁

大前提（保证）：我国刑法规定年满 14 周岁应当对故意杀人罪等八项严重罪行承担责任

支撑：犯罪学中关于刑事责任能力方面的理论

用上述例子向大家说明，前提是有层次的，这个层次与上文的前提是有顺序的并不矛盾，比如在张三构成故意杀人罪这四个要件中，主体、客观方面、主观方面以及客体是有顺序的，但是单就某个条件如主体的刑事责任年龄方面，又可以挖掘出不同层次的前提，如小前提、大前提、支撑等，请读者细细体会这之间的不同。

③ 前提能推出结论。

前提能推出结论有以下几点要求，首先是前提与结论是具有相关性的，不能将与结论无关的前提列进去。比如在上述张三构成故意杀人罪的案件中，如果你将张三曾经给你讲过一个杀人的故事当作其杀人的一个论据，这是不成立的，他给你讲过一个杀人的故事并不能证明他本人就是杀人犯，这个前提和结论没有相关性。其次是前提与结论要具有逻辑上的充分必要性。在这里需要明白什么是充分条件、什么是必要条件以及什么是充分必要条件。

我们日常生活中经常使用含有充分条件和必要条件的表达，如律师对陪审团说：我们有"足够"的证据判被告有罪；痛苦是人生的"必不可少"的一部分；想要成功，练习是非常"必要"的……只是我们并没有注意两者的区别。那么，充分条件和必要条件到底是什么意思呢？我们先从哲学的概念上解释一下：

必要条件：

如果 P 是 Q 的必要条件，那么除非 P 为真，否则 Q 不可能为真。简单表述为只有当 P 是真的时候，Q 为真。通俗一点的语言解释就是 P 是 Q 不可或缺的，因为 Q 如果想要真，需要 P 是真的。举个例子，被大学录取的必要条件有哪些呢？

  A. 你是个学生

  B. 你有高考成绩

  C. 你高考成绩达到该大学的录取线

充分条件：

如果 P 是 Q 的充分条件，那么 P 为真就足以推出 Q 为真。简单表述为，如果 P 为真，则 Q 是真的。通俗一点的语言解释就是 P 对于 Q 来说是足够的，只要有 P 就有 Q。被大学录取的充分条件有哪些呢？举个例子：

  如果一个 17 岁的孩子获得了国际奥林匹克数学竞赛的一等奖，那么估计很多学校都愿意直接录取他。也就是说这个国际竞赛的一等奖是被大学录取的充分条件。

充分条件和必要条件有几种组合：

  A. 必要不充分。努力学习是学习好的必要但是不充分条件。努力是学习好的必要条件，不努力肯定学习不会好。但是光努力不能保证一定学习好，非常努力的人在学习上也经常不尽如人意，这是因为你还得懂学习方法。

  B. 充分不必要。土豆可以炖着吃，用水炖是做土豆的一个充分条件；但是却不是必要条件，因为土豆不仅可以水煮，还可以油炸、烧烤等。

  C. 充分且必要。在考试中，把卷子里的题全部答对是获得满分的必要条件，因为除非把这些题全做对，否则拿不了满分。同时把所有题目答对也是拿到满分的充分条件，因为把所有题目答对了就足以拿到满分。

同样，我们仍用张三构成故意杀人罪这个例子来分析充分条件和必要条件。

张三构成故意杀人罪

  A. 张三年满 14 周岁，精神上没有障碍

  B. 张三实施了杀人行为

  C. 张三主观上是故意

  D. 张三侵害了他人的生命权

这四个前提中的每一个对于证明张三构成故意杀人罪都是必要的，但是都是不充分的。只有这四个前提放在一起才是证明张三构成故意杀人罪的必要且充分条件。

读者在论证的时候，一定要评估自己的前提与结论之间的关系，是充分条件？必要条件？还是充要（充分必要）条件？在一个可靠的演绎论证中，前提一定是结论的充分且必要条件。但是需要注意的是，在不同的情况下，充分条件、必要条件或者是充要条件是会互相转化的。也就是我们讨论任何一个结论的充分必要条件是有更宏观的前提假设的，当这个宏观假设被打破了，充分必要条件也就随之改变了。举个例子：大学生经常叫外卖，你需要"下单 + 支付"两个行为，这两个条件对于成功收到外卖是充分必要条件。"下单 + 支付"之所以是必要条件是因为只有当我完成这两个条件他们才能把外卖给我。"下单 + 支付"之所以是充分条件是因为只要我做到了就完成了所有要求。但是需要注意的是，"下单 + 支付"这两个行为在此处之所以是充分必要的，是因为有一个宏观假设，外卖小哥不会遇到什么突发事件不来，没有什么洪水、台风以及小行星撞地球等意外事故。如果外卖小哥遇到突发爆胎的情况，你的外卖可能就泡汤了，你的"下单 + 支付"可能就不是充分必要条件了。

④ 结论是可靠的且没有超出前提。

演绎论证是一种由一般到个别的论证方法。它从一般原理出发，推导出关于个别情况的结论，其前提和结论之间的联系是必需的。通俗一点讲演绎论证是前提大于结论的一种论证形式，前提是一般的抽象的概念，结论是具体的个别情况，结论被包含在前提之中。如果一个演绎推理的结论超过了前提，这就不属于演绎推理。也就是说，不能推导出大于前提的结论。

结论是否超过前提是演绎论证和归纳论证的主要区别，比如

  人都是会死的

  亚里士多德是人

  亚里士多德是会死的

这个推理就是演绎推理，结论是个别的，没有超过大前提——人皆有死这个一般概念。但是如下这个例子就是典型的结论超过前提的论证：

  比如在吉林大学随机采访学生的家乡

  S1 来自东北

  S2 来自东北

  S3 来自东北

  ……

  ……

  Sn 来自东北

通过随机采访受众，发现 S1 是东北人，S2 也是东北人……Sn 也是东北人，于是得出一个结论，吉林大学的学生都来源于东北。这个结论的范围比前提 S1—Sn 大，所以这个结论不是可靠的。事实上，吉林大学是面向全国招生，我们的生源来自五湖四海，但是东北的生源会多一些。

(3) 可靠演绎论证：例子

接下来我们用一个例子将演绎推理的内容综合呈现一下。

小 A，男，某高校大三学生，出生于 1998 年 9 月 1 日，因与小 B 谈恋爱分手而怀恨在心，多次向室友抱怨并扬言报复。小 A 多次找到小 B 要求复合，均遭到小 B 拒绝。一日，小 A 发现小 B 有了新男友，更加气愤，更想报复了。小 A 先是在某购物网站上买了管制刀具两把，而后长期跟踪小 B 达半月之久，制作出小 B 行动路线图。一日，见小 B 出现在预期地点，小 A 上前央求小 B 跟他复合，再次遭到小 B 拒绝。小 A 一怒之下，拔出事先藏好的两把管制刀具，朝小 B 猛刺，不顾小 B 求饶，小 A 一共刺了小 B 30 余刀，小 B 不幸身亡。小 A 被警察带走。

这个案件中，证据如下：

小 A 身份证，学生证

管制刀具及遗留在上面的血迹和指纹

小 A 室友作为证人证明两人曾是恋爱关系，其怀恨在心

小 A 制作的行动路线图

小 B 尸检报告

现场勘察报告

目睹惨案发生的路人甲

根据《中华人民共和国刑法》，故意杀人罪有四个构成要件：

① **主体要件**：故意杀人罪的主体是一般主体，即我国刑法分则规定的达到法定刑事责任年龄、具备刑事责任能力的一般身份的犯罪主体。同时，《刑法》第十七条第二款规定，已满十四周岁不满十六周岁的人，犯故意杀人罪的，应当负刑事责任。因此故意杀人罪的行为主体包括已满十四周岁的未成年人。② **主观要件**：故意杀人罪在主观上须有非法剥夺他人生命的故意，包

括直接故意和间接故意。即明知自己的行为会发生他人死亡的危害后果,并且希望或者放任这种结果的发生。③ **客观要件**:实施了剥夺他人生命的行为,行为人的危害行为与被害人死亡的结果之间必须具有因果关系。④ **客体要件**:故意杀人罪侵犯的客体是他人的生命权。法律上的生命是指能够独立呼吸并能进行新陈代谢的、活的有机体,是人赖以存在之前提。

论证过程如下表 2.3:

表 2.3 论证过程

大前提(法律规定)	小前提(证据)	结论	最终结论
主体要件:达到刑事责任年龄,具备刑事责任能力;已满十四周岁的人,犯故意杀人罪应负刑事责任	小 A 身份证表明其出生于 1998 年 9 月 1 日	1. 年满 14 周岁 2. 小 A 符合故意杀人罪主体要件	小 A 构成故意杀人罪
主观要件:直接故意是指明知自己的行为会发生他人死亡的危害后果,并且希望这种结果的发生	1. 上网买了两把管制刀具 2. 跟踪并制作行动路线图 3. 小 A 室友证言(因恋爱关系怀恨在心)	小 A 主观上有直接故意,并追求危害结果	
客观要件:实施了剥夺他人生命的行为,行为人的危害行为与被害人死亡的结果之间必须具有因果关系	1. 路人甲证明小 A 向小 B 刺刀 2. 小 B 尸检报告 3. 管制刀具及血迹、指纹	小 A 实施了杀害小 B 的行为	
客体要件:故意杀人罪侵犯的客体是他人的生命权	1. 小 B 尸检报告 2. 现场勘察报告	1. 小 B 已经死亡 2. 小 B 的生命权被侵害	

我们比照前文提到的思维综合图（图 1.3）将其进一步整理出本案的思维综合图，这是一个非常严谨的可靠的演绎论证结构。

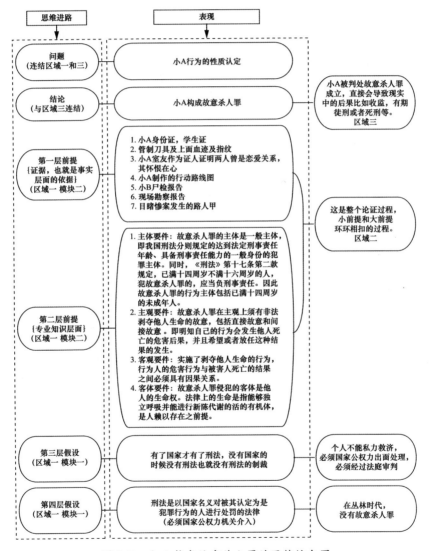

图 2.2　小 A 构成故意杀人罪的思维综合图

这是一个典型的使用演绎推理的案例，问题是小 A 行为的性质，我们的结论是小 A 构成故意杀人罪。支持小 A 构成故意杀人罪这个结论的第一层前提，也就是事实层面的证据一共有 7 项，这也是演绎论证中的小前提，小前提来源于事实，在图 1.3 中处于区域一模块二的位置；之所以采纳这 7 项小前提是因为有大前提的约束，大前提来源于区域一模块二的专业知识；之所以我们有这样的专业知识是因为刑法这门学科的假设——在有了国家之后，统治阶级需要以国家的名义判定哪些是危害统治秩序的行为并对其进行处罚。这是大前提的假设，处于区域一模块一的位置。再往前推我们还能看到一层假设，有了国家才有了刑法这种统治工具，丛林时代是没有刑法的。这个过程说明了区域二论证与区域一是怎样通过问题被连接在一起的，同时我们的结论——小 A 构成故意杀人罪作出之后，直接与模块三连接，进而会导致下一步——对小 A 的收监，执行刑罚等决策。

通过这个例子我们能看出来，论证中的前提是与区域一相联系的，是分层的，必须为真，推理也是要符合规定的（刑法规定的四个构成要件），最后得出的结论是具体的——小 A 构成故意杀人罪。从故意杀人罪的一般规定到最后小 A 这种具体情况的认定，结论没有超出前提的范围。这个演绎推理是可靠的，通过这个例子我们能够很清晰地看到图 1.3 的各个区域是怎样通过问题被连接起来，论证在这里发挥了一个什么样的作用。

（二）归 纳 论 证

1. 什么是归纳论证

（1）概念

归纳论证（inductive argument）是一种由个别到一般的推理，是一种由个别事物的观点过渡到范围较大的观点，由特殊具体的事例推导出一般原理、原则的解释方法。自然界和社会中的一般，都存在于个别、特殊之中，并通过个别而存在，一般都存在于具体的对象和现象之中。因此，只有通过认识个别，才能认识一般。人们在解释一个较大事物时，从个别、特殊的事物总结、抽象出各种各样的带有一般性的原理或原则，然后才可能从这些原理、原则出发，再得出关于个别事物的结论（归纳论证得出的结论是演绎论证的前提）。这种认识秩序贯穿于人们的解释活动中，不断从个别上升到一般，即从对个别事物的认识上升到对事物的一般规律性的认识。

（2）常见类型

归纳论证也有很多的分类方法，在传统意义上，根据归纳结果的力度可以分为完全归纳论证和不完全归纳论证。不完全归纳论证根据前提能否揭示对象与其属性间的因果联系，又可以分为简单枚举归纳论证和科学归纳论证（因果论证）。在现代意义上，随着概率论和数理统计的发展归纳论证又发展出概率推理、统计推理等几种类型。

① 完全归纳论证是根据某类事物每一对象都具有某种属性，从而推出该类事物都具有该种属性的结论。

例1：我们通过调查知道欧洲有金矿，亚洲有金矿，非洲有金矿，北美洲有金矿，南美洲有金矿，大洋洲有金矿，南极洲有金矿，而欧洲、亚洲、非洲、北美洲、南美洲、大洋洲，南极洲是地球上的全部大洲，所以，地球上所有大洲都有金矿。

欧洲有金矿

亚洲有金矿

……

南极洲有金矿

例2：三年二班一共有30个同学

S1是男生

S2是男生

……

S30是男生

所以我们得出结论，三年二班全都是男生，没有女生。

以上两个论证是完全归纳论证，因为构成该事物的每一个组成对象都具有相同的属性，所以我们能推出该类事物普遍具有该种结论的属性。完全归纳论证的逻辑形式如下：

S1是P

S2是P

……

Sn是P

S1，S2，…，Sn是S类的全部对象

所以，所有S都是P

由于完全归纳论证考查了前提中的每一个对象，结论没有超出前提所判断的范围，因此前提和结论之间的关系是可靠的，但是要想结论为真还必须满足：第一，前提是真的；第二，考查了前提中的每一个对象。完全归纳论证具有非常重要的作用：首先体现在它能帮助人们获得知识，通过从每个独立的对象中观察到它们具有的共性进而总结出一般的知识，这是人类认识事物的一种升华。其次体现在前提和结论之间的必然联系上，也就是说完全归纳论证力度比较强，结论在前提为真的情况下是可靠的。但是完全归纳论证的情况比较少，仅限于组成事物的每个对象数量有限并且可以查验，当所要考查的对象数量特别多，完全归纳论证就不适用了，这就涉及我们接下来要讲的不完全归纳论证。

② 不完全归纳论证。

不完全归纳论证是根据某类事物部分对象都具有某种属性，从而推出该类事物都具有该种属性的结论。

这方面最典型的例子就是哥德巴赫猜想：

德国数学家哥德巴赫发现，一些奇数都分别等于三个素数之和。例如：

$17 = 3 + 3 + 11$

$41 = 11 + 13 + 17$

$77 = 7 + 17 + 53$

$461 = 5 + 7 + 449$

……

……

然而，哥德巴赫并没有把所有奇数都列举出来（事实上也不可能），只是从少数例子出发就提出了一个猜想：所有大于 5 的奇数都可以分解为三个素数之和。目前通过计算机已经将哥德巴

赫这个猜想验证到很大的数字,但是仍无法穷尽,这就是一个不完全归纳论证。它的逻辑形式可以表达为:

S1 是 P

S2 是 P

……

Sn 是 P

S1,S2,…,Sn 是 S 类的部分对象,并且其中没有 S 不是 P

不完全归纳论证的结果是超过前提的范围的,所以这个结果的可靠程度是有待商榷的。这方面一个很好的例子是,某种疾病手术治疗的效果是 70%,也就是 100 个人中只有 70 个人能通过手术被治愈,其余人并不能。再或者,两种药物对于同一种疾病的治愈效果分别是 80% 和 30%,也就是说前一种药物能够将 100 人中的 80 人治愈,后一种药物能将 100 人中的 30 人治愈,那么你选择哪种?不完全归纳论证的结果虽然是具有或然性的,但是能给我们提供一个选择和比较。同样,根据不完全归纳论证的结果是否有力度可以分为可接受度较高的不完全归纳论证和可接受度较低的不完全归纳论证。之前描述中的 80% 的治愈率就是可接受度较高的不完全归纳论证,而 30% 的治愈率就是可接受度较低的不完全归纳论证。

2. 如何构建一个有力度的归纳论证

在演绎论证中,我们用可靠与否来评价论证和结论,在归纳论证中,我们会用可接受度或者力度的高低来评价论证和结论。除了完全归纳论证的场合,我们也要尽量追求可接受度较高的归纳论证和结论。接下来我们仍然从前提、推理两方面来继续讨论，如何构建一个有力度（可接受度高）的归纳论证。

(1) 有力度的归纳论证：前提为真

① 前提在语言学意义上是一个断言。

这一点与演绎论证对前提的语言要求是相同的，可以参照理解，此处不再赘述。

② 前提来源于区域一的专业知识、三观等判断，还可以来源于实验观察。

这一点与演绎论证略有不同，我们在演绎论证的前提中讨论到，演绎论证的前提几乎都是来源于区域一的两个模块，专业知识判断、三观等。归纳论证的前提也来源于此，这是没有问题的，比方说哥德巴赫猜想中的前提都是来源于他的专业知识，但是还有一部分归纳论证的前提可以来源于实验和观察。比方说我们通过实验发现金是遇热膨胀的，银是遇热膨胀的，铜是遇热膨胀的……于是我们大胆地猜测，金属都是遇热膨胀的。在这个归纳论证中，前提是通过实验被测量和观察出来的。再比如我们举例说每个大洲都有金矿，这也是通过实地考察得出的断言。但实际上不管是实验观察还是实地考察得出来的"前提"，它们都是断言，这些断言的背后也是人类的普遍认知就是区域一。所以，尽管归纳论证和演绎推理在前提的表现形式上略有不同，但是实际上也都是与区域一相联系的。

③ 前提从结构和功能上来看是结论的依据和理由。

这一点在演绎推理中也有了详细的描述，本质上归纳论证在这个部分也没有什么不同，可参考之前的论述。

④ 存在无法穷尽的前提。

尤其在不完全归纳论证中，由于前提数量无限，所以存在着无法穷尽的前提，至于是否存在未表达前提，在归纳论证中略有不同，归纳论证的前提都是同一层次的并行关系，归纳论证的前提也许会存在被省略的前提、假设或者是这个前提得以成立的深层根据，但这种假设在归纳论证中是存在于另外一个论证中的，也就是论证该前提是否成立的另外一个论证。从这个角度来说，归纳论证的每一个前提都是另外一个演绎论证的结论。但就归纳论证本身来说，不存在未表达的前提，只存在无法穷尽的前提。

比如在如下这个例子中：

三年二班有30名学生

S1是男生

S2是男生

……

S30是男生

所以我们得出结论，三年二班全都是男生，没有女生。

S1到S30都是这个归纳论证的前提，这是归纳论证，而且是一个完全归纳论证，但是S1是男生这个断言是另外一个演绎推理的结论。

具有男性生殖特征的人是男生

S1具有男性生殖特征

S1是男生

所以，单纯就三年二班都是男生这个归纳论证而言，没有未表达前提，都是并列的前提，但是每一项前提S1都是另一个演绎推理的结论，归纳论证离不开演绎推理。为了提高归纳论证的可靠程度，需要运用已有的理论知识，对归纳论证的个别性前提进行分析，把握其中的因果性、必然性，这就要用到演绎推理。

⑤ 前提必须为真，结论才有可能为真。

如果我们追求的是一个可靠程度较高的归纳论证，前提就必须为真，只有在这个前提下结论才有可能为真。至于前提是否为真，我们依旧可以参照演绎论证中前提为真的判断的三个标准，其中 CRAAP 的标准是非常客观的。需要注意的是，归纳论证经常与科学研究结合在一起，科学研究就是在归纳论证得出的结论的基础上，对该结论再进行科学分析而得出的对事物更深一层次的认识。

（2）有力度的归纳论证：推理成立（前提能支持结论）

是不是有了前提、前提为真就能够作出有力度的归纳论证了呢？也不尽然，尽管归纳论证的前提满足了要求，但是归纳论证还有另外一个要求，即前提能支持结论。也就是说前提和结论之间必须具有支持与被支持的关系。

① 前提是并列的，从 S1 到 Sn。

因为本书将归纳论证局限在最基础的类型上，在这种完全归纳论证和不完全归纳论证中，前提都是并列的，从 S1 到 Sn，这与演绎论证是不同的，演绎论证的前提既有顺序也有层次，简单的归纳论证的前提是某类事物中具有相同特质的若干对象的并列。

② 前提可以是完全的也可以是不完全的。

如前所述，完全归纳论证的前提是完全的，即被考察对象的全部；但是不完全归纳论证的前提是不完全的。现实中完全归纳论证的情况比较少，因此我们经常遇到的是不完全归纳论证，前提是不能穷尽的。由于前提不能穷尽，为了确保在不完全归纳论证的情况下结论能获得较高的接受程度，我们就必须考虑前提的范围、数量、准确性等问题，这是本书接下来要讨论的内容。

③ 前提能支持结论,且对结论的支持力度是很强的。

在前提和结论之间的关系上,归纳论证强调前提能够推导出结论,前提对结论的支持力度很强。这要求我们全方位考查前提的数量、质量、范围等因素。从数量角度来看,前提的数量相对于要得出的结论而言不能太少,比如要想研究中国死刑犯罪的基本情况,在中国每年执行死刑的数量超过 1000 人的情况下,只选取 100 个案例,显然就是不够的。同时还要考虑到选取案例的时间跨度,是研究近五年、近十年,还是研究 1997 年《刑法》颁布以来的情况,这都会对结果产生影响。同时,案件涉及的范围也需要考量。首先,如果研究的是全国的情况,但是只是将案例局限在某个省,其余省份的死刑案例并未涉及,这样就会以偏概全,结果不会可信。其次,涉及死刑的罪名一共有多个,这些罪名都是研究对象还是只围绕一个罪名展开?这些都是选取案例时应当考虑的情况。同样,你的选择也会影响归纳论证的结论。更为复杂的情况是,现实中还有一些冤假错案的情况,是否也要将这部分案件考虑其中?前提要想能对结论起到很强的支持作用就必须考虑到以上种种情况,从而得到统计学意义上成立的结论。这方面有一个例子,就是中国生物新冠灭活疫苗国际临床(Ⅲ期)试验。前不久,新冠疫苗临床Ⅲ期试验的启动仪式在中国北京、武汉、阿联酋阿布扎比三地,以视频会议方式同步举行。入组接种人数已超过 2 万。随后,国药集团中国生物分别与秘鲁、摩洛哥以及阿根廷签订有关新冠灭活疫苗Ⅲ期临床试验的合作协议并举行启动仪式进一步扩大样本量。由此可知,新冠疫苗的临床试验涉及不同国家、不同地区、数量庞大的实验组和对照组成员。这一切都是为了保证前提能够支持结论,获得可靠性比较高的结论。

④ 结论可以超出前提。

与演绎论证不同,归纳论证的结论可以超出前提。对于完全归纳论证而言,其结论没有超出前提,但是不完全归纳论证,结论是超出前提的。也就是结论是突破了人们对现有事物的认识,这也是新知识、新认识产生的一个根本原因。

(3) 有力度的归纳论证:例子

本部分,我们用新冠肺炎疫苗(以下简称"新冠疫苗")的临床试验过程来综合解释一下归纳论证的整体情况。药物临床试验是确证新药有效性和安全性必不可少的步骤。我国药品管理法规定,新药必须经过四期临床试验,新冠疫苗也是如此。Ⅰ期临床试验主要是确认人体安全性评价的试验,也就是要确保该药品对人体没有什么危害,同时了解药物在人体内的吸收、分布、代谢的规律。Ⅱ期临床试验为治疗作用初步评价阶段。其目的是初步评价药物对目标适应症患者的治疗作用和安全性,也就是说Ⅱ期临床研究重点在于药物的安全性和疗效。也包括为Ⅲ期临床试验研究设计和给药剂量方案的确定提供依据。Ⅲ期临床试验是治疗作用确证阶段。其目的是进一步验证药物对目标适应症患者的治疗作用和安全性,评价利益与风险关系,本期试验的样本量要远大于之前两期试验,Ⅲ期临床试验的目标是:① 增加患者接触试验药物的机会,既要增加受试者的人数,还要增加受试者用药的时间;② 对不同的患者人群确定理想的用药剂量方案;③ 评价试验药物在治疗目标适应症时的总体疗效和安全性。目前,我国的新冠疫苗就处在这个试验阶段。而Ⅳ期则是新药获准上市后的进一步研究,在广泛使用条件下考查该药品疗效和不良反应。相对于前三期,Ⅳ期临床试验范围较小,规模不大。

无论是哪个环节的临床试验，采用的都是结合统计学意义上的不完全归纳推理，以新冠疫苗为例来说明一下。疫苗是将病原微生物（如细菌、立克次氏体、病毒等）及其代谢产物，经过人工减毒、灭活或利用转基因等方法制成的用于预防传染病的自动免疫制剂。疫苗保留了病原菌刺激动物体免疫系统的特性。当人体接触这种不具伤害力的病原菌后，免疫系统便会产生一定的保护物质，如免疫激素、活性生理物质、特殊抗体等；当人体再次接触这种病原菌时，人体的免疫系统便会依循其原有的记忆，制造更多的保护物质来阻止病原菌的伤害。新冠疫苗也是这种原理，2020年1月24日，中国疾控中心成功分离中国首株新冠病毒的毒种，随即在3月16日开始Ⅰ期临床试验；4月13日开始进入Ⅱ期临床试验；6月19日中国灭活新冠疫苗获批进入Ⅲ期临床试验。

Ⅰ期试验需要的志愿者并不多，在武汉进行的新冠疫苗Ⅰ期临床试验一共有108位受试者，他们被分为低剂量组、中剂量组和高剂量组三组，每组36人。试验完毕，陈薇团队发布消息，Ⅰ期临床试验表明接种这种腺病毒载体重组新冠病毒疫苗能够在14天内诱导产生病毒特异性中和抗体和T细胞。这也是由108个受试者的数据推导和确证出来的结论，这是一个典型的不完全归纳论证。Ⅱ期临床试验一共有500位受试者，选择了低中剂量的疫苗进行试验，研究分为3组，即中剂量疫苗组（250例）、低剂量疫苗组（125例）和安慰剂对照组（125例）。试验目的是评估这种疫苗能否诱导人体产生免疫应答以及是否具有足够的安全性，结果显示疫苗在这两方面都产生了很好的结果。但是Ⅱ期试验的结果无法判断疫苗能否有效保护人们免于感染新冠病毒，这需要Ⅲ期试验来进行验证。新冠疫苗的Ⅲ期临床试验同时在中国、秘鲁、阿联酋、摩洛哥、阿根廷等多个国家展开,受试者多达几万人,目前该试验过程还在推进中。①

表 2.4 归纳论证的论证过程示例

	前提：	受试者 1
新冠疫苗 I 期临床试验 目标：测试药物对人体的安全性和代谢规律	低剂量组 36 人 中剂量组 36 人 高剂量组 36 人	受试者 2 受试者 3 …… 受试者 108
	结论：	接种 3 种不同剂量候选疫苗的志愿者都产生了针对新冠病毒的中和抗体和 T 细胞免疫应答,同时显示了很好的耐受性,对人体安全。
新冠疫苗 II 期临床试验 目标：初步评价药物对目标适应症患者的治疗作用（疗效）和安全性	前提： 中剂量组 250 人 低剂量组 125 人 安慰剂对照组 125 人	受试者 1 受试者 2 受试者 3 …… 受试者 500
	结论：	能够诱导人体产生免疫应答以及同时具有足够的安全性
新冠疫苗 III 期临床试验 目标：进一步验证药物对目标适应症患者的治疗作用和安全性,评价利益与风险关系,本期试验的样本量要远大于之前两期试验	前提： 中国大规模受试者 秘鲁大规模受试者 阿联酋大规模受试者 摩洛哥大规模受试者 阿根廷大规模受试者	受试者 1 受试者 2 受试者 3 …… 受试者 n
	结论：	正在进行中

---

① 详见观察者网,http://baijiahao.baidu.com/s?id=1675795877108949949&wfr=spider&for=pc,2020 年 12 月 21 日最后访问。

从上述例子可以看出，科学家根据疫苗原理分离新冠病毒的毒株研制成灭活新冠疫苗，这是一个演绎论证的过程。为了验证新冠疫苗的疗效和安全性，根据我们国家的法律以及国际惯例需要经过四期临床试验。每一期临床试验都需要根据受试者在临床试验接受注射剂量出现的反应和结果共同推导出该期临床试验的总结论，这是一个典型的不完全归纳论证。由于每期临床试验的目标不同，选择的受试者数量和范围都有所不同，第Ⅰ期主要是针对武汉地区 18—60 岁的居民展开。第Ⅱ期范围扩大，在全国采样并将年龄段扩展至 60 岁以上。第Ⅲ期受试者范围急剧扩大，而且还在逐步扩大中，这个阶段要通过大规模受试者呈现出来的数据状态来证明该新冠疫苗具有确切的疗效和安全性。经过第Ⅲ期临床试验，如果结论与预期目标相符，则标志着临床试验成功，新冠疫苗可以投入生产。那么人类就获得了新的知识，即新冠疫苗的产生以及对新冠病毒的抑制作用。这个结论就变成知识被存储在区域一当中，人类也完成了对一个新事物的认识。

在这个例子中，演绎论证（新冠疫苗被研制出来）是归纳论证（新冠疫苗的疗效和安全性被验证）的前提；归纳论证的结论是演绎论证的大前提。也就是说一旦新冠疫苗的三期疗效确切，安全性得以保证，新冠疫苗的知识和原理就上升为一条知识，是一个可信的原理，可以作为后续演绎论证的大前提。归纳论证的前提来源于演绎论证，归纳论证的结论回归到演绎论证的前提。这样，归纳论证就将图 1.3 中的区域一和区域二结合起来。

（三）演绎论证和归纳论证的比较

上文详细介绍了演绎论证和归纳论证，这两者既有联系又有区别，我们首先看区别：

（1）思维进程不同。演绎论证是从一般到个别，结论是一个具体情况，不能超过前提的范围。正是因为结论没有超过前提的范围，因此演绎论证的结论是可靠的。归纳论证则相反，是从个别到一般的情况，是根据某一事物的不同研究对象呈现出来的特征，进而推导出某一事物具有的共同特征。

（2）对前提真实性的要求不同。演绎论证要求大前提、小前提必须为真，大前提小前提有顺序并且有层次。相比较而言，归纳论证的前提有可能为真，也有可能不为真，可以通过归纳论证进行验证。归纳论证的前提来源于演绎推理，但是归纳论证本身的前提是并列的，是通过列举的方式呈现出来的。归纳论证的前提有完全和不完全两种。

（3）结论所断定的知识范围不同。演绎推理的结论没有超出前提所断定的知识范围。归纳论证除了完全归纳论证，结论都超出了前提所断定的知识范围。因此归纳论证又是新知识产生的一种方式。

（4）前提与结论间的联系程度不同。演绎推理的前提与结论间的联系是必然的，也就是说，前提真实，推理形式正确，结论就必然是真的。归纳论证除了完全归纳论证前提与结论间的联系是必然的之外，前提和结论间的联系都是或然的，也就是说，前提真实，推理形式也正确，但不能必然推出真实的结论。

两者也存在联系：

（1）演绎论证的出发点是一般性知识、一般性原理，是一条人们都普遍接受的规则；而归纳论证一般都是由个别情况推导出一般的知识，但是个别情况的前提也是一般性知识，而且归纳推理最后的结果是形成一般知识，又会被作为演绎论证的前提。也就是说，演绎论证通常要依赖归纳论证来为其提供一般性知识。

（2）归纳论证离不开演绎推理。其一，为了提高归纳论证的可靠程度，我们需要运用已有的理论知识，对归纳论证的个别性前提进行分析，把握其中的因果性、必然性，这就要用到演绎推理。其二，归纳论证依靠演绎推理来验证自己的结论。例如，俄国化学家门捷列夫通过归纳发现元素周期律，他指出，元素的性质随元素原子量的增加而呈周期性变化。后用演绎推理发现，原来测量的一些元素的原子量是错的。于是，他重新安排了它们在周期表中的位置，并预言了一些尚未发现的元素，指出周期表中应留出空白位置给未发现的新元素。①

---

① 详见 https：//baijiahao.baidu.com/s？id=1616369576602694399&wfr=spider&for=pc，2020 年 12 月 21 日最后访问。

四 论证与非论证

上文讨论了论证的两种最重要的形式：演绎论证和归纳论证。但是实践中人们还是不能很好地判断一段文字到底是不是论证，如果不是论证，那么它是什么？本部分将要讨论论证与非论证的区别。这会帮助我们在日常阅读中识别出哪些是论证，哪些不是论证。

（一）说明不是论证

我们的学生最经常混淆的就是说明与论证的关系。说明是指对客观事物作出描述或对抽象事理的阐释，使人们对事物的形态、构造、性质、种类、成因、功能、关系或对事理的概念、特点、来源、演变、异同等产生科学的认识，它通过揭示概念来说明事物特征、本质及其规律性。常见的说明性文字出现在教科书、产品说明书、药品说明书、菜谱等载体中。这类文字没有观点，更没有证明观点的论据，只是描述产品的构造，如使用精密304钢制造；事物形态，如红色外表；事物性质，如以液体形式存在；药品功能，如对过敏性鼻炎有临床疗效等，或者是揭示一个事物的产生、发展的历史，特征和未来发展趋势的文字，这些都是说明性的文字，也可以叫作解释性文字。这些文字也没有什么结论，只是介绍一些信息，并不试图去评价，去论证，去得出什么结论。

如，我们日常用的湿巾的说明：

主要成分：优质水刺无纺布、RO 纯净水

使用说明：1. 打开翻盖，撕开不干胶贴，抽出湿巾即可使用；2. 使用后请及时合上密封翻盖，以免水分丢失。

再如，用面包机做蛋糕的步骤：

1. 将材料混合后过筛备用。

2. 准备两个大碗，用纸巾擦拭到碗内无水无油的状态。

3. 将鸡蛋打开，蛋白和蛋黄分别装在两个大碗里。

4. 用打蛋器将蛋黄打散。

……

……

16. 将面糊倒入剩余的糖蛋白中一起混合搅拌均匀。

这样蛋糕的面糊就做好了。

上面的文字都属于说明性文字。在实践中，经常有同学将论文写成了说明文体例，如：

标题：诉讼时效的法律问题研究

一、诉讼时效的概念

二、诉讼时效的特征

三、诉讼时效的未来发展趋势

这就是混淆了说明和论证之间的关系，误把说明当论证。实践中，这种情况还挺常见的。说明的文字一般涉及基本知识和基本信息，是图 1.3 中区域一模块二的内容，我们可以用说明性的文字作判断，形成论证的前提，但是不能把这些信息本身就当成论证。

（二）价值判断不是论证

休谟在《人性论》中区分了事实判断和价值判断，两者的重要区别在于客观与主观。① 举个例子：我有一个学生身高 196cm——这是事实判断；如果表述为，我这个学生好高啊——这是价值判断。这两个判断不同之处在于 196cm 是一个客观事实，不是主观的判断，而认为这个学生很高只是一个人的主观判断，也就是高矮胖瘦这一类的尺度是因人而异的。价值判断的尺度会根据每个人的标准不同而产生不同，为什么会这样？——事实判断或者理性判断的目标是求"真"，但是价值判断表达的是个人感受，跟"真"没有直接的关系。

从上述分析可以看出，价值判断不是论证，论证求"真"，讲究事实和证据，并且强调逻辑推导，反对主观判断。价值判断并不求"真"，主要是为了表达个人感受、好恶，不涉及论证，不是理性思维。但是有的时候，也很难将二者区分开，很多判断会介于二者之间。比如，这个人的审美非主流。这就很难认定是事实判断还是价值判断。但是，我们学习的目的是学会将非理性的、典型的价值判断识别出来，这不属于批判性思维——理性思维的范畴。

---

① 〔英〕大卫·休谟：《人性论》，关文运译，商务印书馆 2016 年版，第 509—510 页。

（三）修辞不是论证

修辞是利用语言手段来达到更好的表达效果的语言活动，从本质上来说，修辞是语言手段，目的是修饰言论，即通过语言表达情感的力量来进行说服，这种语言的加工跟论证没有关系。常见的修辞手段有比喻、拟人、排比、感叹等。这些修辞手法就是为了加强词语的感染力，与批判性思维强调的论证、论据、真实性和客观性没有太直接的关系。我们举几个例子来看一下：

比喻就是打比方，它的作用在于使语言形象化，让受众更好理解。比如，她的脸像鲜花一样红。这就是一个比喻，这个比喻的目的不在于论证，而在于让大家对"她"的脸的红有一个可以参照的对象，给大家的想象一个具体的指引。

拟人是把物当作人来写，使物人格化，赋予物以人的言行或思想感情。如：小狗一边哼唱，一边撒欢，去迎接放学归来的小主人。这是一种非常文学化的表达，比较动态地描写出小狗的状态以及与小主人的感情，但这仍然不是论证，没有论据，只是通过拟人的手法增强语言表达的氛围，强化的是语言文字的文学气息，而非思维理性。

排比是把结构相同或相似、意思密切相关、语气一致的词语或句子成串地排列的一种修辞方法。排比句一般都是用来表达强烈的情感，比较有气势，能增强表达的效果。如：你无法改变容貌，但你能够展示笑容；你无法左右天气，但你能够改变情绪；你无法预知明天，但你能够把握今日；你无法样样顺利，但你能够事事尽力。再比如：以实际行动捍卫党的领导，捍卫社会主义政权，捍卫中国特色社会主义制度，捍卫改革发展稳定的大好成果，捍卫最广大人民的根本利益。请大家体会这两个句子中排比手法的运用给表达带来的语言效果。但是笔者再次重申，这只是增强了语言效果，与论证没有关系。

实践中还有很多常见的修辞手法，比如嘲讽的手法——他的脑袋晃一晃都容易出水（意指脑袋进水了，不灵光）；夸张的手法——美丽的长春市坐落在吉林大学的怀抱之中，等等。这些为了增强语言表达效果的手法与尊重理性、客观，运用知识进行冷静推理的批判性思维截然不同。修辞手法不经意间影响我们的思维，而我们却相信自己很客观。有些修辞手法，既可以不加偏见地运用，也可以带有倾向性地运用。我们只有在接收信息时格外小心，才能发现其运用的偏向。

（四）说服不是论证

说服，就是试图让别人接受我们的观点，这表面上看起来与论证很像，因为论证的目的也是为了让别人接受我们的观点。但是说服和论证在过程和使用的方法方面是不同的。论证是一种理性思维，其核心的特点就是依据知识，经过严格推理得出结论，这个结论追求"真"的效果。而说服本身并不是仅仅依据知识，还有可能依据主观经验、好恶、情感等得出一个结论，并没有严格的推理过程，这个结论是否为"真"并不能保证。举一个比较经典的说服案例：一个旅游团早上等大巴，一个老太太拿着一包雨衣向游客兜售。老太太说："孩子们，黄山顶上经常下雨，上黄山都得备雨衣！"之后她拿出当地地图，地图上的旅游须知里提醒要带雨具。紧接着老太太又说:"你们马上要出发了,路上没得买,山顶上买很贵的!"话音刚落,大家一拥而上,5块钱一件,老太太卖出去近二十件。类似的情况还有,有人在逛商场的时候经常买一堆自己不喜欢的、不需要的东西,但是买的时候没有辨别力,被售货员用各种手段说服,然后买回来发现根本不应该买,非理性消费都是这种被说服的情况。说到这,你是不是能分清说服和证明的区别了?

(五) 无根据断言不是论证

　　无根据的断言指的就是只给结论不给理由,更没有理由和结论之间的推理。这种结论其实只是一种观点,无法证明是否为"真"。现实生活中,这种情况有很多,我发现现代人在争论的时候常常只给观点,不给理由。比如说,在校园里经常能够看到情侣吵架,通常他们吵架的模式如下:

　　女孩:我要跟你分手,你对我不好。

　　男孩:我对你已经够好的了,你怎么要求这么高?

　　女孩:你对自己要求太低了吧,像你这样的人就不配拥有女朋友。

　　男孩:你这样有一个男朋友也就不错了,还挑三拣四的。

　　女孩:既然谁都看不上谁,那就分手好了!

　　在上面这个对话中,你会发现男孩女孩给的都是结论和观点,这些观点都没有理由支撑。所以双方都没有办法让对方同意自己的观点。有时候家庭之间的纠纷也是这样,大家都忙着给结论，各自的结论都没有证据支撑，所以越吵越乱，越吵情绪越差，越吵越把问题搞复杂。

在我们的生活中还有很多表述都不是论证，比如有很多学者认为举例子不是论证，因为例子只是为了用具体和比较容易理解的实例将抽象事物表述出来，这个目的并不是为了论证，而是为了好理解。比如有些学者认为阐述不是论证，因为阐述就是为了叙述一个事实或者现象，并不是为了证明一个观点。不论什么情况，我们只需要记住，论证需要有前提，有结论，前提和结论之间要有推理关系。如果要想追求一个可靠论证，那么对前提、推理和结论都有更高的要求。凡是在结构上不满足论证的构成，在逻辑上没有推理关系，在目的上不追求"真"的结论并试图获得别人的认同的文字或者表述都不是论证。

五 论证在学习中的应用

对于我们而言，论证可以被运用到很多方面，学习就是其中一个领域，我们从两个熟悉的学习活动——阅读和写作——来看看论证是怎样被应用其中的。有了对论证的深刻理解，我们在阅读的时候能更好地抓住作者所讨论的问题、中心思想、核心观点以及论证的力度，也能更好地对作者的写作进行评价。有了对论证的深刻理解，我们在写作的时候也能更好地结合问题表达自己的观点，并组织证据对观点进行有力地论证。必须指出的是，阅读和写作对于今天的大学生尤为重要，但却又是开展得不太好的两项学习活动。做得不好的原因是学生不具有批判性思维，没有论证的意识，所以在阅读的时候没有读到要求很深的批判性阅读的层次，看似读完了一篇文章，但是合上文献就会出现一问三不知的情况；同样在写作过程中，由于不懂批判性思维，也不明白批判性思维与写作的关联和对写作的重要意义，因此文章写得不得章法，很多文章被写成了说明文、记叙文，甚至是散文。更有甚者，有的学生用文言文写论文，论证论据都不到位的情况下却被认为是创新，这是严重地将修辞和语言手法与论证混为一谈的表现。接下来，笔者会详细解读论证与阅读和写作的关系，希望读者学习之后能练习将这种方法运用到自己的阅读和写作中去。

(一) 批判性阅读：解构论证

1. 阅读的层次

阅读是有层次的，根据《如何阅读一本书》的作者莫提默·J. 艾德勒和查尔斯·范多伦的分类，阅读包含基础性阅读、检视性阅读、分析性阅读以及主题性阅读，这四个层次是层层递进的关系。[①] 本书稍后会对这四个层次进行分析，也请读者对照一下，自己的阅读在哪一个层次。

首先，基础性阅读是指读通，是指能从前到后读完，没有文字障碍和术语障碍。这个过程要求并不高，只要不是文盲，对所阅读的文字材料背景的基础知识有一定了解就能达到。

其次，检视性阅读是指读懂，是指在基础性阅读的基础之上，对文章的标题、目录、作者信息、主要内容等都能进行复述，也就是说能说出文章的一些客观信息，能描述主要内容，能说出文章的重点以及重要信息。注意这个"内容"是指作为文章物理组成部分的"内容"。

再次，分析性阅读是指读透，也被称为批判性阅读，它是在基础性阅读和检视性阅读基础上将一本书的"肉"拆掉，剥离出"骨架"的阅读方法，这副"骨架"说的就是文章的论证结构，"肉"就是指上文的检视性阅读。这部分要求我们能够清晰

[①] 〔美〕莫提默·J. 艾德勒、查尔斯·范多伦：《如何阅读一本书》，郝明义、朱衣译，商务印书馆2004年版。

地透过现象（肉）看到文章的本质（骨头），具体而言就是学生在做完分析性阅读之后能够"准确"回答如下问题："本篇文章要解决的问题是什么？""针对问题，作者的结论是什么？""作者得出结论的依据是什么？"（这三个问题是分析论证的主要内容）"这些依据是否符合前提的要求？""这些前提是否能推出结论？""作者的结论是否为真？""作者用的什么论证方式？""这个论证是可靠或可接受的吗？"（这几个问题是评价论证的主要内容）。怎么样？看到这里，是不是觉得我们在做庖丁解牛的工作？一点一点剔除肉，让骨架露出来。

最后，主题性阅读。严格意义上来说，主题性阅读是为写作做准备的，它是指搜集关于某个特定主题的一些文献，对这些同主题的文献进行批判性阅读，并将这些文献所讨论问题的主题线索、时间线索、空间线索、作者线索等全部梳理出来，主题性阅读的过程也是形成文献综述的过程。因此，主题性阅读也是在前三个层次阅读，尤其是分析性（批判性）阅读的基础上展开的。

这里的阅读主要是指议论文的阅读，也即含有观点，通过推理得出结论的文章，论文、评论等都属于这一类。关于小说、散文等，采用基础阅读和检视性阅读的方法就够了，但是议论文的阅读是必须读到分析性阅读的层次，要想写论文就必须读到主题性阅读的层面。本书接下来将主要探讨涉及论证的分析性阅读，它包含分析论证和评价论证两个方面。

表 2.5 阅读的四个层次（针对文体）

阅读层次	名称	定义	要达到目的	针对的文体
第一层	基础性阅读	是指能从前到后读完，没有文字障碍和术语障碍。	读通	议论文、小说、散文等
第二层	检视性阅读	是指在基础性阅读的基础之上，对文章的标题、目录、作者信息、主要内容等都能进行复述，也就是说能说出文章的一些客观信息，能描述主要内容，能说出文章的重点以及重要信息。注意这个"内容"是指作为文章物理组成部分的"内容"。	读懂	议论文、小说、散文
第三层	分析性阅读	也被称为批判性阅读，它是在基础性阅读和检视性阅读基础上将一本书的"肉"拆掉，剥离出"骨架"的阅读方法，这副"骨架"说的就是文章的论证结构，"肉"就是指上文的检视性阅读。	读透	议论文
第四层	主题性阅读	是指搜集关于某个特定主题的一些文献，对这些同主题的文献进行批判性阅读，并将这些文献所讨论问题的主题线索、时间线索、空间线索、作者线索等全部梳理出来，主题性阅读的过程也是形成文献综述的过程。因此，主题性阅读也是在前三个层次阅读，尤其是分析性（批判性）阅读的基础上展开的。	为写作做准备	议论文（写作）

2. 如何阅读一篇议论文

上文我们已经说过了阅读的层次，并强调议论文的阅读需要阅读到分析（批判性）阅读的层次。本部分，我们用一个例子来详细解读一下议论文阅读的三个层次并指出在阅读的过程中需要具备的能力。

范文：

论司法的性质与功能："大学生掏鸟窝"应当受到惩罚[①]

最近，"大学生掏鸟窝"一案的判决引发了强烈的社会关注和公众热议。不少人认为司法判决违反常理，不能被公众接受。主要原因无外乎认为对大学生施以10年的刑罚判得太重[②]；大学生不知情，无法辨别国家二级保护动物，不应当受到法律这样的严惩；司法在人和鸟之间选择保护鸟，丝毫不顾及大学生的前途和国家未来的发展。更有人提出，司法没有履行告知和教育的义务，对于法律的宣传和普及工作做得不到位。于是，关于司法是否需要让公众满意、合乎情理的话题再次成为法学界热议的焦点。司法是否必须让公众满意取决于司法的性质和功能。在当今中国，司法的性质和功能定位就决定了司法判决在效果上很难完全让公众满意。

从合法性的角度来看，法院的判决是于法有据的，即10年的有期徒刑是基于法律的规定作出。根据《中

---

① 范文是作者综合案件情况和新闻报道自编的一篇示例。
② 涉案两名大学生，一名被判处有期徒刑10年半，一名被判处有期徒刑10年。后文统一表述时，一般用10年来概称。

华人民共和国刑法》第341条的明确规定,非法猎捕、杀害国家重点保护的珍贵、濒危野生动物的,或者非法收购、运输、出售国家重点保护的珍贵、濒危野生动物及其制品的,处5年以下有期徒刑或者拘役,并处罚金;情节严重的,处5年以上10年以下有期徒刑,并处罚金;情节特别严重的,处十年以上有期徒刑,并处罚金或者没收财产。同时,根据最高人民法院《关于审理破坏野生动物资源刑事案件具体应用法律若干问题的解释》,6只属于情节严重,10只就属于情节特别严重。本案中,涉案的"鸟窝"——燕隼,属于国家二级保护动物,符合《刑法》第341条规定的国家保护动物的规定。同时,两名大学生捕获、贩卖的数量一共是16只,符合《中华人民共和国刑法》和最高人民法院《关于审理破坏野生动物资源刑事案件具体应用法律若干问题的解释》中关于情节特别严重的规定。因此,法院并没有重罚,完全是依据法律规定作出的判决。

此外,"法盲"不是借口,不能成为免责的理由。法律认识错误,是指行为人对自己的行为在法律上是否构成犯罪、构成何种犯罪或者应受怎样的处罚,有不正确的理解。这种不正确的理解或是由不知法律规定或是由误解法律规定所引起的。行为人对法律的这种认识错误,并不影响其行为的性质和危害程度,司法机关应当按照其实际行为是否违法及其危害严重程度,追究其相应的法律责任。本案中,"知不知道燕隼是二级保护动物,以及知不知道因此受到严惩"属于法律认识,并不影响法律行为的性质和危害程度。因此,法院不能也没有权利因为两名大学生"不知情"而免除对他们的刑事处罚。

法律生效的方式是"公布实施"而非每个公民皆知晓。法律自相关机关公布实施之日起就对全社会具有约束力。为配合法律的生效，相关机关会进行相应的普法宣传。法律生效方式以及普法宣传只是尽量保证全社会知晓法律内容，但不能保证每个公民知晓，这不是法律生效的前提。同时，作为法治社会的公民也有义务"知法懂法守法"。本案中，法律已经生效并向全社会公布，完成了必要的程序，不能苛求法律的生效方式和普法宣传做到每个人都知晓，因为公民个人也有知法守法的义务。涉案当事人应当在行为之前了解自己行为的性质，这也是法治社会对公民的要求和公民的义务。因此，认为司法以及法律没有告知的观点是错误的。

司法的主要功能是维护社会秩序，具体的做法是依法裁判，纠正被扰乱的社会秩序。从本案来看似乎保护了鸟没有保护人，导致公众无法接受，但是从更大的社会秩序来看，尤其是在恶意捕杀贩卖野生动物仍然猖獗的当下，司法机关作出这样的判决是没有问题的。

司法的特征就是事后救济，司法不是最优和成本最低的解决问题的方式，只是社会和行为人无法正确行为时的纠偏机制。本案中那些认为司法应当走出被动保护心态的观点本身存在对司法不正确的理解，因此也是站不住脚的。

"大学生掏鸟窝"一案具有典型的时代意义，一方面我国依法治国、建设法治社会的进程在稳步推进；另一方面公众的法律意识仍然不高，在日常生活中自觉用法律约束行为的意识尚未形成。司法机关之所以在一审、二审以及再审中均维持了10年的刑罚，也是想用此案来说明：在一个法治社会，知法懂法守法是一个公民的基本素养和基本义务，法律没有讨价还价的空间。这个案件必将起到一定的震慑和示范效应，也会进一步推动我国的法治建设。

（1）基础性阅读

基础性阅读要求我们读通，也就是放眼望去没有陌生的字眼，能够很顺畅地读完。这是一篇涉及"大学生掏鸟窝"一案的评论，要想读通，你不仅需要认字，还需要了解一些专门的术语，比如刑事犯罪、一审、二审和再审，有期徒刑，司法机关，依法裁判，法律认识错误，法律意识，非法收购猎捕珍贵濒危野生动物罪，《中华人民共和国刑法》，《最高人民法院关于审理破坏野生动物资源刑事案件具体应用法律若干问题的解释》等专业词汇，你也要明白一些法院的背景知识，如中国的四级法院两审终审制，法治建设，法治国家等。

（2）检视性阅读

检视性阅读要求我们读懂，能够还原文章的内容，呈现文章的一个原貌，注意这时候还原的是"肉"而不是"骨架"。这段文字一共分为七个自然段，检视性阅读可以通过思维导图完成。最后呈现出来的状态如图2.3所示。

不要小看这样一幅思维导图，做起来很不容易，在我的课堂，我带领过学生整理过这样的一个检视性阅读的导图，整理的过程特别艰辛，学生们需要具备复述、概括、抽象、文字表达等

170 批判性思维与写作

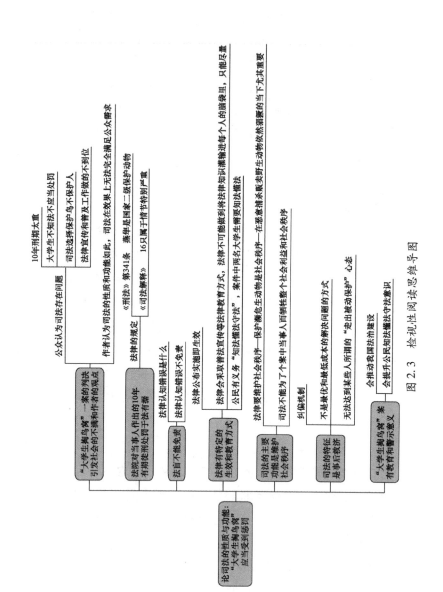

图 2.3 检视性阅读思维导图

各方面能力，也只有这个时候，学生们才知道自己还有很多不会的东西。

① 复述。

复述是指学生在理解和熟悉文字的基础上，按照一定的要求，通过口头或笔头把课文内容重新表达出来。它分为重复性复述和改造性复述两大类。重复性复述又分为详细复述和摘要复述两种不同类型。详细复述要尽量完整地保留原作的观点、情节或内容，不改变原作中材料的顺序。摘要复述要根据要求截取主要情节和内容，按照逻辑层次展开复述。改造性复述就是转述。转述是要求改变原作结构、顺序、角度或表现方法的复述。它可以分为不同的类型。一种是概括性转述，它要求删去次要的、解释性的和修饰性的内容，并要求对内容进行必要的抽象，再用自己的语言加以组织和概括；一种是改编性转述，这种转述就要加入更多转述者自己的理解，是一个再创作的过程。我们做导图通常用的是摘要复述+概括性转述的方式。这种复述方式的好处就是能够尽可能客观地还原作者的意思，同时用自己的抽象概括能力将文章的主要内容提炼出来，去除掉不重要的内容，使得结构看起来很清爽，文字也很凝练。复述是一项综合性的训练，它考查学生的记忆、逻辑、表达、思考、整合等方面的能力，也考查学生的严谨度。

同学们在复述过程中经常会出现以下方面的失误。首先是缺项，经常作者讲了3点内容，学生在复述的时候漏掉了1—2项，这是学生在记忆、理解、整合方面出了问题。比如针对前引范文的第三段，有同学就直接概括出"法律认识错误"。这样就缺少了一个重要的内容，也是这段文字更为关注的——法律认识错误不免责，作者用法律认识错误这样的一个概念来说明不应当免于处罚这个结果，作者的重点在于不应当免除处罚。这就是缺项，对作者表达内容没有全面总结出来。其次是误读，作者明明表达的是 A 意思，被学生理解成了 B 意思，这是学生在理解和思考方面出现了错误。再次是夹带私货，作者没有表达的内容，经过学生的复述被硬生生地加进去了，这个错误比较综合，记忆、理解、逻辑和表达都出现了错误。最后是逻辑错误，每个段落都有自己的层次，学生有时候这个结构层次抓不住，或者抓得不对，这是学生在逻辑方面出了问题。如果这部分错误，就会导致上文的思维导图层次错乱。

② 概括。

概括是指针对事物内涵和外延进行操作的一种逻辑方法，它的目的是确定概念的上下属种之间的关系。比如牙齿这个概念与智齿、犬齿这两个概念是既相关又不同的，是一个概念上的伸缩，上下位关系。正是因为概念不同，表达的内容也不同。概括需要针对一段文字准确地整理出它的主要内容，这个主要内容是概念的范围上的差别，而非本质上的差别。比方说一段文字涉及了犬齿、智齿等下位概念，在概括的时候可能需要使用它们共同的上位概念"牙齿"才能将它们都覆盖住。概括要求我们紧紧贴着文章的主要内容进行概括，层面不能太高，否则就会过于抽象，离主题有点远；但也不能层面过低，否则就会有很多内容概括不进去。比如智齿、犬齿、舌头、牙槽……这些概念的上位概念就是口腔，就不是牙齿了，牙齿概括不住它们。但你也不能直接概括成器官，这个概念太大了。所以，概括要求我们使用概念的层面既要涵盖住所有内容，又不能层面太高。

③ 抽象。

通常我们会把抽象和概括放在一起使用，但是这其实是两个不同的能力。针对阅读而言，概括是指将这段文字的主要内容整理出来，客观呈现主要内容即可，把一些细节整合到共同的上位概念之中。而抽象也是一种整合，但是这种整合要求我们直接"get"到本质层面。比如，智齿、犬齿等牙齿是人体的骨骼。这就是一个本质化的抽象。如果说概括还是在事物的表象层面进行上位概念的总结的话，那么抽象就是在事物本质属性上的总结，两者不一样。

④ 精准的文字表达。

朱光潜说，思想就是使用语言，语言和思维具有同一性。①不知所云的背后就是思考能力的软弱无力。很多读者由于思维能力弱，导致语言表达也不是很精准。但同时，语言也具有相对独立性，一个人也会出现心里有口中无的情况，这也需要加强口头训练。还有一种情况，就是读者习惯用说明性的语言而不是用断言的方式来表达。比如范文第五段可以概括为：司法的主要功能是维护社会秩序，这是一句断言。但有读者会表述为：司法的主要功能。先不管是否具备准确性，首先这句表述的形式就不是断言，而是一个普通的陈述句。能否制作出一份准确的检视性阅读的思维导图，跟我们的语言素养也有很大的关系。读者可以先不要参照书中给出的导图，自行制作一个导图，然后对照一下，看看你的导图和书中的导图②不同在哪里。

(3) 分析性（批判性）阅读

批判性阅读要阅读出这段文字的骨架，与检视性阅读不同，

---

① 朱光潜：《思想就是使用语言》，载《哲学研究》1989年第1期。
② 本书中的导图也只是笔者上课的时候带领学生训练形成的一个较为满意的版本，在优化和提升方面存在很大的空间。

批判性阅读遵循问题—结论—依据这样的逻辑思路。批判性阅读不仅要求检视性阅读所具备的抽象、概括、复述、表达等能力，还需要具备批判性思维的典型能力比如发现问题的能力，概括出作者核心观点的能力，发掘作者得出结论的依据，以及依据和结论之间关系的能力。批判性阅读包含两个环节，其一是分析论证，即将所阅读文章的论证结构呈现出来。当然，这样的论证一定是在问题的引导下展开的。其二是评论论证，即对所阅读文章作者的论证给予一定的好、坏、充分、不充分、是否可靠、是否可接受等的评价。说到这里的分析论证和评论论证，读者是否还记得在之前章节提到过的布鲁姆认知金字塔，在图1.7里的高级认知中涉及的分析和评价能力会在本部分的学习中得到充分的体现。请读者在分析论证和评价论证的过程中体会什么是分析、什么是评价，并体会这两种认知活动与之前对知识的记忆和理解有什么不同。

① 分析论证。

分析论证需要分析的能力，首先我们先了解一下什么是分析。分析由两个字构成，其中"分"是指将事物进行拆分，即将事物和对象由整体分解成各个部分的过程。"析"是指考查。放在一起，分析可以被理解为将事物进行分解并对它的组成部分进行考查的过程。这里必须要指出的是，对事物的拆分不是随意的，是要符合事物本身的规律和要求的。分析论证就是对论证进行分析并对组成部分的整体和局部以及相互之间的关系进行考查的过程。那我们就先要对论证进行"分"，然后再进行"析"。

我们在之前已经详细讨论过论证的组成部分——结论、依据和推理，当然不要忘了，论证不会凭空发生，它必然发生于人们之间的交流过程中，针对某个具体问题作出回应的背景之下。基于对分析论证这样的认识，我们可以将上述范文整理成如下的思维导图。

我们发现，这样一份导图与上文的检视性阅读的思维导图（图2.3）完全不一样了。如果说检视性阅读的思维导图主要是为了呈现具体内容，分析性阅读的思维导图则是主要为了呈现论证结构，在问题引导下的论证结构。因此，要想能将论文阅读推进到分析性阅读的层面，需要具备如下几方面的能力：

首先，需能找到作者要解决的问题，我们称之为识别问题能力。识别问题能力包括发现别人要解决的问题以及自己在写作和构建论证的过程中要解决的问题。而这些问题又来源于现实生活、学术研究中的一些矛盾点、困难点、冲突点等。在本部分，由于是在阅读别人文章的基础上讲述分析性阅读，所以我们仅对怎样发现别人的问题，以及别人的问题是从哪里来的这个问题进行介绍。稍后再构建论证，也就是批判性写作部分我们会详细介绍怎么构建自己的问题意识。

由于分析性阅读针对的是议论文，议论文是为了表达作者对某个问题的看法和观点的文章，议论文一定要具有问题。为了便于理解，我们通常会将之简化称为"作者要解决的问题是什么"。在我们给出的范文中，作者是怎样在他的学习和生活中发现了他要解决的问题也是识别问题能力的一个部分。所以，识别问题在分析性阅读里分成两个层面，一是作者如何在其日常的学习和生活中发现一个矛盾点、冲突点和困扰；另一个是作者如何通过一篇文章将这个矛盾点表达成一个其要解决的问题。前者涉及问题意识或者叫发现问题的能力，后者是将这个问题置于一个论证的学术框架中予以讨论和解决。因此，同学们在进行论文撰写，论文答辩的时候，老师通常会问："你要解决的问题是什

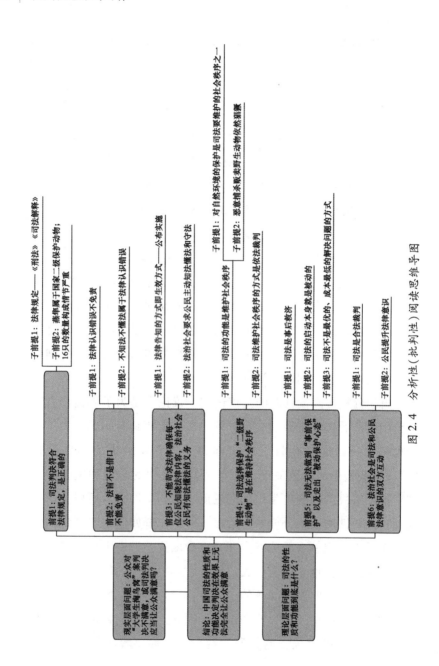

图 2.4 分析性（批判性）阅读思维导图

么?"就是在考查你这篇文章的问题是什么。但如果老师问你:"这为什么是个问题?"他是要考查你是如何发现这个问题的。

范文的写作背景是"大学生掏鸟窝"案的判决结果与公众的"想象和预期"严重不符,挑战了一般大众的认知和心理底线,引发了公众的普遍关注,该案因此也成为"2015年中国十大影响性诉讼"之一。一些人认为"司法"在这个问题上处理得不妥当,虽然法院是依照法律处理案件,但是案件审理的结果却出乎公众意料之外。作者作为一个观察社会现象并且自认为有一些"法律功底"的人敏感地结合自己的认识和案件的基本情况发现了这个所谓的"司法问题"——人们对"大学生掏鸟窝"一案的判决不满,司法到底要不要满足人们的情理需求?(现实层面)由于判决的社会效果争论取决于另一个理论问题——司法的性质和功能,因此范文中的问题也可以表述成"司法的性质和功能到底是什么?"(理论层面)

再次强调一下,范文中作者要解决的现实问题是——司法判决应当让公众满意吗?司法是否需要满足大众的情理是由司法的性质和功能决定的,因此作者还需要解决另外一个理论问题——司法的性质和功能是什么?请大家注意,我们这里说的问题与文章的标题还是有一定的不同的,文章的标题是《论司法的性质与功能:"大学生掏鸟窝"应当受到惩罚》,有时候文章的标题就是文章要解决的问题,有时候不是。两者的细微差别我们会在批判性写作的写作篇中详细解释。分析性阅读的第一个步骤就是要锁定问题,只有锁定了问题,才能推进后文对于问题的解决所产生的论证过程。找一篇文章,试试你能不能准确地发现作者要解决的问题是什么吧,这是一项很重要的能力。当然如果能认识到每一篇文章要解决的问题都是根植于作者在其学术研究中对于学科发展的矛盾点、困扰的把握，你对问题的识别能力就理解得更深刻了。

其次，需能找到作者的结论。问题如果找得准确，作者的结论也就昭然若揭。可能有些同学就会很纠结，为什么分析论证的时候要先找问题，然后找结论？这里需要跟大家解释一下，分析论证是分析别人文章的论证结构，这跟你自己写论文或者作者在写论文的思考过程不一样，我们自己写论文的时候或者思考一个问题的时候，通常都是先发现了一个问题，然后不断地研究这个问题，一步一步得出结论，最后验证结论。但是分析别人文章的时候，这个写文章的过程作者已经完成，我们分析的过程和作者写作的过程是不一样的，请注意区分这两个过程的细微差别，虽然分析阅读的过程和作者写作的过程所涉及的论证要素都是一样的。

在范文这段文字中，针对要解决的问题——司法判决应当让公众满意吗？作者得出的结论是中国目前的司法性质和功能决定了判决在效果上无法完全让公众满意。请记住这个结论，因为作者为了证明这个结论一定会找出很多原因，它是我们下一步工作的指引。

再次，需能找到所有的前提（依据或理由），包括未表达的。在领着学生训练的过程中，我们一起找到了六个前提，每个前提还有各自的子前提（也叫分论点）。在论证中，作者可以采取立论的方式，即仅列出支撑性的前提，如我们导图2.4中的前提2中包含两个子前提——法律认识错误不免责；不知法不懂法属于法律认识错误，用来证明前提2——法盲不是借口不能免责，这是典型的立论；作者也可以采取立驳结合的方式，将支撑性的前提列明之外，还可以驳斥一下反对的意见，如我们导图2.3中前提 1—6 都属于驳斥别人的观点。至于采取哪种方式，作者可以根据实际情况决定。

在范文的这段文字当中，有几个前提是非常明确，非常好找的，如前提 1：司法判决符合法律规定；前提 2：法盲不是借口不能免责；前提 3：法治社会公民有知法懂法的义务；前提 4：司法保护二级野生动物是在维持社会秩序；前提 5：司法本身就是被动的；前提 6：法治社会是司法和公民法律意识的双方互动。但上述前提只是文章中明确表达的前提，有时候在这些明确表达前提的背后还有一些没有被表达出来，被作者认为是"真"的，无须论证和辩驳的"假设"，逻辑学术语将之称为"未表达前提"。这些未表达前提非常重要，它们是作者立论的基础，也是作者前提的前提，也即作者之所以能得出我们在分析性（批判性）阅读思维导图中明确列举的前提是因为作者的未表达前提，也就是作者默认成立的"假设"。这是作者在范文中没有明确指出，但是却在字里行间一直渗透的核心思想。我们经常说读文章要读懂作者的言外之意，英文讲 read between the lines，说的就是要读懂——未表达前提。那么，范文的未表达前提都有哪些呢？具体参见图 2.5。

读到这里，我们就会对"读书要读懂字里行间的意思""读懂背后的意思"有一点体会了吧。凡是没有被表达出来的东西就是作者的假设，或者是未表达前提。

最后，需能找到所有前提的依据或者理由。论证是指由判断一个或一些断言的真实性，通过推理判断另一个断言的真实性的思维过程。"另一个断言"是结论；"一个或者一些断言"是前提，但是充当前提的断言也是另外一些断言的结论，我们在分析论证的时候还要把充当前提的这些断言的依据找到。这个例子告

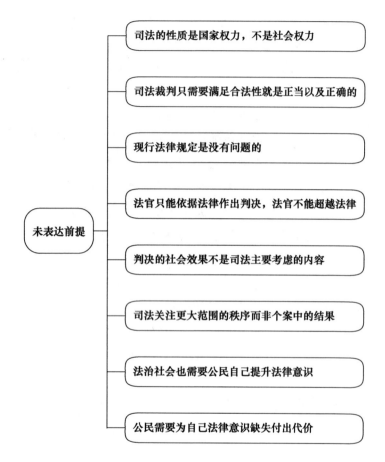

图 2.5 范文中的未表达前提

诉我们论证实际上是一环套一环的,不是一个简单的从前提到结论的过程,前提对于其自己的前提而言又是一个结论,是一个嵌套的关系。具体关系可以参看下图 2.6。

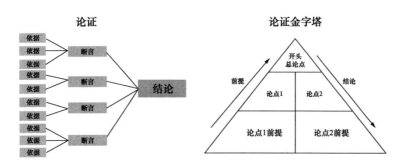

图 2.6　论证和论证金字塔

在范文的这段文字当中，比如前提 1——司法判决符合法律规定是正确的，作者为了支撑这个断言又列举了两个子前提，分别是子前提 1：《中华人民共和国刑法》以及有关司法解释的明确规定；子前提 2：燕隼属于国家二级保护动物，16 只的数量构成情节严重。再比如前提 2——法盲不是借口，不能免责，为了能够证明这个观点（前提是子前提的观点）又列举出两个子前提，分别是子前提 1：法律认识错误不免责；子前提 2：不知法不懂法属于法律认识错误。

通过这样一层一层地将断言和断言之间的关系梳理出来，我们就将范文这段文字的"骨架"梳理出来了。通过将这个"骨架"与上文的"肉"进行比较，可以发现两种阅读方式其实是有着显而易见的区别的。需要提醒大家的是，这个过程非常地艰辛，不仅需要具备我们之前提及的检视性阅读所要求的抽象、概括、表达等能力，还需要批判性思维方面的能力，如发现问题的能力、找到结论的能力、发掘前提以及假设的能力等。

② 评价论证。

评价论证首先要有评价的能力，我们先看一下什么是评价。评价是指对一件事或人物进行判断、衡量、评定其价值的思维过程。评价论证就是对文章的论证进行判断、评定其价值,如论证得是否充分,是否可靠,是否可接受等。评价论证是建立在分析论证的基础上的,评价论证的主要内容包括评价其前提,评价其结论以及评价前提和结论之间的推理关系,这是狭义上的评价论证,广义上的评价论证还要评价其概念、语言、表达等方面的内容。

首先,评价论证需要我们判断作者所使用的概念是否准确,是否存在偷换概念,概念的内涵和外延是否正确等情况。如我们之前举的关于"运动""活动"以及"劳动"的例子,这几个词汇存在差异,但是有时候说话的人却在不经意之间将它们混淆使用。还有的情况是应当使用下位概念比如"犬齿"但实际上却使用了上位概念"牙齿",从而导致表达不准确。

其次,评价论证需要我们判断前提是否为"真"。只有前提为真,结论才有可能为真。但是如上文所述,一个论证的前提往往是另一个论证的结论,一个完整的论证往往也是由很多的小论证组合在一起的。所以仔细分辨不同论证结构中的前提是否成立是评价论证很重要的工作之一。我们可以按照上文演绎论证和归纳论证中关于前提的标准进行判断,如是否符合专业知识和专业直觉,是否符合信息的 CRAAP 原则以及是否符合常识。比如在范文中,作者认为只要司法机关的判决符合法律规定,这个判决就是正确的。可是这个断言有一个"假设"(未表达前提),即司法机关作出判决所依据的法律是没有问题的。可事实上人们质疑的不是司法机关的判决是否符合法律,而是法律这样规定是否合理?有网友就"高官贪污 1600 万被判 12 年而俩大学生掏鸟 16

只就被判 10 年"提出了质疑。① 还有网友将"大学生掏鸟窝"与安徽寿县女子晨跑遭劫财劫色案相比较，指出罪犯因强奸、抢劫两罪才被判了 6 年。② 这就从反例的角度反驳了作者的观点——司法裁判虽然合法，但是不见得是正确的。综上，我们要对构成一个论证的所有前提进行判断，才能在整体上对这个论证是否可靠或者可接受作出判断。

最后，评价论证需要我们判断前提是否能够推出结论。对于一个可靠的演绎论证来说，充分必要条件是前提和结论之间紧密关系的重要标志，这就要求前提不仅要与结论有关，还必须能够导致结论的成立。只有满足上述条件，演绎论证的结论才是可靠的。对于归纳论证而言，前提可以是完全的也可以是不完全的，但是若想得到一个可接受度高的结论，前提对结论必须具有足够强的支撑力度。这要求前提必须在数量、质量以及范围等方面满足要求。在范文中，作者用六个前提——A. 司法判决符合法律规定，是正确的；B. 法盲不是借口，不能免责；C. 不能苛求法律确保每一位公民知晓法律内容，法治社会公民有知法懂法的义务；D. 司法选择保护"二级野生动物"是在维持社会秩序；E. 司法无法做到"事前保护"以及走出"被动保护心态"；F. 法治社会是司法和公民法律意识的双方互动——来推出结论：中国司法的性质和功能决定判决在效果上无法完全让公众满意。

---

① 《掏鸟都判 10 年，为啥副省长受贿 1600 万只判 12 年？》，http://news.sohu.com/20151204/n429614854.shtml，2020 年 12 月 16 日最后访问。
② 《大学生掏鸟被判 10 年半，为何令人诧异？》，http://views.ce.cn/view/ent/201512/02/t20151202_7262356.shtml，2020 年 12 月 16 日最后访问。

这种推理关系是否可靠或者是可接受的呢？我们先不考虑这些前提是否为"真"，单纯判断这些"前提"和"结论"之间的关系。为了能对范文作者的观点作出判断，我们需要了解什么是"相关关系"，什么是"因果关系"。

相关关系就是一个事物与另外一个事物有关联。相关关系一般指某一事物不论是好的还是坏的，只要发生就一定与某些人或者物有关系。任何不确定因素的存在都和相关关系有直接或者间接的联系。因果关系指一系列因素（因）和一个现象（果）之间的关系。对某个结果产生影响的任何事件都是该结果的一个因素。直接因素是直接影响结果的因素，也即无需任何介入因素（介入因素有时又称中介因素）。从这个角度来讲，因果之间的关系也可以称为因果关联。举个例子：

  小明大学学习好是因为高中学习好——这个断言就是相关关系

  小明大学学习好是因为他学习很刻苦——这个断言就是因果关系

这两个断言有什么区别？再比如：

  小明和小红在考试之前聊天。

  小明说："明天是个大晴天，我一定能取得好成绩。"

  小红说："晴不晴天跟你考试成绩没有关系。"

  小明说："只要是晴天考试，我的成绩都会很好。"

  小红说："那是因为你平时学习刻苦。"

你或许能够判断出相关关系和因果关系的不同了。相关关系是指某个要素跟这个结果有一种相关联的关系，但不见得可靠。但是因果关系只存在于两者之间，其一为因其一为果。相关关系不等同于因果关系。因果关系必定是相关关系，而相关关系不一定是因果关系。相关关系可以提供可能性并用于推测因果关系，但不能证明。在上文的例子中，高中学习好只是与大学学习好相关，但不会必然导致大学学习好这个结果，因此只是一个相关关系。晴天考试成绩好中的"晴天"和"成绩好"之间更是一种相关关系。刻苦努力才是考试成绩好的原因。相关关系并不能被证明，相关关系不等于因果关系。你不能因为你的好成绩都是在晴天考试获得的，就得出结论——晴天考试成绩好（但事实上晴天考试和成绩好不会导致彼此的发生，只是相关），除非你能证明晴天考试和取得好成绩之间存在因果关系。

相关关系是不可靠的，它只能证明两者之间存在关联，但不能证明两者之间存在因果。为什么？因为相关关系有可能忽略了其他重要的信息和解释。比如那些认为晴天考试能考出好成绩的人，其实是忽略了平时的刻苦努力，这才是好成绩的真正原因。所以，仅从两个事物或状态存在正或负的相关这一事实就得出结论是不对的，因为可能还有其他的原因来解释结果。而且，从另外一个角度来看，相关关系有时候只是一种巧合。

范文中就存在上述问题，比如范文作者以"法律一经公布实施就生效，公民有知法懂法守法的义务"来证明司法判决是没有问题的，但是这样一个观点忽略了国家也有普法宣传、进行法制教育的责任，如果国家将对燕隼一类动物的保护宣传做到像大熊猫、东北虎一样周全，如设置保护区，确立明确标识，加大宣传力度等来配合法律的实施，公民知法懂法守法就有了更为良好的社会支撑。这都是典型的将相关关系当作因果关系所犯下的错误，使得作者忽略了其他的、可能的、导致大学生被追究责任的根本原因。再如，我国刑法及相关司法解释规定，捕猎燕隼这种二级保护动物，6只属于情节严重，10只属于情节特别严重，两名大学生掏了16只，所以被列为情节特别严重这一档。同一类型案件，如果当事人只掏了5只鸟，就可以在5年以下量刑，甚至还可以缓刑。①但是就相差5只的数量，如果当事人掏了10只就只能在10年以上量刑。为什么捕猎5只以下最轻可以缓刑，不必收监执行；捕猎10只就要处10年以上刑罚？这种因果关系何在？也即，从捕猎的第6只到第10只，刑罚上涨了10年的有期徒刑空间的原因在哪里？此外，刑法考虑量刑罚的因素除了数量，还有手段、方式、方法、社会效果等因素，那么为什么在此罪中只选择了数量标准？②在本案中，数量与判刑10年其实也不具备因果关系，只是相关关系，这也是为什么公众对判决结果普遍存在不满和质疑的原因所在。

当然，我们是采用了一种根本性的方式否定了范文作者的观点，也就是前提和结论之间根本就不是因果关系，而是一种相关关系——前提推不出结论。这种方法对于这篇文章来说是比较好的一种批驳方式。但是不同的情况之下，也可以采取其他的方式，比方说，如果前提和结论之间是因果关系，但是前提只是必要条件，不符合充分条件，也无法得出结论。例如我们之前举过的张三构成故意杀人罪的案例，试想如果张三是出生于2010年，刚年满11周岁，既不满足刑法规定的故意杀人罪的已满14周岁

---

① 参见《屈某某非法猎捕、杀害珍贵、濒危野生动物罪案》，(2016) 宁0105刑初185号；《沈某非法收购、杀害珍贵、濒危野生动物案》，(2016) 粤0511刑初190号；《冉某非法猎捕、杀害珍贵、濒危野生动物罪、非法狩猎案》，(2015) 万法环刑初字第00007号。

② 李拥军：《合法律还是合情理："掏鸟窝案"背后的司法冲突与调和》，载《法学》2017年第11期。

的刑事责任年龄；也不符合特殊情况下故意杀人罪已满 12 周岁的刑事责任年龄，尽管张三实施了杀人行为，主观上是故意，客观上剥夺了他人的生命，但这三个条件仅是必要条件，并不是充分条件。那么，你评价这个论证的结果就是，张三构成故意杀人罪的结论是不成立的，原因是前提不够充分，推不出结论。

我们可以使用之前提及的演绎论证、归纳论证的构成以及要求对一个论证进行评价，评价的结果是这个论证的结论是否是可靠的或可接受的。但是若要结论是可靠的或可接受的就需要前提和推理过程都符合要求。通过分析和评价范文中的这段文字，我们会发现某些前提并不为"真"；某些前提也不能推出结论。所以笔者认为，范文中的观点是不正确的，是有待商榷的。

这样，我们就完成了对一篇文章的分析性（批判性）阅读。通过上述分析，我们了解到了真正的学习一定是要阅读到批判性阅读这个层次，你会发现这个阅读层次迫使你对这篇文章作深入的分析甚至还要评价，你需要具备问题发现能力、结论总结能力、证据识别能力等，这一切都是写作的基础，也是学术研究的基础。但是，同时要知道，批判性阅读的前提是检视性阅读和基础性阅读。检视性阅读要求我们具备抽象、概括、复述、表达等基本的能力；基础性阅读要求我们扫清文字、术语以及背景知识的障碍。掌握这个阅读层次以及需要具备的相应能力，对我们的学习非常的重要，它不仅能够带领我们深入学习，还能帮助我们进行自我测评，随时检测我们所处的阅读状态以及对文献材料的掌握程度。下面我们用一张表格来整理四个不同阅读层次需要具备的相应能力。通过之前的学习，我们已经很熟悉基础性阅读、检视性阅读和批判性阅读需要具备的能力。主题性阅读同样需要具备一定的能力，我们一并整理在表 2.6 中，稍后在写作部分还会继续给大家介绍主题性阅读是如何开展的。

表 2.6　阅读的四个层次（针对能力）

阅读层次	名称	定义	要达到目的	具备能力
第一层	基础性阅读	是指可以从前到后读完，没有文字障碍和术语障碍。	读通	扫清文字、术语及背景障碍
第二层	检视性阅读	是指在基础性阅读的基础之上，对文章的标题、目录、作者信息、主要内容等都能进行复述，也就是能说出文章的一些客观信息，能描述主要内容，能说出文章的重点以及重要信息。注意这个"内容"是指作为文章物理组成部分的"内容"。	读懂	抽象、概括、复述、表达等能力
第三层	分析性阅读	也被称为批判性阅读，它是在基础性阅读和检视性阅读基础上将一本书的"肉"拆掉，剥离出"骨架"的阅读方法，这副"骨架"说的就是文章的论证结构，"肉"就是指上文的检视性阅读。	读透	识别问题 识别论证（前提、结论和推理）分析论证 评价论证
第四层	主题性阅读	是指搜集关于某个特定主题的一些文献，对这些同主题的文献进行批判性阅读，并将这些文献所讨论问题的主题线索、时间线索、空间线索、作者线索等全部梳理出来，主题性阅读的过程也是形成文献综述的过程。因此，主题性阅读也是在前三个层次阅读，尤其是批判性阅读的基础上展开的。	为写作做准备	文献检索 大规模批判性阅读 整合批判性阅读 制作文献综述 发现问题

但是，批判性阅读只是一个阅读别人文章的过程，拆解的也是别人文章的论证结构，这也是我们为什么将这个过程称为——解构论证，你在这个过程中能够清晰地发现别人论证的"骨架"，不仅能把"骨架"从"肉"中剥离出来（识别论证），而且还把"骨架"本身拆解了（分析论证），我们还能对每个部分如前提、推理的好坏进行评价（评论论证）。但是，对论证结构的解构（无论是分析还是评价）是针对别人文章的，而我们学习的目的绝不能仅仅停留在阅读，我们要产出我们自己的观点，这就涉及——建构论证。建构论证都是跟表达有关系的，学术研究中，最正规的建构论证的路径就是写作。所以，接下来，我们要通过批判性写作来学习一下如何建构论证。

（二）批判性写作：建构论证

建构论证的最终表现成果是一篇论文，是一篇包含好的论证的文章，这个过程被我们称为批判性写作。虽然批判性写作的成品是论文，但是为了做成这个成品需要做不少准备工作。其中最为重要的是文献，毕竟巧妇难为无米之炊。这就涉及文献的检索、搜集以及整理；文献检索结束之后，我们需要进行阅读和整理，然后作出文献综述，再之后，你对这个研究方向的情况基本了然于胸，哪些问题被研究了，哪些内容还没有被研究，哪些问题研究得薄弱一些，哪些问题研究得成熟一些，哪些问题的研究思路是片面的，从哪些方面可以入手开展自己的研究……这是批判性写作的第一步——文献工作。第二个步骤涉及构思，这是在文献综述的基础之上选择一个自己的问题点切入，正如上文所述,逐渐将自己的论证构建起来并用提纲的形式将自己的思路固定的过程。第三个步骤就是将在第二个步骤中形成的思路表达出来,这就涉及一些表达的技巧和组织结构范式。我们将在下一章详细介绍批判性写作的上述三个步骤,让大家更好地了解论证以及批判性思维在我们学习中的应用。

表 2.7 批判性写作的步骤

步骤	内容
文献篇	(1) 文献检索 (2) 文献整理:要养成文献整理的好习惯 (3) 文献阅读:批判性阅读* (4) 文献综述:主题性阅读*
构思篇	(1) 从论域到论题* (2) 论证框架:问题—结论—依据(含依据的内在逻辑即推理)* (3) 写作框架(提纲):提出问题—分析问题—解决问题*
写作篇	(1) 标题写作 (2) 引言写作* (3) 正文写作(IBAC 写作结构)* (4) 其他写作

说明:* 表示重点难点。

第三章

批判性写作

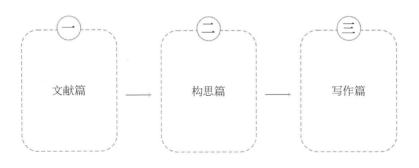

一、文献篇

（一）文献检索

1. 检索内容
2. 检索流程
3. 检索工具
4. 检索思路
5. 常见问题

（二）文献整理：要养成文献整理的好习惯

1. 分类管理
2. 笔记和思维导图要与文献匹配
3. 引文文献单独管理
4. 制作文献列表

（三）文献阅读：批判性阅读（多篇）

（四）文献综述：主题性阅读

1. 什么是文献综述
2. 文献综述的重要性
3. 如何制作文献综述

二、构思篇

（一）从论域到论题

（二）论证框架：问题—结论—依据

(三）写作框架（提纲）：提出问题—分析问题—解决问题

    1. 提出问题

    2. 分析问题

    3. 解决问题

三、写作篇

（一）标题写作

    1. 总标题写作

    2. 副标题写作

    3. 分标题写作（1—4级标题）

（二）引言写作

    1. 引言的重要功能

    2. 怎样撰写引言？

（三）正文写作

    1. 我们目前的写作是什么样的？——依靠直觉

    2. 我们需要一个什么样的写作？——有效的组织结构

    3. 我们需要反复训练

（四）其他写作

    1. 摘要

    2. 关键词

    3. 注释和参考文献

一 文献篇

（一）文 献 检 索

文献检索是每一位法律人都应该掌握的技能。无论是学习，还是研究，甚至是处理很多专业的实务问题，都需要文献检索的技巧来进行支撑。如果只是用粗糙的手段对文献进行简单搜索得出参考文献，虽然表面看上去可能并没有什么大问题，但一定会造成研究内容的潜在性缺失，最终可能会导致研究结果出现偏差。因此，如何对文献进行系统而全面的检索是值得我们不断进行学习、研究和探索的。

由于对不同语言掌握的熟练度不同，相较于以母语为根底的中文文献检索，大多数人可能会更困扰如何检索英文文献。而对于专业人士来说，对自己研究领域的掌握程度不能仅仅局限于国内研究，其他国家的同领域学者所产出的学术成果同样具备参考价值，而学术成果的主要载体就是文献，因此，英文文献检索的重要程度并不亚于中文文献检索。

对于学习文献检索来说，最重要的是具备检索意识，而检索意识主要来源于需求。据观察，硕士生、博士生甚至是老师对于文献检索的重视程度远超本科生，究其根本是本科生并没有很高的检索需求，自然也就不会专门去思考和提升自己的检索意识。所以，要想真正提高学生的文献检索能力，首先要让学生具备阅读文献的需求和学以致用的环境。具备了检索意识，技术性问题就只是一个慢慢积累和提高的过程。

有了检索意识后，还应该对文献检索有一个基本的认知。文献检索最大的依托和载体就是数据库。而大多数学校的图书馆都会购买各专业最权威的数据库以供学习研究使用。对于法学专业来说，最重要的三大英文数据库分别是 Westlaw，HeinOnline 和 Lexis。其中 Westlaw 和 Lexis 以案例为主，侧重实务性研究；而 HeinOnline 则主要收集期刊和著作，侧重学术性研究。使用方法上各个数据库也是大同小异，基本是由初级检索和高级检索构成。初级检索的范围更广，学习起来更容易，但精确度不如高级检索。现在数据库的发展趋势是越来越倾向于一站式，所以初级检索和高级检索的边界也在逐渐变得更为模糊。

本书对文献检索的介绍主要从以下几个角度切入，即检索内容、检索流程、检索工具、检索思路以及常见错误。

1. 检索内容

（1）零次文献

指未经正式发表或未形成正规载体的一种文献形式。如：书信、手稿、会议记录、笔记等。

特点：客观性、零散性、不成熟性。一般是通过口头交谈、参观展览、参加报告会等途径获取，不仅在内容上有一定的价值，而且能弥补一般公开文献从信息的客观形成到公开传播之间费时甚多的缺陷。它是指未经过任何加工的原始文献，如实验记录、手稿、原始录音、原始录像、谈话记录等。零次文献在原始文献的保存、原始数据的核对、原始构思的核定（权利人）等方面有着重要的作用。

（2）一次文献

是指作者以本人的研究成果为基本素材而创作或撰写的文献，不管创作时是否参考或引用了他人的著作，也不管该文献以何种物质形式出现，均属一次文献。大部分期刊上发表的文章和在科技会议上发表的论文均属于一次文献。

（3）二次文献

是指文献工作者对一次文献进行加工、提炼和压缩之后所得到的产物，是为了便于管理和利用一次文献而编辑、出版和累积起来的工具性文献。检索工具书和网上检索引擎是典型的二次文献。

（4）三次文献

是指对有关的一次文献和二次文献进行广泛深入的分析研究综合概括而成的产物。如大百科全书、辞典、电子百科等。

2. 检索流程

文献检索既然是一门系统的技术，那么自然会有一套标准化流程以方便每个人去应用和学习，该流程主要分为以下六个步骤：

（1）界定研究方向及问题

在确定找什么之前，要先将自己研究的本学科问题的边界明确下来，否则很容易偏离研究方向。而能否准确界定所要研究的方向（若能细化到具体问题更好），主要取决于检索人在所研究领域内的知识储备。当无法界定所要研究的问题时，有时也需要通过提前阅读背景文献来扩充知识储备以方便精准界定，而背景文献的检索同样需要经过仔细的思考和筛选，所以文献检索是一个系统的、贯穿全程的工程。在找到所需要的文献前，往往需要大量的准备工作。

(2) 确定检索词句

在检索过程中最常用的方法就是搜索关键词。能否准确地选择好关键词至关重要。如果检索人想要检索的某个概念具有公认的名称固然好，但很多时候同一概念是具有多种表达方式的。这种情况下需要我们考虑它的近似概念和它的法律范畴。如果还不能精准地定位到想要研究的问题，那我们要想办法定位到研究问题的上位概念，再从中筛选。

(3) 设计检索方案

主要是要求对整个检索流程有一个宏观的把握，在检索前做到对整个检索流程的思路有一个基本掌控，而不是孤立且零散地想到什么做什么。

(4) 使用检索工具

除了专业数据库外，有效利用图书馆资源进行检索也是一种方法。一般每个学校的图书馆都会对收录的资源进行分类，对图书馆的分类进行参考也是一种好的查询方式。

以吉林大学图书馆为例：百度搜索吉林大学图书馆后进入主页，可以看到学校图书馆收录了大量的数据库以供学生使用。

(5) 筛选检索文献

文献浩如烟海，若是不加以限定就不可能进行高效率的阅读。现在的数据库具备多种限定方式，例如按时间限定，按类型限定，按国别限定等。筛选得越详细，筛选结果就与你研究内容的相关度越高。同时，要善用文献管理软件，很多管理软件的辅助功能非常强大，学会管理软件的使用可以在解决某些问题上一劳永逸。其中，外文文献的管理软件推荐使用 Endnote X7/X8，中文文献的管理软件推荐使用 NoteExpress。

(6) 评估检索结果

检索报告是对检索的最终结果的准确把握。对检索到的文献进行评估是具有标准的。标准如下：检准率（相关度越高越好）、检全率（穷尽所有代表性权威文献，做深度研究则要穷尽所有文献）、查新率（随时补缺并且随着研究问题的发展去更新文献）、权威性（初级文献需要具备效力，次级文献要找精品，例如可以通过影响因子来判断期刊级别。学者刊物可以参考引证率等指标，也可以通过询问同行等手段确定）。

3. 检索工具

文献检索需要寻找各种途径，自然也就需要利用各种工具。虽说我们最常使用的方法是数据库检索，但很多时候只凭借数据库上的资源并不能满足我们的需要，而且我们也不可能拥有所有数据库的使用权限。这个时候就要想尽办法，穷尽各种渠道去搜索我们需要的资源。一般来讲，可能会用上的渠道包括以下几种：

(1) 搜索引擎检索

这里所说的搜索引擎检索主要是指百度文库、谷歌学术等，其中谷歌学术可以用国内的镜像软件登录而不需要 VPN。谷歌学术等的界面都比较友好，读者可以自行尝试检索，网上有相关的攻略可供参考。搜索引擎的作用是帮助我们初步定位要检索的文献，当然只依靠搜索引擎去检索文献肯定是远远不够的。但是在我们对于要研究的问题没有任何想法时，通过搜索引擎入手是一个很好的切入点。有些情况下，数据库里找不到的文献在搜索引擎中反而可以找到，比如说未出版的文献。所以不要轻视搜索引擎，利用好搜索引擎也是一种能力。

(2) 官方网站检索

这里说的官方网站主要是指出版商的官方网站、期刊的官方网站、学者个人的网站或是他所属机构的官方网站。现在的出版商并不像以前一样静态运营，反而十分注重与读者间的互动，而且对于业界最新的动态捕捉得也十分及时。期刊的官方网站也是一样的，而且期刊官网的发展趋势是越来越开放化，有些数据库里收录的文献在期刊官网上也能找到，而且期刊官网通常有自己的检索设计，对于针对性的检索可能会比其他途径更方便。学者个人的网站上一般也会展现学者自己的文章，如果以作者为导向去检索可以直接去他的个人网站中了解其学术成果，即便他个人的网站没有收录文章，那也会给出一些超链接方便读者找出自己需要的文章。不同出版社的界面或许不同，但原理相通，读者可前往不同期刊的官方网址自行尝试。

(3) 专题网站检索

这里说的专题网站主要是指博客，不同的博客会有自己专属研究的领域。以国际法领域为例，International Law Reporter 这个专属网站就会针对国际法一些前沿性问题提供详细的信息。除博客外，微博、微信公众号等众多自媒体也收录了大量的学术信息，这些途径一般能让我们了解到某些学者个人的学术动态，对学术研究也是很有帮助的。Twitter、Facebook 也是学术交流非常活跃的平台，同样有着很高的关注价值。某种意义上，诸多学者以这些平台为依托形成了学术共同体，平台为学术研究作出了不可磨灭的贡献。

(4) 数据库检索

数据库是众多手段中最专业也是最常用的一种。现在主流数据库的发展趋势都是一站式、智能化、大数据、可视化、窗口简洁、分类详细、极易上手。以我自己的专业——法学为例，Westlaw 是数据库设计领域的佼佼者，而且还在不断更新优化中。

这里以使用 HeinOnline 检索为例，首先需要获取数据库使用资格。通常来说各高校均具有该数据库使用权限，只需要用校园网登录即可。若不在高校，也可通过电商平台购买使用账号等方式使用。获取使用资格后，进入该数据库，可以直接输入限定好的要检索的关键词并搜索。以搜索海牙公约为例，输入关键词后会显示文献共有 11 万多篇。这么多的文献筛选起来很麻烦，所以数据库又提供了几种文献排序方式如按时间方式排序，按作者引用排序，按相关度排序等，以帮助检索人最快速地找到自己需要的文献。

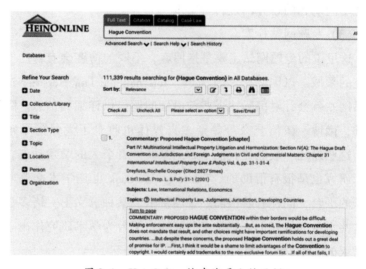

图 3.1　HeinOnline 检索海牙公约示例

（5）图书馆检索

很少有人能把图书馆的资源用到极致。图书馆的发展趋势与数据库一样，也是越来越开放。对于馆藏的检索并不难，对于没有馆藏的情况，有些图书馆还会告知你哪里收录了需要的文献，甚至提供了文献传递功能来帮助你搜集文献。文献传递就是将你的需求和联系方式提供给图书管理员，他们通过自己内部的途径去获得这些文献。除此之外，要善用图书馆的发现系统去获取信息，当然，各学校图书馆的发现系统质量参差不齐，各有优劣。其中，超星发现系统是其中的佼佼者，对于各学校图书馆的支持度也比较高。

（6）互助式检索

主要包括文献检索群、数据库公司、图书馆、自发的爱好者等都会有自己的文献检索群。很多常规途径无法检索到的文献通过互助形式反而能获得。如果检索群无法提供，可以尝试去电商平台搜索，往往会有意外之喜。

4. 检索思路

当着手进行文献检索工作时，应该按照下列思路进行。当搜索图书时，首先应该从教科书入手，这里特指西方经典教科书，从基础概念和问题开始了解，做到对所要研究的专业问题有一个基础的了解和清晰的界定，然后对评注书进行检索，了解同行们对于所要研究的问题有着怎样的理解和解读，同时对于行业最新动态也会有一个掌握。再深入一层就应该开始阅读专著，专著要选取知名出版社出版的。若是专著依旧不足以阐明要解决的问题，那就需要阅读内容比专著更为细化的专题书，这样才能全面而完整地把握自己要研究的问题。而搜索论文时要按照这样的顺序，首先选择搜索引擎去缩小范围，然后利用非商业数据库去充实自身，最后使用商业数据库来精确检索。检索时，为了尽可能的全面，应该穷尽当地的正当检索途径，必要时还要尝试其他的检索途径。最后，为了确保没有遗漏，还可以对检索到的文献以顺藤摸瓜的模式进行文献补充，将已有文献的注释和参考文献也纳入文献筛选的范围，这就是文献检索的整体思路，当然具体问题也要具体分析。

5. 常见问题

无论是文献检索还是案例检索，对于刚开始学习和尝试检索的人来说容易出现很多具有共性的错误。经总结，文献及案例检索最容易出现的问题如下：

第一，在开始检索前，对检索领域的知识储备不足。

几乎每个学科所覆盖的领域之广阔是一个人穷尽一生也无法完全精通的。因此，如果对自己需要检索的领域缺乏知识储备和宏观把握，很容易就会模糊掉自己要研究领域的边界在哪里，继而就会陷入烟波浩渺的文献海洋中，浪费大量的时间和精力。

第二，在开始检索时，不知道选用哪种检索方法。

所谓的检索方法，本质上就是不断地对检索到的内容进行限定，最终限定到最为精确的程度，不可再多一分也不可再少一分即算成功。但是由于限定方法的多样化导致了想要最精确地获取要检索的信息往往需要将多种检索方法组合使用，而哪种组合方法最能满足检索人的需求，这是不固定的，需要积累大量的检索经验，而检索新手并不具备这个能力。

第三，无法对自己检索到的内容进行准确评估。

文献也是有质量之分的，看一篇经典的好文献比看十篇普通的文献要更有价值，而检索的新手往往无法判断文献的质量如何，这一点尤其体现在英文文献检索上，因此可能会出现错漏研究领域的经典文章的现象。

第四，无法将搜索工具最完美地利用。

没有任何学校或图书馆可以检索所有的专业数据库，所以除了常规途径外，自己要想办法克服遇到的检索困境。在穷尽所有自己能想到的途径之后，绝大多数资源其实都可以找到，而新人往往会因为遇到一些客观环境的限制就放弃自己对其他途径的主观探索。

第五，检索大量文献后不知道如何管理。

一个常年运用文献检索功能的人往往会积攒了几百篇甚至上千篇文献，这个时候往往会面对找不到需要的文献或是忘记自己要参考的信息印证于哪篇文献的境况。所以文献的管理同样是需要耗费大量精力去学习的技巧，即便是能提供很多便利的文献管理软件，要想完全发挥它强大的功能也需要不断地使用和钻研。

上述这些问题并不是不可克服的，而克服这些问题的方法恰恰就是不断检索，不断犯错，不断吸取教训，再经过长时间的积累和改进，最终一定能又高效又准确地检索到自己需要的信息。

以上就是文献检索的最基础的知识，需要强调的是，我们的文献都是围绕具体的方向、问题或者主题展开的，这也是我们后续要开展主题阅读的一个基础。最后重点强调，检索最根本的还是检索人自己的检索意识，没有一种方法能适用于所有情况，还是需要检索人遇到不同的问题时自己想办法，自己克服困难。有了检索意识，技术层面的问题就是一个熟能生巧的问题，因此，提升检索技巧最有效的方法就是多检索，多尝试，多试错，踏踏实实地积累经验。

（二）文献整理：要养成文献整理的好习惯

文献对于写作的重要性不言而喻，尤其是对文科，理科还有一部分实验作为研究的数据和内容，但是文科的研究很大一部分都取决于掌握的文献。文献的质量影响着我们研究的质量，文献的数量影响着我们研究成果的质量。之前在文献检索的时候已经提及，文献要满足权威性、全面性（检全率）、及时性（查新率）以及针对性（检准率）。即便有了这些标准的限制，每一个主题的文献还是会很多。当然，根据写作的对象不同，使用的文献的数量也是大不相同，比如一篇本科论文不超过1万字，要求扎扎实实看几十篇文献；一篇硕士论文3万字左右，可能需要超过一百篇参考文献；博士论文需要的文献更多，光是文后引用的注释和参考文献就得几百篇，更何况还有很多是有助思路形成但没有引用的文献。所以，无论我们做什么，写学位论文还是写普通的评论性文章，都会用到参考文献。这么多文献就需要管理，要不然在用的时候就是一场灾难。整理好的文献会助力我们的研究工作，也能让我们的文章更规范，论证更充分。

1. 分类管理

文献可以分成很多类别，比如专著、期刊文献、教科书、新闻报道、案例……大型的写作，如博硕论文本身就像一个项目管理，对这些文献就要分门别类地建立文件夹，按照时间顺序或者其他你认为有助于研究的顺序排列。我们可以用一个字母表示一个类别，比如用A表示期刊文献"A1+文章名"来命名第一篇文章；"A2 + 文章名"来命名第二篇文章，以此类推，整个期刊文献的列表就是用 A 和数字排列的，这样非常容易管理。别的文件夹也可以这样处理文件名来达到管理和排序的目的。当然我们之前也提及了用软件如 Endnote 进行文献管理，这种软件有很多好处，可以帮助生成不同形式的参考文献，针对英文论文写作很有好处。比如，我们针对范文想要写一篇回应性的文章，就需要做文献检索，简单地将搜集到的文献进行一个整理，如下图①：

- A1法定犯的责任要件与刑罚配置-"掏鸟窝案"引发的思考_唐千圆 高圣平.pdf
- A2刑法司法解释的能与不能-基于网购仿真枪案和掏鸟案判决的思考_叶良芳.pdf
- A3法官裁判思维对刑事裁判可接受性的影响与重塑-以掏鸟案为视角_叶伶俐.pdf
- A4浅析法律与情理的冲突解决-关于深圳鹦鹉案的思考_马瑞琳.pdf
- A5舆论监督与司法公正-从大学生掏鸟窝案说起_周园.pdf
- A6从大学生掏鸟案看我国立法与司法的衔接_刘渊.pdf
- A7刑事司法解释强制拘束力的批判与反思-以掏鸟案的裁判文书为切入点_段卫利.pdf
- A8为掏鸟窝事件叫屈-呼唤崇法尊法意识_刘克梅.pdf
- A9论自媒体时代刑事司法公众认同的实现-以大学生掏鸟窝案为视角_熊明明 朱建华.pdf
- A10浅析我国司法与立法的衔接-反思"天价掏鸟案"_白婷婷.pdf
- A11从"大学生掏鸟窝案"看我国立法与司法的衔接——从公民的违法性认识程度差异谈起_谷昕柔.pdf

2. 笔记和思维导图要与文献匹配

我们在阅读的时候会形成很多检视性阅读的导图和批判性阅读的导图②，这些导图一定要用单独文件夹管理，最好是检视性导图和批判性导图放在一个思维导图的文件里，每个导图的命名规则同相应的文件命名规则一样，针对 A1 文献做的导图就可以被命名为 A1；针对 A2 文献做的导图就可以被命名为 A2，如下图所示：

---

① 仅作示范之用，这些文献并不满足全面性等文献检索的要求。
② 做导图使用的软件是 X-mind。

- A1法定犯的责任要件与刑罚配置"掏鸟窝案"引发的思考_唐千圊 高圣平.xmind
- A2刑法司法解释的能与不能-基于网购仿真枪案和掏鸟窝案判决的思考_叶良芳.xmind
- A3法官裁判思维对刑事裁判可接受性的影响与重塑-以"掏鸟窝"案为视角_叶伶俐.xmind
- A4浅析法律与情理的冲突解决—关于深圳"鹦鹉案"的思考_马瑞琳.xmind
- A5舆论监督与司法公正——从"大学生掏鸟案"说起_周圆.xmind
- A6从"大学生掏鸟案"看我国立法与司法的衔接_刘渊.xmind
- A7刑事司法解释强制约束力的批判与反思-以"掏鸟窝案"的裁判文书为切入点_段卫利.xmind
- A8"为掏鸟窝事件叫屈"呼唤崇法尊法意识_刘克梅.xmind
- A9论自媒体时代刑事司法公众认同的实现-以大学生掏鸟案为视角_熊明明 朱建华.xmind
- A10浅析我国司法与立法的衔接-反思"天价掏鸟案"_白婷婷.xmind
- A11从"大学生掏鸟案"看我国立法与司法的衔接-从公民的违法性认识程度差异谈起_谷昕柔.xmind

3. 引文文献单独管理

我们在写作的过程中一定会引用很多文献，那么引用的文献最后必须被放在一个文件夹中单独管理，这个文件的序号可以按照参考文献或者注释的顺序排序。这么做是因为很多出版社或者杂志最后可能要跟你核对每个文献的出处，你必须能够提供援引文献的证明。国内这样做的期刊比较少，但是国外有的期刊会很严谨地跟你核对并要求你提供。如果在写作的过程中顺手将这部分引用的文献单独用文件夹管理，并按照序号排列，你就会在文章后期修改和投稿过程中省去很多查找核对的功夫。

4. 制作文献列表

有时候我还会制作一个所收集文献的整体的 Excel 列表，把文献的作者信息、发表时间、发表刊物以及刊物级别都列上。这个列表会不断更新，因为有时候你会发现，在阅读一篇文章的时候，这篇文章的参考文献中的某篇文章是你在第一次"海选"的时候没有发现的，这便是查漏补缺的好时候。所以，你会把文献源源不断地加入到这个列表里。有了这个列表，你会很容易评估自己的文献情况：数量是否满足要求，质量是否过硬，是否符合权威性以及针对性的要求等。以下两个中英文文章的参考文献列表供大家参考。

（三）文献阅读：批判性阅读（多篇）

我们之前已经详细介绍了批判性阅读的方法，在此就不赘述了。需要注意的是，本部分涉及的批判性阅读不是针对一篇文献的，而是要将我们检索到的每一篇文献进行批判性阅读，最好都要整理成检视性阅读和批判性阅读的"思维导图"。很多同学看书和文献的时候喜欢就在文献上记录，或者将重点标出，这被我们称为线性阅读，它对于写作这种要求极高的输出性工作是没有太大帮助的，因为你没有办法将文章的骨架和肉都完整地呈现出来。所以，需要提示大家的是，我们现在的阅读跟平时读小说、散文或者其他文字不同，我们的目的是输出观点，展开写作，因此在阅读层面的要求非常高。阅读质量好，后续的问题寻找、观点形成、论据支撑就会做得到位。

此外，一篇文章和多篇文章的批判性阅读又有一点点不同。虽然方法都是一样的，但从你要研究主题的角度来看，一篇文章的批判性阅读只能带给你一个点的启示，多篇文章的批判性阅读就能给你带来"面"的启示，这对于整个主题的"体系性"构建是非常有好处的。同时，这也是主题性阅读的一个前提。同学们在阅读时，虽然是针对某篇文章展开的阅读，但是也要将其与过往看完的文章不停地进行比对，有意识地在不同文章中找到联系点、不同点、观点的对立、观点的进化或者是更迭，这些都是在为后续的文献综述做准备。

（四） 文献综述：主题性阅读

我们之前在介绍阅读层次的时候指出，每一种阅读层次都对应一些技能（参见表 2.6），如基础性阅读要求扫清文字、术语及背景障碍；检视性阅读要求具备抽象、概括、复述及表达的能力；批判性阅读要求具备识别问题和识别论证（前提、结论和推理）等能力；而主题性阅读则要求具备文献检索、大规模批判性阅读、整合批判性阅读、制作文献综述、发现问题等能力。所以，聪明的你们是不是已经发现，我们从文献检索开始其实就在做主题性阅读的相关工作了。但是，直到现在我们才正式进入主题性阅读的核心工作——整理和制作文献综述。

1. 什么是文献综述

文献综述是指对某一个问题，某个领域或专题的大量相关资料开展的整理工作，进而梳理出该领域、问题或专题的历史发展、学术观点、国内外状况、学术见解等的综合性介绍和阐述的一种学术成果。简单说，文献综述就是我们将通过文献检索搜集来的符合要求的文献在批判性阅读的基础上，将这些文献涉及的某主题的时间线索、空间线索、作者线索、观点线索以及国别研究线索梳理出来的过程。通过这样的梳理工作，可以了解该研究主题的研究现状和学术动态，并在这个研究现状和学术动态基础之上开展自己的研究。

文献综述分为两种类型，一种是知识整理类文献综述，一种是论证式文献综述（可参见表 3.1）。不同类型的文献综述对应的研究目的不一样。如果研究的目的是要展现有关某个研究课题的现有知识,那么需要做一个知识整理类的文献综述。但如果研究目的是为了解决一个问题,要解释这个问题的原因,进而提供问题的创新性解决路径,那么需要的不仅仅是一个知识整理类的文献综述,而是一个论证类的文献综述。

知识整理类的文献综述,顾名思义,是研究者锁定了一个研究主题,客观地呈现出关于这个主题的所有研究状态、研究内容和情况,目的是使大家能够了解关于这个主题的所有研究情况。虽然知识整理类的文献综述是作者通过总结得出的,经过了作者的加工整理,甚至还融合了作者的主观认知,但是必须承认,这类文献综述的客观性较强,内容性较强,目的就是呈现这个主题的研究状态。① 论证式文献综述则不仅为呈现某个主题的研究状态,它更深入一些,它围绕一个"问题"(待解决的问题,困难,麻烦)展开,以作者对于这个领域的知识的理解为基础,向读者阐述为什么这是个问题,以及对这个问题研究到何种程度,这种研究的缺陷和优点各是什么(也就是要做文献评析),以及应当如何推进这个问题的解决。② 因此可以看出,相对于知识类的文献综述,论证式的文献综述针对一个待解决问题,述评结合甚至以评为主,作者的主观能动性非常强,作者要用这个综述证明他研究的价值和可行性,争取读者认同自己的研究观点、方法和路径,甚至希望读者能够认同自己的问题意识。

---

① 知识整理类的文献综述如《国外国际私法发展前沿年度综述》,读者可以自行下载阅读,观察这篇文章的写作模式。
② 论证式文献综述如《国际私法范围的文献综述》,读者可以自行下载阅读,观察这篇文章的写作模式。

表 3.1　两种不同类型文献综述

	知识整理类文献综述	论证式文献综述
目的不同	展现客观研究情况，更类似一个知识体系	展现作者对某个问题研究状况的认识，并进一步提出其未来发展路径和方向
展开线索不同	可以多个线索并列，如时间线索、空间线索、国家线索、作者线索等	只能以"主题"线索为主，其余线索作为辅助，比如要解决正当防卫标准认定，那线索只能是"认定的×××"
作者参与程度不同	作者客观呈现，主要是整理和呈现	作者在整理基础之上要评述，要谈自己的认识
述评比例不同	述多，评少	评非常多，要大于述
文体也有可能不同	说明文或夹杂一些议论的说明文	议论文
地位和作用不同	知识整理类文献综述是论证式文献综述的基础，不能为批判性写作提供直接素材	此类文献综述是知识整理类文献综述的延伸，与批判性写作直接相关，可以直接服务于批判性写作

批判性写作需要哪种文献综述？批判性写作是议论文写作，议论文是解决问题的文体，强调问题意识和问题导向，更强调作者对问题的看法也就是作者的观点。这种情况下，论文所需要的文献综述是论证式的文献综述而非一个单纯知识整理类的文献综述。有些学生之所以在文献综述做完之后仍然对于写作没有头绪，是因为文献综述的类型弄错了，也就是做了一篇知识整理类的文献综述。单纯的知识罗列、整理，即便做得再漂亮也只是一个研究的基础，是一个要开展定向（针对某个问题）研究的前提。如果要做博士或者硕士论文，你需要一个问题，并且围绕这个问题将目前已有的关于这个问题的文献梳理出来，还要有能力

按照主题线索进行评述，而且评要大于述，作者加工的成分，作者主观认知的成分要很大，即论证式文献综述，而非仅是对相关研究的简单整理或者简单蜻蜓点水式的分析，即知识整理类文献综述。知识整理类综述不适合做批判性写作的综述①，本书在后续介绍的也是论证式文献综述的写法。

2. 文献综述的重要性

（1）文献综述是我们的有"米"之炊

我们开展研究活动是要有认识基础的，不是每一个人都能做我们所说的这份研究工作，它要求你必须有一定的背景知识和对该项研究活动的前期准备。首先，你必须具备开展这个研究活动也就是批判性写作的背景知识。什么能证明你拥有背景知识？就是你的专业背景！我们在解决相应问题的时候都愿意听专家的意见，专家就是在这个专业里具有判断力的人。所以我们上大学为什么要分专业？就是要使你具备某个专业的背景知识，这也是你后续从事科研活动，从事批判性思维工作，发表自己的观点的基础。其次，你必须有前期准备。专业的学习只会给到你一个知识体系，这个知识体系只能回答一些概念、术语等一般的知识，但是当你在实践中遇到了真实问题的时候，会发现现有的知识体系只能提供一个解决这个问题的基本支撑，你还需要学习如何解决这个问题，这时候你需要做一些前期准备，比如检索相关的文献，查看相关的数据等。文献综述就是我们要从事的研究活动也

---

① 这两种类型的文献综述都非常有价值，知识整理理性的文献综述更基础一些，目的是为了提供更多的信息和动态。论证式文献综述更精专一些，与要写作的内容更直接相关。

就是批判性写作的前期准备，目的是让我们在写作的时候能够形成我们自己的观点，对别人的观点加以评价，对别人的论证予以分析和点评，同时形成自己的论证。

如果说建构论证或者批判性写作是最终形成的"佳肴"，那么文献综述就是这些佳肴的佐料和原材料。没有这些基础性的"食材"，任凭厨艺再高超，也没有办法端出像样的饭菜。所以，文献综述就是我们批判性写作加工的对象，我们创作的源泉。没有文献以及文献综述，那你的观点和你表达的文字就是无本之木、无源之水甚至是无稽之谈。

（2）文献综述能保证批判性写作创新性

有些同学对写论文（批判性写作）有误解，认为只要表达自己的观点就是一篇好的批判性写作。其实不然，批判性写作是追求创新性的，这一点在博硕论文上尤其如此。我们什么时候需要表达自己的观点？一定是自己的观点是与别人不同的，一定是自己的观点与现存的观点有差别你才需要表达。换句话说，我们表达的观点实际上就是对问题的看法和解决方案，如果对于这个问题的解决方案和观点已经有一致的看法，并且你的看法和方案与别人已经达成一致的看法并无不同，那其实是没有表达的必要的。

我们在论文答辩或者投稿的时候经常会被问道："你文章的创新性是什么？"这就意味着我们学生在学校撰写的学位论文、投稿文章都需要具有创新性。也就是针对提出的这个问题，你或者觉得现存的解决方法可以优化，或者是这个问题干脆就没有解决方案，你提出了一个方案，这就是创新性！当然，创新性也可能体现在你从新的角度、方法诠释了问题。但无论如何，要想保证写作具有创新性，你就必须知道现在的研究进行到哪个程度了，使用的方法是什么，得出的结论是什么……因此，文献综述对于我们写作的创新性是必需的。牛顿不是说过么，我之所以能成功，是因为我站在巨人的肩膀上。文献综述就是巨人，你要想具有创新性就必须站在文献综述的"肩膀上"。

（3）文献综述能保证你的问题为真问题

同样，我们做文献综述还有一个目的——发现问题。只有掌握了这个主题的学术动态，你才能发现哪个问题还没有解决或者可以优化解决方案，这时候你就会锁定你的研究问题。这个过程是必须借助文献综述的，没有文献综述，你提出的问题可能都是不合格的。经验老到的教师或者专门从事这个主题研究的专家，一眼就能看出你要解决的问题是不是已经过时了，或者是不是个问题。这就像在2001年我国刚加入WTO的时候，学术界关于WTO的规则探讨研究得特别火热，但是到了2020年，在WTO上诉机构都已经停摆的情况下，如果还有人执着于WTO基本条款的研究，其实就是过时的。文献综述就是学术动态，学术动态就是为了让你了解这个主题的整体研究状况，只有在了解整体研究状况的基础上才能锁定自己的问题，形成自己的看法，开展自己的研究。

（4）文献综述能够让你的论证可信度更高

文献综述的质量影响着你的论证质量。通常我们看一篇论文，无论本科、硕士还是博士毕业论文，抑或是发表习作，我们都会先看一下参考资料，如果参考资料的质量不好，这篇文章的质量就会很令人担忧，这种情况对于人文社会科学而言尤其如此。参考资料质量不好，很大程度上就意味着你在搜集资料的时候就没有找到权威性的，或者是最新的研究成果。手中的资料观点陈旧、不权威、有失偏颇……在这样的文献基础上作出的文献综述是不会有质量的。相应地，最终形成的观点以及论证体系都是不可靠的。

3. 如何制作文献综述

在这里，首先要明确的是我们需要制作的是一份论证式的文献综述，与知识整理类文献综述不同，论证式文献综述围绕一个"问题"（待解决的问题、困难、麻烦）展开，以作者对于这个领域的知识的理解为基础，向读者阐述为什么这是个问题，以及学界对这个问题的研究已经到了何种程度，这种研究的缺陷和优点各是什么（也就是要做文献评析），以及应当如何推进这个问题的解决。它是我们正式开始批判性写作的前一个步骤，对于后续的批判性写作非常地重要。在这样的理解基础上，我们开始学习如何制作一份文献综述。我们还是以范文讨论的问题作为切入点，针对范文的观点写一篇回应性的、带有学术性的文章，进而指出范文中存在论证不严密的地方以及我们所持有的不同观点。在这里需要提示的是，关于"大学生掏鸟窝"案有很多"文章"，有些文章是网络上的报道[1]，这样的报道没有什么学术性，就是发表一些简单的观点和看法，这些观点缺乏学理性的支撑，因此报道其实是议论文，也就是本书所指批判性写作，但是缺乏学术性。有些文章是学术文章[2]，这些文章是议论文，也是本书所指的批判性写作，但是具有学术性。这两类议论文（同时也是

---

[1] 如《"大学生掏鸟16只被判10年半"引争议 判刑过重?》，ht-tp://sohu.com/a/46240480_123753，2020年12月16日最后访问。

[2] 如唐千雨、高圣平：《法定犯的责任要件与刑罚配置："掏鸟窝案"引发的思考》，载《社会科学研究》2016年第3期。

批判性写作）的区别请读者仔细体会，同学们在大学期间完成的学年论文、毕业论文本身都要求有学术性，是学术性文章，这一点要明确。我们所列举的范文稍微具有一点学术性，但是并不是太浓厚，我们尝试写一篇学术气息浓厚的文章回应这篇范文。范文涉及以下几个关键词：司法的性质、司法的功能、司法的效果、法定犯、自然犯、合理性、合法性、法官能动性与判决社会效果等。这些关键词都是我们可以选择回应的点，也就是说，对范文的回应，我们可以选择的切入点很多，具体看我们想从哪个点回应。选择好之后，其他的问题点也是可以囊括进去的，只不过要作为辅助的线索。①

（1）完成主题性阅读并选择一个问题点（问题必须具有理论价值和实践意义）

在这里还是要强调，文献综述是将所有搜集到的相关文献都看完也就是主题性阅读完成之后才能从事的工作。当你把材料都阅读完毕之后，通常呈现出来的是很多主题和线索，你需要在这里选择一个问题点切入进去。换句话说，主题性阅读可以帮你完成很多篇论文的写作，你也可以用主题性阅读的资料完成很多篇论证式的文献综述，每一篇论证式的文献综述都可以帮你形成一篇论文。② 我们仍然以范文为例进行说明：

---

① 比如《法定犯的责任要件与刑罚配置："掏鸟窝案"引发的思考》这篇文章选择的角度就是"法定犯"；本书打算选择的角度是"司法的性质与功能"，这在下文会详细解释。

② 根据要写的文章体量的不一样，论证式的文献综述的讨论范围也不一样。一篇博士论文的文献综述信息量是很大的，不仅能够支撑一篇十万字以上的文章，还能写出几篇可发表的小论文。如果你要写的是一篇投稿文章，其实文献综述也可以做得比较克制，不用涉及那么广泛的内容。

范文这篇文章内涵的逻辑是这样的：① 司法的性质是国家权力而非社会权力──② 司法的国家权力性质决定了司法的功能只能是依法裁判而不是服务社会──③ 合法性是判决的唯一评判标准，是否符合大众的预期和使公众满意并不是司法的功能──④ "大学生掏鸟窝"案依法裁判，是正确的判决──⑤ 司法机关的处理没有问题。通过检索文献和进行主题性阅读之后，你发现这里面有很多点可以切入，就看你想从哪个角度进行反驳。比如你可以从④切入来探讨"依法裁判就是好判决吗？"再比如你可以从③切入来探讨"司法判决不需要公众认可吗？"每一个切入点反驳的角度和力度是不同的，本书选择从①切入开始反驳。

（2）文献综述的几条线索

通常一份合格的文献综述（以法学为例）应当包含①时间线索，②空间线索，③法系线索（法学独有），④作者线索，⑤主题线索①。那么是不是就把这五条线索梳理出来摆在文献综述里就大功告成了呢？这种想法是错的！这五条线索是有主次之分的。作者们在这五条线索中，有的选择了时间线索作为主线，有的选择了空间线索作为主线，有的选择了法系线索作为主线……这些选择都是不到位的。正确的做法是应当是以"主题线索"作为主线──因为文献综述的目的是为了表达观点，后续的批判性写作也是为了表达作者的观点，只有主题线索才能更好地为这个目的服务。

如果你以时间线索为主，其实是你想强调时间这个因素；如果你以法系线索为主，其实是想强调法系之间的不同……文献综

---

① 这里所指的主题线索，是指文献作者们的观点，主题就是观点。

述最主要的功能是向别人说明：我要做的这项研究，别人已经做到了什么样子，他们有哪些没有突破的，而我要做的就是这个没有被解决和突破的地方。也就是说，文献综述最主要的功能是证明你的研究的创新性，你的研究的与众不同，你的研究是站在巨人肩膀上的……那么是时间线索能让你的研究的创新性体现出来还是空间线索能让你的创新性体现出来？都不能！唯有主题线索能帮你实现这个目的。也就是说，你需要把国内外所有的作者（权威主流）对你这个问题的"观点"梳理出来，指出他们是怎么看待你现在着手要做的这个选题的，指出他们没有涉及的方面，而这就是你选题的重要意义和创新性。其他线索如时间线索、空间线索等可以作为辅助线索帮你展开主题线索。

我们在写文献综述的时候很容易就以时间线、空间线和法系线展开。原因在于，他们会把文献综述当成一个描述性的东西，描述一下要研究对象的发生、发展和变化。其实不然，这部分是夹叙夹议，以论证为主的议论文。举个例子①，我的一份文献综述——研究最密切联系原则的灵活性，最初版本写成：

```
一、在国际层面
1. 在欧洲大陆
①70年代②80年代③90年代……
2. 在美国
①70年代②80年代③90年代……
二、在国内层面
①70年代②80年代③90年代……
```

---

① 时间线方面为虚构，只为举例。

后来被我改成:

> 一、国际层面
>
> 1. 在偏爱确定性的欧洲大陆,他们对最密切联系原则的"灵活性"进行了"规则+方法"的限制
>
> ①70年代的"灵活性"处理,②80年代"灵活性"处理,③90年代"灵活性"处理……
>
> 2. 在偏爱灵活性的英美法系,他们对最密切联系原则的"灵活性"进行了"方法+规则"的限制
>
> ①70年代的"灵活性"处理,②80年代"灵活性"处理,③90年代"灵活性"处理……
>
> 二、在国内层面
>
> 国内一直没有形成对最密切联系原则"灵活性"进行控制的思路

这样调整之后就是以主题作为主线,把之前的时间线索和法系线索给弱化了。还是那句话,文献综述需要为问题和主题做贡献、做服务。只有将主题线索作为主要线索,将主题线索突显出来才能达到上述效果。单纯地以时间线索、法系线索、空间线索并不能达到为主题服务的效果。

(3) 范例

我们在本书中围绕反驳范文作者的观点做一个文献综述的范例。之前我们提及,这篇范文中的观点很多,可以选择的反驳点很多,或从局部观点下手,或从整体下手。我们选择从较为整体、宏观、偏学术的角度切入——司法的性质、功能与社会效果。同样我们要注意到这里面有几条线索,我们要以"主题线索"为主。

关于司法性质、功能与社会效果的文献综述①

A. 学术界对司法的性质界定是不断演进的（主题线索）。对司法性质的认识随着时间发生了不断地变化

① 20 世纪 70 年代—2000 年（时间线索），×××，×××（作者线索）从权力分立和权力制衡的角度理解司法的性质。

② 2000—2010 年（时间线索），×××，×××（作者线索）进一步指出司法是三权分立的一部分，仅具有国家权力的唯一属性。

③ 2010 年至今（时间线索），×××，×××（作者线索）指出司法的性质应当是国家权力和社会权力的统一。

B. 学术界对司法的功能认识是不断变迁的（主题线索）

① 20 世纪 70 年代—2000 年（时间线索），×××，×××（作者线索）认为司法仅具有裁判权，这是司法国家权力性质的延伸（主题线索）。

② 2000 年至今（时间线索），×××，×××（作者线索）则指出裁判权是司法的功能之一，但司法还应具有平衡和调和的功能，尤其是在法律与民意之间。司法还应当为社会服务，这是其社会权力性质的延伸（主题线索）。

---

① 请注意，这个例子只用来说明文献综述的范式，并不意图追求学术的深度、文献的广度以及其他学术尺度。请将其作为一个简单的例子对待，本书作者并不试图表达关于这个问题的学术观点，只是介绍文献综述的主要内容。

C. 司法应主要关注法律效果而非社会效果（主题线索）

① 20 世纪 70 年代—2000 年（时间线索），×××，×××（作者线索）司法只需要对法律效果负责，不需要考虑社会效果（主题线索）。

② 2000 年至今（时间线索），×××，×××（作者线索）则指出，司法要兼顾法律效果和社会效果的统一（主题线索）。

在这份文献综述的模板里，我们讨论了关于司法的三个层面的问题：司法的性质、司法的功能以及司法的效果。这三个问题同时也是范文中触及的问题。关于这三个问题的更为广泛的阅读整理和文献综述能够让我们从更高的维度审视范文中作者的观点。在这个文献综述中，我们能够清晰地看到，主题线索是最核心的线索，作者线索、时间线索等都是为主题服务的。这样一篇文献综述做完之后，我们对司法这个主题就基本上有了较为深刻的理解，对于如何评价和反驳范文中的观点也有了初步的构思。

文献综述制作完了之后，我们对于要解决的问题已经有了大致意识，但是还没有提炼出来，这个提炼的过程也是比较辛苦的，最后我们会形成一个比较准确的标题。我们对要解决的问题可能还有一个总的观点（也叫结论）需要提炼，论据已经基本具备但是还需要继续提取、梳理并将其妥当地安置在论证的相关位置中。同时，手里有粮（文献和资料），心里不慌（对写作有了信心）。接下来，我们需要做的是将这些东西提炼和萃取出来并将我们的思考以一定的形式固定下来。

二　构思篇

（一）从论域到论题

由于对什么是论题有着不同的理解，所以我们首先把"论题"这个概念解释一下。有人认为论题是对所讨论问题的观点，在这种情况下论题与论点、观点相似。有人认为论题是所讨论的问题，是一个具体的要解决的问题。比如在辩论赛中，通常会用"今天辩论赛的论题是——权大于法还是法大于权？"在这里，论题就是指问题。① 在本书中，论题是指后一种含义，即具体的问题，通过文献阅读发现的一个具体问题，作者即将围绕这个问题展开讨论、论证，最终将这个问题予以解决。

然而，论题的寻找不是一蹴而就的，是很艰辛的。它是这样一个过程：首先，你在兴趣的指引下找到了一个领域，或者是你的老师、学院给你指定了一个领域，比如 WTO、市场监管、中美关系、国际格局等，这个就是论域。论域是指你的研究所在的一个很大的范围，在这个范围之内你要继续不断地找到你的问题——论题。

那从论域是怎样到达一个问题的？你需要经过漫长的检索、阅读、思考和提炼的过程。首先，当你锁定了一个论域之后，比

---

① 事实上，正是由于术语使用的繁杂、多样，并且不界定术语的内涵，也引发了很多关于论证、写作方面的错误认识。

如 WTO，你会围绕这个论域检索文献。此时，你检索文献的范围很大，你会发现有关 WTO 的文献范围很广泛，有涉及基本原则，如国民待遇、最惠国待遇的；有涉及贸易壁垒（包括绿色壁垒）的；有涉及……这个范围太广泛了，你无法研究，所以你不得不将你的注意力集中在其中一个较小的领域——WTO 的争端解决机制，这样你的研究领域得到了第一次限缩，完成了从"WTO"到"WTO 争端解决机制"的转变。在第一次限缩基础上，你进行了二次文献检索。这一次，你的文献检索集中在 WTO 争端解决机制方面。然而，你发现即便是已经将研究锁定在一个较小的范围——WTO 争端解决机制的时候，这个范围也还是蛮大的。WTO 争端解决机制涵盖了争端解决机构、机制的缺陷、不同争端解决机制之间的区别、从不同角度看争端解决机制如从中美贸易争端看 WTO 争端解决机制，以及上诉机构存在的问题等。经过再一次审视，如你考虑到如今中美关系的大背景，考虑到上诉机构停摆的事实，你将研究领域进行了第二次限缩——中美贸易争端下的 WTO 争端解决机制。在第二次限缩的基础上，你进行了第三次文献检索，这次文献检索的主题都与 WTO 受到中美关系影响有关，也就是这些文献都属于同一主题，你就可以开展主题性阅读。

通过对每一篇文献的批判性阅读以及对所有文献进行的主题阅读与文献综述，你发现这里面有一个你特别感兴趣但是没有被解决的问题——WTO 上诉机构停摆后 WTO 怎么办？自从 2019 年 12 月 WTO 上诉机构停摆之后，一个摆在 WTO 所有成员方面前的问题就产生了，WTO 争端解决机制是 WTO 的核心，美国为了维护自身的利益恶意停摆 WTO 上诉机构，使得 WTO 濒临瘫痪，原有的国际贸易秩序受到了破坏，今后的国际贸易秩序怎么维护？WTO运营这么多年将何去何从？如果你的思考推进到这里，你的问题意识就已经露出"小荷尖尖角"，你找到了一个没有解决还亟待解决的问题——上诉机构"停摆"之后的WTO争端解决机制何去何从。这样，你就完成了从论域到论题的、不断限缩的过程。

从上述描述来看，我们首先要明白，批判性写作如写学位论文、投稿的期刊论文等都是必须围绕问题展开的，必须具有清晰的问题意识。这个问题是从一个比较宽泛的研究领域（也就是论域）不断通过你的研究、阅读和限缩最后得到的。很多同学拿到一个论域不管三七二十一就开始写，这是不行的。比如：《论诉讼时效》《论中美关系》《论国际格局》《论法治精神》……这些基本上都是论域，当你将这样的标题与《上诉机构"停摆"之后的WTO争端解决机制何去何从》这样的标题相比较就会发现，前者是一个研究领域，没有具体问题；后者是一个具体问题，是从研究领域中一步一步提炼出来的。

其次，我们要明白，论题的形成是对研究领域不断限缩最终得到的。所以在真正得到一个问题之前，同学们手中其实只有一个宽泛的论域，在这个论域中你需要经过几轮的文献检索，几轮的阅读，最终才能锁定一个主题，然后围绕这个主题进行最后的文献检索，对文献检索的内容进行主题阅读才能得到关于这个主题的全部研究状态：哪些问题已经被研究过了，如WTO上诉机构的缺陷；哪些没有被研究，如上诉机构停摆对WTO的影响；最后你从这些没有被解决的问题中选择一个自己喜欢的开始进行细化研究和写作。在真正的问题形成之前需要大量的阅读、大量的思考，从一个大论域，限缩到一个比较小的论域，再限缩到一个更小的论域。感觉论域已经合适了，就对这个论域进行主题阅读,然后在主题阅读和制作文献综述的过程中找到自己要研究的问题。

大论域—次级论域—小论域—主题性阅读(围绕小论域)—文献综述—提取问题

我们再以范文的研究主题——司法的性质和功能为例来进行说明。这个主题最大的论域是国家治理、法治国家、立法与司法,然后才会在这个框架下探讨司法的性质、功能以及效果等具体的问题。范文中的作者显然在写文章之前已经对国家治理、法治国家、立法与司法等"大论域"方面的理论有了一定的理解(或者是属于作者自己的理解),最终将这个属于国家治理和法治国家的很大的研究领域限制在对司法的性质和功能的探讨上,并且是围绕一个具体的案件展开。这也是一种限缩,目的是找到适合文章写作的问题,同时这个问题从"大学生掏鸟窝"案引发的社会关注来看也是具有现实意义和理论意义的。

以上是我们自己主动开展研究一步一步从大论域到论题所必须经历的步骤和过程。但如果我们单纯地对范文中的观点进行回应,你会发现你的主题很容易就被限缩或者锁定了,你就可以直接围绕司法的性质和功能收集文献进行主题阅读。这是因为你写的是回应性文章,很有针对性,就是对范文中的观点进行回应,这样你就会直接锁定文章最小层面的论域,然后进行主题阅读。现实中,我们经常能够看到一篇文章是《论××××——兼与×××先生商榷》,这样的文章通常都是对别人文章中的观点表示质疑,因此产生了写作的冲动。这种回应型文章论域比较好锁定,直接就是:

小论域—主题性阅读(围绕小论域)—文献综述—提取问题

但是,这种回应型的文章一般是成熟的学者才能驾驭的,这个学者已经完成了自己从大论域—小论域的积累过程，有了固定的研究方向，所以看到学术文章以及学术观点时能够本能地在一个较为具体的论域层面进行反应和反馈。而我们之前提到的从大论域—具体问题的这种比较漫长的积累过程通常发生在新手身上，也就是年轻学者和年轻的学生身上。这个群体的研究人员还没有形成固定的研究方向，还没有完成自己的专业积累，所以只能从比较大的领域切入，不断地寻找自己的问题，经过几年的积累，也就会有了固定的研究方向，能积极地在比较具体的层面上表达对问题的看法和观点。

回到我们自己的写作轨道中，我们要写的内容是对范文中作者观点的回应，此时，大家已经知道了批判性写作必须是要有一个问题的。尽管根据之前讲述的内容你可能已经知道什么是问题，但是在这里还是再帮大家辨别和分析一下几个关于问题的相关概念。有一次，一个学生答辩，他提交的论文是《诉讼时效法律问题研究》，通过我们上述的分析，大家很容易知道这个标题是一个论域，根本没有体现问题意识。

于是，答辩组的老师统一让这个学生回答"你研究的问题是什么？"

该名同学说："我研究的是诉讼时效问题。"

答辩组老师继续问："诉讼时效的什么问题？"

该名同学继续回答说："诉讼时效的法律问题。"

答辩组老师继续问："诉讼时效的法律问题是什么问题？"

该名同学继续回答："就是诉讼时效的法律相关问题。"

当时，这场答辩陷入了僵局。汉语已经无法帮助这个学生直观地了解什么是"问题"。于是我决定用英语解释一下"问题"。我当时大致问道，汉语的"问题"在英语中有两个对应的词汇，一个是 problem，一个是 question。这两个单词都可以翻译成汉语的问题，但是你认为哪一个是我们今天所说的"问题"？这两个单词有什么区别？学生想了半天，没有回答出来。

我继续解释道，problem 可以翻译成"问题"，意思是说麻烦的事情，没有被解决的问题，对应的动词是 solve；question 也可以翻译成"问题"，意思是被回答的问题，对应的动词是 answer。批判性写作所指的问题应当是 problem，是一个困难，是一个麻烦，是一个没有被解决的问题，没有现成答案，通过你的研究和努力将其解决。这也是为什么论文写作要求具有创新性，因为没有答案，你提供的解决方案就应该是人们对这个问题解决的最新认识。而 question 是指需要你回答的问题，这个问题答案已经被研究出来，你不需要研究，你只需要将别人已经提供的答案记住，然后回答即可。通常，你会发现期末考试的卷子上多是 question，基本上考的都是教科书上的基本知识，很多情况下有现成的答案。

通过上述解释，我们能清晰地意识到，批判性写作或者论文写作所指的"问题"其实是 problem。那么问题就来了，该名同学的论文中是看不出来 problem 的，只有教科书级别的 question，即什么是诉讼时效。这就是为什么我们认为这个学生是没有问题意识的，他的文章也没有问题，没有问题的文章多数都会被写成说明文，也就是教科书的表达模式。

如上所述，problem——"问题"的获得并不容易，对于新手来说必须从很大的一个领域来一点一点地积累和阅读，然后不断地限缩领域，不断地补充资料，最后来到一个比较小的领域（可以被称为研究方向），然后进行主题阅读，形成文献综述进而提取问题。这个问题对于成手来说则没有必要从大的论域一直限缩到小的领域（研究方向），因为成手在漫长的成长过程已经积累过了，所以能够从很具体的、微观的层面对范文中的观点进行回应——这也是我们要做的工作。但如果你是新手，切记你需要一点一点地从国家治理、法治国家、权力分工与制衡等一步一步限缩到司法的性质与功能这个层面。但如果你是成手，相信你能直接在这个层面作出反应。

（二）论证框架：问题—结论—依据

在确定自己研究的或者试图解决的"问题"之后，接下来的步骤就是要确定基本的论证框架。这个过程是必需的，新手必须将自己的论证框架整理出来才能动手写作，否则写着写着就跑偏了。有的学生在没有想好自己的论证体系和结构的情况下就匆匆动笔，结果就是越写越不对，越写越跑题，以至于最后进行不下去，即便是勉强完成，也让人看起来晕头转向，不知所云。所以，建议新手作者最好是在写作之前将论证框架构建起来，并且能够在确立论证框架的时候有人指导，或者是找机会与同行或者老师交流，以避免自己思维上的偏狭而导致的论证框架的瑕疵。

正如我们之前所指出的，论证是由问题引导的，包含对问题的看法即结论，作出结论的依据，然后需要说明依据和结论之间的推理关系是成立的，也就是在问题的引导下考查前提、结论和推理三个层面的东西。这三个概念经过我们上文的学习，大家已经不陌生了，但是这个部分不像上文的理论学习那么简单，我们需要将这三个概念运用在具体的、实际的问题中，并在问题中去把握、体会和衡量。

还以对范文中观点的回应为例,由于我们并不同意范文作者关于司法的性质以及功能的理解,我们认为他的观点是有问题的,这也是我们的问题意识即我们要澄清我们关于司法的性质以及功能的认识和思考,这样就确定了我们要解决的问题。

确定了问题之后,接下来要确定的是我们的观点。有人也许会有一些异议,为什么确定问题之后不是分析问题而是直接到了结论,这涉及了推理和论证的区别。在绝大多数的情况下,可以将推理和论证混着使用,不必在意它们之间的细微差别。但是,在本部分可以区分一下。推理过程是一个思考过程,它意味着你从前提推导出结论,在这个过程中,你的思维顺序是:

前提——→结论

而论证过程是一个呈现过程,是一个向对方呈现你思维的过程,它意味着你先亮出你的结论,然后再举出支撑这个结论的观点,在这个过程中,你的思维顺序是:

结论←——前提

推理和论证本质上并没有什么不同,组成要素也都是一样的,但是顺序不同。在推理中,由前提到结论是一个正向的顺序;在论证中,由结论再到前提是一个逆向的顺序。推理强调的是前提,论证强调的是结论。我们在此处想要呈现给大家的是一个论证结构,这个结构更好地迎合了人们解决问题的需求。当提出了一个问题之后,我们马上就会问你对这个问题的观点是什么——也就是结论;然后当我们接受了对这个问题的观点,会继续问你为什么得出这样的结论——也就是前提是什么。这也是符合人类普遍认识规律的。

回到对范文的回应性写作上来,我们确定的**问题**是:**司法的性质和功能到底是什么?(兼回答司法判决是否需要让公众满**

意。）针对这个问题我们的**结论**是：**既要合法也要合理，司法具有双重性质和功能**。好了，我们为什么会得出这样的结论？原因是我们之前进行了主题性阅读，做了文献综述，所以你在这个部分是能够得出这样的结论的。我们在这里再次提及主题性阅读以及结论的来源，是想让大家明白，一切都来源于文献（至少对于文科是如此，理科有一部分还来源于实验）。文献阅读质量和理解的深度直接影响你在构思篇中对于问题的提炼，对于结论的认识以及对前提的总结。

再次回到回应范文的写作上来，我们确定的**问题**是：**司法的性质和功能到底是什么？（兼回答司法判决是否需要让公众满意。）**针对这个问题我们的**结论**是：**既要合法也要合理，司法具有双重性质和功能**。好了，现在要探讨的问题是，我们为什么得出这样的结论？我们有什么证据？我们的证据是从哪里来的？

我们的证据就是我们在阅读过程中积累到的知识，筛选到的信息。为了反驳范文中的观点，我们先后搜集到了几方面的论据（前提）：（1）对于司法的性质有不同的理解，司法不仅仅是一种国家权力，它更是一种来源于社会的社会权力；（2）司法的功能多元化，不仅仅包含裁判权，还包含社会服务；（3）司法的效果不能只停留在追求法律效果而不顾社会效果，应当实现两者的均衡。当然，这些依据也是分论点，也会有论据（前提）对这些分论点进行支持。通过上述分析，能够很清晰地看出为了反驳范文中的观点，我们确立了自己的论证结构，为了使这个论证结构更加地一目了然，我们用表 3.2 的方式将其呈现出来：

表 3.2　示例论证结构总结

问题	结论	依据 （也是分论点）	分论点的依据
司法的性质和功能到底是什么？（兼回答司法判决是否需要让公众满意。）	既要合法也要合理，司法具有双重性质和功能。	司法不仅仅是一种国家权力，它更是一种来源于社会的社会权力。	1. 司法最初是作为一项社会权力出现和存在的 2. 司法的社会属性并未丧失 3. 我国不是三权分立国家
		司法的功能多元化，不仅仅包含裁判权，还包含社会服务。	1. 司法是以纠纷存在为前提，司法依赖社会力量 2. 司法是公民控制国家权力的工具 3. 司法的社会参与性与公开性都很高
		司法的效果不能只停留在追求法律效果而不顾社会效果，应当实现两者的均衡。	1. 不能知识专横（人定恶以及标准随意） 2. 司法的最终合理性来源于民众认可（要考虑常识、常理和常情） 3. 法律赋予法官权力均衡两种利益

我们将表 3.2 变换成一个论证的结构图，如图 3.2 所示。

这个图看起来是不是有点眼熟？对！它与分析性（批判性）阅读思维导图（图 2.4）是一样的。也就是说，你作为作者在写作的时候需要形成一个论证框架，这个论证框架其实就是读者在对你的文章进行批判性阅读识别出来的论证结构，你的论证框架和读者阅读之后形成的批判性阅读的思维导图应该是一样的。你在阅读别人文章的时候都提取出来了哪些元素，自己在写文章的

232　批判性思维与写作

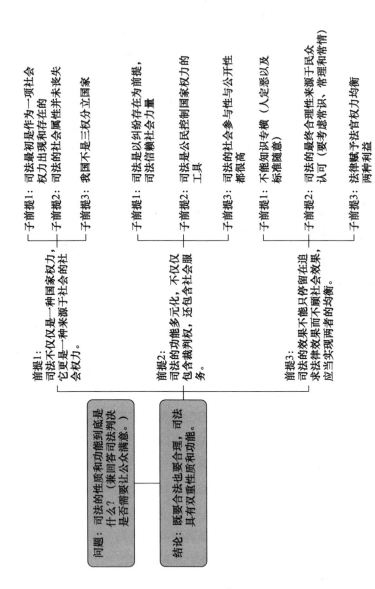

图 3.2　示例论证结构图

时候一样不少也都需要具备。①

以上仅用例证②说明批判性写作需要在正式写作之前有一个非常明晰的论证结构，而这个结构来自之前的主题性阅读和文献综述。新手最好将论证结构用图表或者思维导图的方式呈现出来，这样一方面可以固定自己的研究成果，防止日后对某些问题的认识淡化或者遗忘；另一方面还可以固定自己的论证思路，防止在写作的过程中跑偏。

（三）写作框架（提纲）：
提出问题—分析问题—解决问题

写作框架与论证框架既有相同之处也有不同之处。相同之处在于写作框架离不开论证框架，其最核心的部分仍然是论证，这体现在其分析问题的部分。不同之处在于：

第一，写作框架是一个呈现思路，即为了写作服务，将作者的论证思路更好地呈现出来，写作框架一定是包含论证框架在内的，只不过为了更好地服务于写作，为了更好地让读者和受众理

---

① 再次重申，书中用司法的性质和功能作为例子并提炼论证框架只是为了举例说明写作方面的知识，至于司法的性质和功能的争论，请读者继续阅读大量的专业文献并进行深入思考，本书并不意图展示作者对这个问题的看法，以及该例子的学理性和正确性，也无意卷入目前关于司法的性质和功能的争论之中。
② 仍需要指出的是，这个例证只是为了说明，并没有过分追求权威性和学术性，因此也不能保证权威性和学术性。只是希望读者通过这个例子对论证结构的表现形式、来源、形成过程以及其重要性有一个基本的了解。

解，写作框架是有其特定的呈现方式的。有时候，新手会将写作框架和论证框架混淆，这两种思路还是有很大不同的，这首先就体现在目标上和服务对象上。

第二，相对于写作框架而言，论证框架是"干货"，写作框架则除了"干货"之外还包含一些便于读者理解和叙事展开的"湿货"。写作框架最终是要形成一篇文章的，一篇文章不能仅将论证框架摆在上面让读者自己理解，要交代清楚这个论证框架存在的起因、经过和结果。

写作框架和论证框架的关系有点像饺子和饺子馅的关系，写作框架是饺子，论证框架是饺子馅。饺子馅最终成为饺子还需要用饺子皮包上。

第三，写作框架是以问题的提出和解决为思路，贯穿于这个问题的提出到解决的全过程。论证主要被包含在分析问题的环节中，它是解决问题的前提。论证框架关心的则是前提、结论以及二者之间的推理关系，虽然论证框架也是由问题引导的，但是论证框架更多的是关注逻辑上的闭环和自洽，这是解决问题的技术模块。写作框架是以问题的解决为主线，但是问题的解决离不开论证。因此，写作框架包含论证，即将论证框架融入其对问题的解决中。

第四，写作框架更多的是上文描述的"推理"过程，即由前提到结论。这是因为写作是为了向读者呈现这个问题的来龙去脉，用正向呈现的方式比较符合读者的认知。而论证框架更多的是一个"论证"过程，即由结论到前提，因为我们在论证的时候先交代观点再给出支撑的前提容易吸引听众。当然这只是一个常规的操作，经验老到的成手是可以在不同的表达方式中自由切换的。

我们已经将写作框架和论证框架之间的关系阐述清楚，本部分将围绕写作框架进行介绍，为的是向同学们说明论证是怎样为写作服务的，同时一个良好的论证也只有依托一个良好的写作框架才能发挥更好的作用。尽管我们之前已经说明，但是在此处还是再一次重申：（1）写作框架是为写作服务的，目的是更好地向读者和受众说明问题和整个过程。因此，它与纯粹的论证框架是不一样的。（2）写作框架是以问题为主线串起来的，而论证框架则是由问题引导的，论证框架的核心仍然是前提、结论和推理。（3）写作框架的基本展开逻辑是：提出问题—分析问题—解决问题。接下来我们会一一介绍这几个部分。

1. 提出问题

之前已经清晰地界定了，我们提出的是一个 problem 式的问题，这只是对问题的基本要求，我们的问题还需要满足以下几方面的要求：

（1）问题应当是一个理论问题

虽然我们开启的很多研究都是由于我们对很多现象级别的"问题"产生了浓厚的兴趣，在这个现象级别的"问题"引导下开始了我们的研究，试图找到这个现象级别"问题"的理论本质并分析其原因。但是，我们必须意识到的是现象级别的"问题"只是敲门砖，它是引导你走向理论层面上的"问题"的"领路人"。比如，当有人问你为什么在股东大会上两个人表决是不够的？这是一个现象级别的问题。你说："哦，这实际上是一个股东表决机制的问题，这样表决会导致失衡。"这就完成了一个从现象级别问题到理论层面上问题的转变，也就是你看到了这个表面现象——两个人表决背后的本质问题是股东表决机制的失衡问题。再比如，你可能会问，为什么机动车与行人相撞，机动车总要承担一定的责任？那是因为《中华人民共和国道路交通安全法》出于保护弱者利益的考量将交通事故中机动车一方的责任从过错责任修改成了严格责任。你看到的是一个现象（机动车总是有一定的责任比例要承担）；你透过现象发现的理论上的问题是机动车承担责任方式的问题。最好的例子莫过于我们书中的范文，作者针对一个现象级别的问题——"大学生掏鸟窝"被判10年引发的公众不满，从理论层面上——司法的单一性质和功能层面回应了这个现象级别的问题；等到我们自己写作的时候着重探讨司法的双重性质和功能，这样我们就完成了从一个现象级别的问题——"大学生掏鸟窝"被判10年引发公众不满上升到一个理论级别的问题——司法的性质与功能（无论是单一性质还是双重性质视角都是理论分析）。所以，当你想要探讨问题的时候，不可能停留在现象级别的问题上去探讨，肯定要过渡到引起这些现象问题背后的理论问题，如：股东表决机制问题、机动车责任承担问题以及本书中的司法的性质与功能问题去探讨。

（2）问题应当是一个专业问题

问题应当是一个专业问题，也就是说能够让你结合具体的专业知识进行解答。有些人提出了一个能广泛涉及各个学科的问题但同时又没有限制讨论的角度。这样，讨论就容易跑偏。比如少年犯的问题，从法学角度可以研究，从社会管理角度可以研究，从心理学角度可以研究等。批判性思维要求我们依据知识来进行判断，而本书面向的群体是大学生，大学生是有专业的，大学是专才教育环节，每个人都有属于自己专业的知识体系或者正在培养这套体系。上大学的目的就是想让同学们对这个问题作出属于自己专业的判断。因此,你需要审视一下你提出的问题是否是一个属于你们专业的问题或者能够从你的专业角度给出一种答案。比如,在法学领域中,很多人讨论中国的有期徒刑设置得有问题,但是纷纷扰扰也一直没有给出一致的判断标准。这时候有经济学家从经济学角度给出了一个结论(注意,只是经济学视角的观察,并不是压倒一切的定论)——有期徒刑应当根据制止犯罪的成本来决定。没错,经济学家从成本和收益的角度来判断这个问题。这就让人们看出了,不同学科之间看问题的角度是不同的。因此,要确保你提出的问题是你自己擅长且有能力解决的。值得注意的是,现代大学生所具备的专业能力其实并不见得只局限在所学的专业领域。由于社会和教育的主导思想是引导学生具备"跳出盒子"① 的综合能力,很多学生其实也同时兼具其他领域的知识。要知道发明大气式蒸汽机的纽科门(Thomas Newcomen)其实是一位铁匠兼传教士。

(3)问题应当是一个兼具理论和实践研究价值的问题

正如苏格拉底说过的那样:"未经审视的人生,是不值得过的"。未经审视过的"问题"也是不值得研究的。我们要确保所探讨和研究的问题是值得我们花时间和精力去投入的,且不说我们的时间、精力和脑力都是很宝贵的资源,单纯从研究问题的角度来说,我们研究的东西也应当是具有意义的,而不是一些无聊

---

① 由于大学采取分学科培养的方式,很多学生只具有本学科的专业知识,对其他的学科并不熟悉,但是对问题解决而言,有时需要的可能是跨学科或者综合性的知识。因此有人主张大学生要"跳出盒子"思考,指的是跳出自己的专业知识框架,对问题进行全方位、综合性的思考。在这种教育思想的引导下,很多学生会选择辅修或者自修很多其他专业的知识。

的、低俗的或者没有任何正面效应的问题。这应当从问题本身所具有的"理论价值"和"实践价值"来考量。

比如范文中的观点就非常具有探讨价值。范文一开始就指出公众对"大学生掏鸟窝"案判决产生了强烈的异议,很多人主张司法判决要合乎情理;范文作者不同意这个观点,主张司法判决要合乎法理。这就产生了一个冲突、矛盾——司法判决到底要合乎情理还是要合乎法理?这个问题需要上升到一个理论层面来探讨,这便涉及司法的性质和功能。当今的司法理论在这个问题上也确实没有给出确定的答案,所以这个问题的探讨在理论上是具有研究价值的。此外,不可否认的是,无论范文怎样强调司法判决的法理性质,都不能否认一项判决是肯定会产生社会效果的。如果中国总是发生在法律上是合法的但在社会生活中又与人们的预期相差太远的司法判决,也说明法律和社会存在割裂,法律精英群体和社会大众之间存在分歧,这甚至会阻碍法治国家的建设。因此,在这种背景下进一步研究司法的性质也是极具现实意义的。

(4)问题应当是一个"真"问题

有时候我们生活中充斥着很多"伪问题",这些问题不仅没有意义、很无聊,还会引出很多事端。比如在青年情侣中经常流传的——我和你妈掉进水里,你先救哪个?这种问题被我称为破坏和谐的无聊问题,它本身也不是一个问题。一个男人不是要从老婆和老妈之间选择一个,而是要学会怎样处理老婆和老妈之间的关系。老婆和老妈之间不是用来取舍的,而是用来均衡的,学会处理这两个女人之间的关系也是一个男人成熟的标志。同样,大学生活和学习中也存在这样的"伪问题"。比如,我跟一个学生说:"你要好好学习。"这个沉迷于小资情调的学生给我的回复是:"我要活在当下。"这是一个伪问题,本身这两者就不矛盾,而且大学生一定要三观端正,学习是自己的本职工作,学习之外可以开展一些生活方面的活动,但不可以因为其他事项偏废学习,因为学习本身也是活在当下的一种方式。其实,这种类型的学生多数是为自己的"懒惰"找借口,于是就在跟我的对话中人为制造了一些矛盾冲突以及"伪问题"。

这种"伪问题"也会发生在学术研究上,比如我的学生在选题的时候选择了"最密切联系原则的韩日立法思路及对我国的启示"。对于最密切联系原则我是很了解的,这个原则最早起源于美国,后被欧洲借鉴立法。所以,世界上两大成熟的且有所不同的具有比较意义的立法研究是欧洲和美国的模式,而非韩日模式,韩日只不过是对这两种模式的复制。所以,这个具有迷惑性的选题看起来具有问题意识,看起来也具有研究价值,但是内行人一看就知道没有触及这个问题的核心本质——欧美模式。

回到论文写作框架的第一部分——提出问题,我们已经介绍了应当提出一个什么样的问题,接下来需要在提纲中将这个问题提纲挈领地表述出来。由于上文指出"问题"是具有一定的特征的,比如是个真问题,理论问题、具有理论价值和实践价值等,这些你都需要在提出问题环节将其尽可能地表述出来,要向别人证明这是一个"问题",是一个符合上述要求的"问题"。

由于提纲只是一个写作的框架,并不要求具体展开,我们通常会指导学生按照四级标题的方式进行撰写和起草,也就是说,你只需要将你写作的纲要(标题)列举出来就行。比如针对范文中的观点,我们提出了一个问题——司法的性质是什么?功能又是什么?这是我们要解决的问题。在撰写提出问题部分,我们需要交代问题的缘起,对这个问题不同的看法以证明人们对这个问题的看法有争议，说明这个问题是个需要解决的问题；还需要交代这个问题的研究价值即理论意义和现实意义。当然，上面所有对这个问题的探讨都应当集中在一定的学科框架之内，即具有特定专业视角。再比如，针对一起杀人案，控辩双方的立场不同，控方认为犯罪嫌疑人实施了故意杀人行为，构成故意杀人罪。辩方却认为犯罪嫌疑人是正当防卫，不构成故意杀人罪。假如你是犯罪嫌疑人的代理人，你需要证明犯罪嫌疑人是无罪的，是正当防卫，那么你和控方之间就对一个问题——犯罪嫌疑人是否构成故意杀人罪产生了分歧。在提出问题的层面，你需要指出这个问题产生的背景、过程以及一些细节来表明你和对方关于这个问题认识的基本分歧。当然，这只是提出问题的环节，比较概括，更多的细节，尤其是完成对犯罪嫌疑人的无罪辩护（也就是证明他是正当防卫）需要在分析问题的环节来实现。否则就会造成提出问题和分析问题两部分的粘连。

2. 分析问题

我们之前已经非常细致地解读过什么是分析，其中"分"是指将事物进行拆分，即将事物和对象由整体分解成各个部分的过程。析是指考查。放在一起，分析可以被理解为将事物进行分解并对它们进行考查的过程。这里必须指出的是，对事物的分和析都不是随意的，是要符合事物本身的规律和要求的。分析部分就是针对提出问题部分所提出的问题以及给出的观点提供自己的理由，也就是分析部分主要是陈述论证结构中的前提部分，我们也叫作给出理由或者依据。这部分需要详细地介绍你在第一部分提出的问题的原因是什么。要记得，这里给出的原因是理论上的原理的体现，而非想到哪儿说到哪儿，对于一些看法的简单罗列。

比如，律师在写代理意见的时候——还是以上文的那个故意杀人罪案件为例，控方认为犯罪嫌疑人构成故意杀人罪，在分析问题的环节，控方必须利用的就是理论上认定故意杀人罪的四个构成要件：(1) 主体，(2) 主观方面，(3) 客观方面以及(4) 客体。而你作为犯罪嫌疑人的代理律师势必要用到理论上关于正当防卫的构成要件：(1) 正当防卫所针对的，必须是不法侵害；(2) 必须是在不法侵害正在进行的时候；(3) 正当防卫所针对的必须是不法侵害人；(4) 正当防卫不能超越一定限度。通过这个例子，你能看到控方把犯罪嫌疑人构成故意杀人罪这个问题拆分成四个部分来进行论证；辩方把犯罪嫌疑人不构成故意杀人罪而是正当防卫也拆成四个方面来给出原因，这些原因都不是你主观想象的，而是理论、原理、本质化的规律要求你遵循这样的思路给出原因。这也是为什么我们说批判性思维也好，论证也好，其本质都是用知识解决问题，而不是主观的想象和臆断。

同样，我们对范文中的观点也要站在理论的制高点上进行审视。首先，范文作者认为司法仅具有国家权力的单一属性。这时候我们需要指出，司法从最开始出现就具有社会权力的属性，至今仍是如此。因此，作者认为的司法仅具有国家权力的单一属性是有失偏颇的。其次，范文作者认为司法最主要的功能是裁判案件，依法裁判是司法最重要的形式要素。这时候我们需要指出，司法来源于社会、依赖社会，司法不仅要依据法律裁判案件，同时兼具服务社会的功能。最后，范文作者认为司法的形式要件最为重要，只要满足依法裁判，司法可以不用顾及社会效果。这时候我们需要指出的是，司法不仅要达到法律效果，还要兼顾社会效果，这是由司法的双重性质和功能决定的。综上，我们从司法二元模式（司法的双重属性和功能理论）出发对范文作者的观点提出质疑和反驳。

这样,我们通过两个例子将分析问题解释给大家,希望大家能够理解:(1)分析问题其实是论证框架中的给出前提、理由、依据的部分,为的是解释提出问题部分指出的"问题"产生的原因。(2)分析问题必须是在问题的上一个层面上进行分析,而不能在问题本身这个层面就事论事(分析问题必须具有理论深度)。比如我们分析×××是否构成故意杀人罪的时候,必须在故意杀人罪的上一层原理——构成要件并在此基础上来看待这个问题;比如我们在分析范文作者对于司法单一的国家权力属性这个观点时,就必须来到司法的性质到底是什么这个层面来审视作者的观点。通常情况下,分析问题是极具理论性的,学术论文的分析问题部分能够见证一个人的理论功底。也就是说,你在分析问题部分给出的理由越具有学术性、知识性、条理性、系统性以及本质性,就代表着你对这个问题的理解越深刻、越具有洞察力。同样是针对×××是否构成故意杀人罪,一个没有法律思维和知识的路人,可能会直接认为×××是杀人犯,因为我看到他手里有凶器,并且受害人倒在了血泊之中,这就是普通人对这个问题的看法。稍有一些法律思维和知识的人可能并不因为犯罪嫌疑人手中持有凶器,受害人倒在血泊中这两样"事实"就得出×××是杀人犯这样的结论。他可能还会按照法律规定的四个要件来审视这个人是否构成故意杀人罪,比如犯罪嫌疑人年仅11周岁,并不满足故意杀人罪对于主体的要求,即便他实施了杀人行为,主观上也是故意,也没有办法认定其构成故意杀人罪。这就是一个法律人的思维,他是从法律规定的角度来审视面前这个犯罪嫌疑人是否构成故意杀人罪。再往前进一步,假设这个犯罪嫌疑人的年龄符合法律规定，也实施了故意杀人行为，被害人也确实受伤死亡，那么是否×××一定就构成故意杀人罪？也不尽然，也许是受害人故意挑衅、威胁导致犯罪嫌疑人出于正当防卫将受害人打死，这些因素又能够帮犯罪嫌疑人洗清罪名。所以，针对×××是否是杀人犯这个问题——普通人、有一些法律思维的人、对案情有深入了解并试图帮犯罪嫌疑人洗清罪名的人给出的理由都是不一样的。无论怎样，理性的、能够被大家所接受和信服的理由都是构建在专业知识、原理基础上的。(3) 分析问题过程是一个拆解成要素并逐一考查的过程，这在上文都有所描述，不再赘述了。

3. 解决问题

我们在第一部分提出了问题，又在第二部分给出了这个问题的原因即论证中的前提，顺着这个逻辑思路就来到了第三部分——解决问题的部分。有了之前对问题的阐述和对原因的分析，那么第三部分解决问题部分主要就是形成对问题的结论以及在结论基础上提出对问题的解决方案。需要注意的是第三部分需要阐明两个方面的问题：（1）结论，这是针对论证结构中的前提而言的，在一番推理之后，总要有一个结论的；（2）解决问题的方法，这是针对写作结构中的"问题"而言的，那么费劲地提出了问题，又在理论层面对这个问题进行了深刻的分析，自然要给出解决问题的方案，这是第三部分的主要内容。结论和解决方案是相互联系的，结论是解决方案的前提，解决方案是构建在推理的结论基础上的。但是对于很多问题而言，可能并不需要解决方案，直接给出结论就可以了，因此有时候结论和解决方案又可以合二为一。

比如在之前的×××故意杀人罪的案件中，当控方从故意杀人罪的四个构成要件——主体、主观方面、客观方面、客体论证结束之后，结论就是×××构成故意杀人罪。如果论证是成立的，结论也就是可靠的，那么在这个结论基础上，接下来就是这个故意杀人罪的犯罪嫌疑人×××应当被处以无期徒刑或者死刑，这就是解决问题的方案。但是在这篇针对范文进行反驳的文章中，我们对范文作者的观点进行回应和反驳，论证结束之后就是我们的结论——现代意义上的司法应当是兼顾国家权力和社会权力的双重属性；具有裁判权和社会服务双重功能；并要平衡裁决的法律效果和社会效果。至此，我们这篇文章的主要目的就完成了。因此，在此类情况下，结论就是解决问题，解决问题就是得出了结论。通常，需要有独立解决方案的问题应当是一个可操作的实践问题，允许将论证的结论运用在该具体实践问题操作之中。没有解决方案的问题应当是一个观点型和理论型的问题，作者只要得出结论就意味着对这个问题研究的终结。至于后续人们是否利用该作者得出的结论解决实践问题则是另一个环节的问题了。比如针对我们这个问题其实还可以另外写一篇文章，即怎样依据我们提出的司法的双重性质和功能重塑当今的司法体系。

从上述对于写作框架的描述，我们可以看出，写作框架的逻辑基本上如图3.3所示。

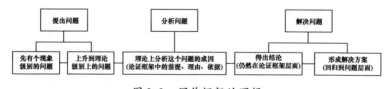

图3.3 写作框架的逻辑

这样我们就完成了对提纲的认识和表达。当然上述描述是对一个标准的、范式性的写作框架展开的介绍，这对初学者非常有利。但是，我们经常能够看到一个成熟的写手其实是很容易在这几个部分中自由穿行的，或者将几个不同的写作框架叠加起来形成一个复杂的写作结构，这需要有写作功力才能实现。另外一点需要注意的是，这三个部分也不见得必然就是要各自成为一个独立的部分并且泾渭分明的，有时候提出问题和分析问题可以放在一起，因为提出的问题过于单薄不能独立成章，或者提出的问题过于细碎、条块多，也可以一个一个问题地提，提出一个分析一个。有时候分析问题和结论也可以放在一起，也是由于结论部分的文字单薄得不能独立成章（文字单薄并不代表论证单薄），这时候将这两个部分融合在一起也是可以的。无论怎样安排写作结构，都是出于表达的需要和便于读者更好理解的目的。但无论怎样表达，都可以让人看到一个清晰的提出问题—分析问题—解决问题的框架，否则这篇论文的写作结构就是混乱的，读者也会产生阅读障碍，进而不能理解你的想法，最终使你想要通过写作表达自己想法的目的落空。

我们一定要重视写作结构的问题，因为写作不仅是内容好就可以了，写作包括三个方面的要素：内容、结构和风格。内容早在我们做主题性阅读和文献综述的时候就已经积累完毕了，剩下的就是需要以什么样的结构和风格将我们心中想法和积累的知识表达出来，无论是论证框架还是写作框架都是一种固定我们思维的结构。相比于写作框架，论证框架的变化较少，它受制于论证的三个要素：前提、结论和推理。因此这个框架好理解，也不太容易发生复杂的变形。但是写作框架就复杂一些，一方面是写作框架本身不仅要将论证框架融入进去，还要在问题这个层面来进行写作，而不是单纯围绕论证框架来写。这就要求写作者对问题这个线索、论证这个线索有很好的区分和辨别能力，同时还要知道它们在哪些地方是勾连在一起的。另外一方面是写作框架富于变化，虽然我们讲解了一个基本的提出问题—分析问题—解决问题的逻辑顺序，但是这个只是最基本的形态，根据所解决问题的复杂程度、组成状态、对这个问题分析的复杂程度、结论和论证之间的关系以及是否有建立在结论之上的解决方案等写作框架会幻化出很多不同的变形，这对于初学者是非常难掌握的。同时，写作框架的展开逻辑和论证框架的展开逻辑既有不同又互相勾连，这无疑也会加重初学者理解上的负担。

但不管怎样，写作框架是写作方面的结构要素，是必须要有的，否则即便你的内容再好，也没有办法让读者明白。良好的结构能够固定内容，明确写作内容的条理，使作者掌握的内容能够更清晰地呈现出来，从而消除写作者和读者之间的信息不对称。结构安排不好的后果非常严重，哪怕作者的内容很丰富，很充实，但是由于结构不够清晰，读者并不能理解和跟上作者的节奏，因此也就给交流带来了巨大的障碍。在正式写作之前，花一点精力将自己的论证结构和写作结构梳理出来，之后的写作过程会顺畅很多。

我们再把这一节的内容小结一下。构思篇是一个承上启下的环节，它是之前文献篇的一个结果，看了那么多文献，进行了主题性阅读和文献综述之后，你发现自己研究的这个领域有很多问题，你也产生了自己围绕某个问题展开研究的想法，并且有了初步的问题意识和解决问题的进路。这些想法都是模糊的，存在于你的大脑里、阅读笔记里、阅读心得里。但是，记住，这时候这些想法只是想法，不系统、不完整，也不周延，距离跟别人形成（读者或听众）完整、体系、条理化并且具有说服力的交流还相差一段很遥远的距离。这时候头脑中的想法是碎片的，也是大量的，而且还容易遗忘。保护和保存你主题性阅读成果的最好的方式就是继续思考直至最终把它们表达出来，落实在纸面上。经常写作的人都知道，从一个想法到一篇成熟文章的距离是非常遥远、漫长以及坎坷的。这个过程就好比你想制作一个宇宙飞船来登月，但你目前手里只有一堆零件。或者说得简单和生活化一点，你要宴请宾客做一桌宴席，现在你的手里只有一堆食材。这时候你需要对着这堆食材进行思考，这些食材能做一些什么？比如猪肉可以做成红烧肉、锅包肉，还可以做肉炒青菜等。但是切记，你现在是个新手，你并不知道这些菜肴是怎么做出来的。所以，你不仅要思考这些东西能做出什么，同时还要学习怎么做（也就是学习做饭的手艺）。在做的过程中，你可能随时会发现缺东少西的，你还需要补充新的食材或者调料，比如八角、酱油一类的。做着做着你发现你的顺序错了，某样东西量放错了，比如盐多了，或者糖和醋的比例不对等。我们用这个做菜肴的例子仅是用来说明你现在的处境，作为一个新手，你现在只有一堆食材。只不过，如果你是严格按照我们之前讲授的方法检索了材料并进行了批判性阅读和主题阅读的话，你手中的这堆食材应该看上去质量还不错。

完成了文献的工作，你需要进入到思考和构思阶段，这个阶段是你将你手头资料和信息进行整合加工的初步过程。如果还是用上文做菜的例子形容的话，你对摆在面前的这堆食材已经有了大概的分类方法：哪一些用来做素菜以及几个素菜，都是什么；哪些用来做肉菜以及哪些肉菜。按照这样的思路你至少大致将手中的食材做了初步的整理和归类。但是，你之所以能够将这些食材分类是因为头脑中有了大致的观念和思路，你是按照一定的想法采取的行动。

　　同理，对于信息的加工也是如此。在写作的构思篇当中，最核心的就是你需要有一个"问题"，你从大量的文献中了解了这个主题研究的现状，你敏锐地发现了有一个问题目前没有答案或者这个答案不理想，你能够得出更好的结论并推动人们（或者你的专业同仁）对这个问题的认识。然后围绕这个问题你试着提出解决方案，但是这个解决方案的得出是很不容易的，你需要论证你这个解决方案是能够解决这个问题的，并且是逻辑自洽的。于是你开始上升到理论层面研究这个问题的原理，找到解决这个问题的理论逻辑。当你在理论层面上解决了这个问题之后，这个问题的解决方案基本也就固定下来了。这时候，你需要赶紧将你的原理层面的——论证框架和表达层面的——写作框架固定下来，这样也就将盘旋在你头脑中的想法固定了下来。

　　论证框架和写作框架既有不同又互相勾连，论证框架是解决手头问题的原理层面的探讨，而写作框架则是将这个原理层面的论证框架结合问题的提出与解决以适合读者理解的方式表达出来。这是一篇文章的结构，结构能固定内容，能够帮助内容以更好的、更容易获得理解的方式呈现出来。我们经常能够看到很多人学富五车，但是就是说不明白，那说明他表达结构安排得不好，不能让听众理解他的"学富五车"，这对于一个人来说是一件很悲哀的事情，就好像你有嘴，但是却不会说话一样。

　　完成了构思篇，你手中已经有了论证框架和写作框架，这时候你就剩最后一道关卡了——把它们写出来，按照一篇文章的语言要求、结构要求表达出来。还用做菜来比喻，你已经知道面前的这堆食材应当怎么处理并且将它们一份一份地分开并有序地组织起来，下一步就是开始动手炒菜了。而你也要开始动手写作了，写作也是一个技术活，跟炒菜一样，需要控制节奏、先后顺序、食材数量、佐料的添加以及火候的掌握……但无论如何，你已经有了动手尝试的资格。

很多时候，我们的同学没有经过严格的构思就匆匆动笔了，效果非常不好。你想想，面前的这堆食材还没有进行分割、组织和重构……你就开始炒菜了，你也并不知道要做出的是什么菜，只是在需要的时候随意在你的食材堆里抓一把放在锅里，没有章法，没有顺序，没有佐料，更没有火候，这样做出来的东西都是"四不像"。很多时候，摆在我面前的外审的硕博论文都是这种状态，那么为什么会出现这种状况？

我分析的原因是：一方面没有人教，因此学生也不太会构思，也就是说大脑不会思考；另一方面就是人性上的原因了，你虽然不会，但是你可以学啊，自学，寻求他人帮助都可以，但是为什么没有呢？原因是动脑是一个特别累的活儿，深度的思考是一个要比体力劳动还折磨人并且还不容易看到效果和容易产生挫败感的活动。从人类的本性来看，人们都是偏懒惰的，有容易的工作就不爱做有难度的工作；有能很快获得满足感的工作就不愿意从事那些成就感和满足感滞后的工作。因此，构思这种深度的脑力劳动其实是不受人"待见"的。但是，正像你的肌肉不锻炼就不会发达，你的大脑不锻炼也不会发达。而锻炼大脑的最好的方式就是让它思考，遵循一定的思维训练方式不断地进行思考，久而久之，你的大脑就会灵光好用，就会很容易完成你交给它的"思考任务"并作出反馈。这就像你每天都锻炼身体，一旦学校有运动会，你很容易就能完成一个400米跑甚至是马拉松。说了这么多，还是想强调构思的重要性，确定论证框架和写作框架是真正写作的前提，不要偷懒，要多锻炼自己的大脑。

在构思篇中，你需要捋清几条线索并明白它们之间的关系：首先是问题线索，所有的研究都是以问题开启的。没有问题，所有后续的东西都是装腔作势。所以，我们要善于发现问题，问题是一切的根本。至于问题是怎么获得的，之前已经说得很清楚了，就不再赘述。其次是论证线索，这是解决问题的原理层面的探讨，问题不能在其产生的层面被解决，我们必须上升到上一层面或者原理层面去看待和审视这个问题。比如你的汽车打不着火，你需要反思的是这个点火的系统在哪里出现了问题。比如你这次期末考试考的分数不好，你不能就看自己丢了几分，你需要反思的是自己为什么答错了？没读懂题？没掌握答题方法？没掌握基础知识？比如你和你室友的关系不好，你觉得她过于霸道，总是对你颐指气使，如果你只是停留在这个问题本身，没有意义，你需要反思她为什么对我这样？是我的过于温和的态度导致她对我这样吗？她为什么不敢对别人这样？这时候你就在上一层逻辑——"每个人对待不同人的态度是不同的"，同时"别人对待你的态度其实是由你对待她的态度决定的"这个原理层面思考问题。同理，对于我们手头的学术或者专业问题也是这样的思考方法，你需要来到这个问题产生的根源层面、理论层面、原理层面去窥探这个问题产生的原因。最后是写作线索（表达），如果说论证线索还是你自己跟自己的大脑不断地在交流和对话，那么写作和表达线索则是你需要将自己的想法讲给外界听，让他们明白你对这个问题的思考。把一个事情讲给外面的人听是一个很困难的事情，因为听众会因为信息不对称和认识不对称对你研究的问题存在理解障碍。你的写作和表达必须符合听众对于认识事物的要求才能吸引他们的目光，引导他们继续读下去或者听下去。所谓的信息不对称是指你的听众并没有像你一样对这个问题进行过潜心的阅读和研究,你知道的很多信息和内容他们不了解;所谓认识不对称,是指你的受众对你研究内容的认识层面一定是比你低的,很多专业的东西他是认识不上去的,而对你来说这些都是小菜一碟,刻进骨头里的。比如,像我在给大家介绍写作的过程时,我需要从你们的认知层面出发一点一点地拨开这个迷雾,而不能从我的认知层面出发,那样你们是看不懂的。有时候,会有学生反映他们听不懂某些老师上课,那是因为这位老师没有从学生的认知层面安排授课内容,而误以为这些简单的内容、学科基本的思维是不用讲的,是不言而喻的,是谁都明白的。所以,写作线索是一条独立的线索,需要耐心地研究,尤其是站在受众的角度琢磨写作的结构和安排。

图 3.4 写作、论证与问题的交织和勾连

批判性写作之所以很困难是因为上述三条线索你不仅要能区分开,你还要知道它们在某些情况下是交织和勾连在一起的(如图 3.4),并且要知道它们的结合是有规律的而不是随随便便想怎样就怎样的。一个好的、熟练的写作者能够很好地处理这三条线索之间的关系,并且在表达它们的时候处理得很得体和恰到好处。最后总结一句,问题的发现和将其解决的渴望是最根本的,没有这个"根本",后续的所有工作都是徒劳也是没有任何效果的(也就是我说的"装腔作势"的研究);论证线索是在原理层

面将问题分析透彻、找到原因、形成结论——这是我们解决问题的技术手段;写作线索或者表达线索是将问题线索和论证线索有机结合在一起讲给别人听,写给别人看。让别人明白这个问题以及问题解决的思路,并且感慨于你的专业素养——能够在专业论证的角度将这个问题解决!

三 写作篇

（一）标题写作

标题是论文的眉目。各类论文的标题，样式虽多，但不管何种形式，主旨都是体现作者的写作意图、文章的主旨。论文的标题一般分为总标题、副标题、分标题几种。每一种类型的标题由于其功能不太一样，所以表现形式和手法也不一样。

1. 总标题写作

（1）文章的总标题都包含些什么？

文章的总标题就是论文的名字，非常重要。我们先来看一下，人们通常将哪些内容放在总标题里表述，也就是文章的总标题通常都表述哪些内容。通常情况下，我们发现文章的总标题会涵盖以下几方面的内容：

① 研究对象。

通常文章的总标题会将研究对象放入其中，比如《欧共体的经济政策》《诉讼时效研究》《法治中国》等这一类标题。如果在中国知网上检索，会发现这类标题特别多。范文的名字如果起成《司法的性质和功能》也属于这种命名方式。如果仅单纯指出研究对象，你就会发现这类标题其实是不清晰的，看不出作者要研究的问题是什么,如非十分感兴趣,你很难有动力去翻开这样的文章进行阅读。

② 研究结果。

有的作者喜欢"剧透",在文章的总标题中很明确地告诉读者他的研究结果是什么。比如在新冠疫情期间有文章名为《艾滋病药物能提升新冠肺炎患者的治愈率》,这就是将研究结果放在标题里。这种标题对于吸引相关人士阅读是很有帮助的,但是学术论文以及专业研究的文章不建议采用这种方式,因为并不够严谨和沉稳。新闻标题经常采用这种方式表达,学术论文也可以适当借鉴这种方式,但是要照顾学科的特点和风格。

③ 研究目的。

还有一些作者喜欢将研究目的放在文章总标题中,如《葡萄牙市场早餐谷物中多种霉菌毒素的评估》,再比如《中国早餐构成的变化》。这类标题也比较含糊,没有披露太多的研究内容。学术论文较多地使用这种表达方式。但这种方式也不够直观,是一种比较传统的表达方式。

④ 研究方法。

还有很多学者强调他们所使用的方法并将其放在文章的总标题之中,如《最密切联系原则的欧美比较研究》,再如《犯罪低龄化的实证研究》。如果你的论文采用了比较新的或者特别的研究方法而你又想将之强化出来,这种方式是比较好的。

⑤ 研究问题。

很多学者将自己要研究的问题放在总标题之中,可以说这是一种最为直观和常见的表达方式。比如《新冠病毒可以通过空气传播吗?》或者我们手头的回应范文观点的文章的总标题也可以采取这种方式表达成《司法只具有国家权力属性吗?》。比较一下这两个标题,你会发现前一个标题是疑问句,后一个标题其实是反问句,不同的问句形式传递的信息是不同的,请大家在学习的过程中细细体会。但是也有采用陈述句的方式表达研究问题的,如《新冠病毒的传播渠道之厘清》,这就是用陈述句表达自己要研究的问题——新冠病毒的传播渠道都是什么。所以,表明研究问题其实可以采用多种句式。但请大家比较一下《新冠病毒的传播渠道之厘清》与《新冠病毒的传播渠道》是一种表述方式吗?其实不是,前者是表明研究问题的,后者是表明研究对象的。前者能够让我们看出一个问题——新冠病毒的传播渠道现在存在争议,这是作者切入的研究点;后者《新冠病毒的传播渠道》,我们看不出是否存在争议,一篇普通的科普短文也可以采用这种命名方式,而且这种命名方式容易被误认为是说明文而非议论文。

⑥ 研究观点。

研究观点是指作者将自己对问题的看法直接表达在文章总标题之中。如我之前曾经写过一篇文章《最密切联系原则的司法可控性研究》,在这篇文章中,我表达了我的观点——最密切联系原则应当具有司法可控性,针对的问题即目前最密切联系原则的司法适用是失控的。再如《企业社会责任法制化研究》,既表达了作者的观点——企业社会责任需要法制化,又表达了这个观点产生的问题基础——目前企业社会责任并没有法制化。这样的标题会给同行留下很多信息,既表达了问题,又传递了作者对这个问题的观点。

⑦ 研究背景。

从本质上说,研究背景并不是最需要表达的核心内容,但是它可以将研究的范围进行限定。所以,很多作者还是愿意将研究背景放入文章的总标题之中。比如《一带一路背景下企业社会责任研究》《后疫情时代国际格局的变迁》等。这两个标题中的"一带一路"和"后疫情时代"就是研究背景。

(2)怎样设计文章的总标题？

① 总标题呈现的内容一般不超过3~4个。

由于汉语的语言特点以及人脑认识和理解事物的特点，一般文章的标题不应该超过3~4个内容，也就是说，上文我们介绍的7个常被放入总标题的内容——研究对象、研究结果、研究目的、研究方法、研究问题、研究观点以及研究背景——是要经过筛选的，不能一股脑全部放入总标题之中。否则，这样一方面会显得非常凌乱、冗长；另一方面也会增加理解的难度。标题是需要言简意赅地表达出最为核心的思想。试想一下，如果一个标题被表述成《一带一路背景下企业社会责任对于外商投资企业走出去效能提高的作用及影响的比较研究》，你一看就会感到很头疼，感到很复杂，感到结构不清爽，进而对于阅读心生抵触情绪。这个标题包含了研究背景、研究对象、研究目的、研究问题、研究方法等多方面内容，信息是很丰富，但是效果并不理想。至于要放进去什么内容，需要结合自己的需求慎重思考一下，你若认为自己的研究主要是方法新，需要强调方法，那就把研究方法放进去；你若觉得自己的研究背景新颖，比如一带一路是最近几年比较热的研究领域，那就将研究背景放进去。说到这里，你会发现，在总标题中放入什么其实是由文章的创新点决定的。你的文章有别于其他文章的独特之处在哪里，你可能就需要在标题中将其强化出来。

② 总标题必须包含的内容。

虽然我们介绍了七项经常被放入到文章总标题里面的内容，

但是这七项内容的地位并不同,有些是很重要的,有些只起到辅助作用。那什么内容是最重要的?这需要从批判性写作的核心要素分析。通过本书之前的描述,大家能够明白一点,批判性思维是用来解决问题的,是解决问题所必须具备的一种思维。批判性思维需要采用论证的方式向受众传递观点。所以你看,这里面就出现了一些关键词,如"问题""观点"。也就是说,写作最大的目的就是为了解决问题,传递你的看法和观点。所以,在上述七项内容中,研究问题和研究观点是最重要的,它们能最大限度地向别人传递你的写作目的的核心要素。除了研究问题、研究观点之外还有别的内容是必需的吗?有,研究对象也是一个必备的内容,虽然"研究问题"和"研究观点"很重要,但是如果不阐明研究对象,研究问题和研究观点没有附着点。别人即便知道你要解决问题,也不知道你要解决的是什么对象的问题,传递的是关于什么的观点。从上述我们对于总标题的七项内容的介绍中所举的例子你就可以看出,研究对象是每个总标题都必备的内容。只是,如果你只将总标题表述为研究对象就会过于模糊,人们看不到这个研究对象出了什么问题,作者对这个研究对象的这个问题有何看法。

  所以,从我多年的研究经验和对文章的标题观察,研究对象、研究问题和研究观点是三项必不可少的内容,无论其他内容是否提及,这三项内容是必须放入总标题的,否则你就没能成功通过总标题向读者传递文章的核心信息。比如《最密切联系原则司法可控性研究》这个标题中,最密切联系原则是研究对象,司法可控性是研究的观点。这个标题中没出现问题,但是可控性这个词就暗指最密切联系原则的司法是不可控的这个问题,因此这个标题也表达了问题。再如,你可以采用《〈涉外民事关系法律适用法〉实施中最密切联系原则司法可控性研究》这个标题，这样就把研究背景也加入进去了。这个标题有了研究背景、研究对象以及研究观点，而且通过暗示的手段也将研究问题表达出来。这就是一个比较令人满意的题目。

除了上述必须放入文章标题里的三项内容之外，其他的内容就是起到辅助说明作用的内容了，比如研究背景主要是框定研究对象的范畴，研究方法主要是强调研究在方法论层面的不同等。

③ 总标题要用词精准。

上文提及了七项经常被放入总标题里的内容，同时也告诉大家怎样在这七项内容中进行选择。假设你已经选择了必须放入总标题里的内容，你还会遇到一个问题，就是这些内容即研究对象、研究问题和研究观点怎么被表达出来。总体的原则就是精准，但是这个精准不好把握，我们从数量上和质量上帮助大家分析一下。

首先是精，数量精。标题都是微言大义的，我的个人经验是：除非极特殊情况下，请你只用一个词来描述每一个模块的内容，即研究对象用一个词，研究问题用一个词，研究观点用一个词表达。这就涉及概括和提炼的能力和语言的功力了。比如《欧盟农业竞争政策激励机制公平性的思考》，这个标题的研究对象是不清晰的，我们无法辨别研究对象是农业竞争还是农业竞争政策，抑或是农业竞争政策激励机制，这就说明我们还需要继续提炼和精确化表达我们的研究对象。还有的标题如《一带一路背景下投资领域的政策性调整对东南亚国家的影响》这个标题出现了两个背景和范畴方面的词汇，分别是一带一路和投资领域，放在一起比较冗长而且读起来感觉也不好。如果不能进行精简和再次提炼，我们可以采用副标题的方式处理，这部分会在稍后讲解。

人们有时候明白自己的研究对象、研究问题和研究观点都是什么，但是标题不仅要求大家明白，还要用一个词表达出来，这就比较挑战大家的能力。你可以用很长的句子向别人描述上述三项内容，但是真要用一个特别准确凝练的词汇来表述的时候，多数人都会感到很烧脑。有的时候，你能找到一个现成的词汇来形容研究对象、研究问题和研究观点。有的时候你可能不得不自己创设一个新词汇来描述上面的几项内容。这个新词汇不是说一定是凭空产生的，它可能是业已存在但不是你们学科的专门词汇。比如《〈涉外民事关系法律适用法〉实施中最密切联系原则司法可控性研究》这个标题中，司法可控性不是我们学科的专门词汇，但是我思考来思考去只有用这个词汇才能表达目前这个原则在我国司法实务中适用的乱象以及我的核心观点，于是我使用了这个不具有学科标识的词汇。

其次是准。"准"就是你使用的词不能跑偏，一点跑偏都不行。比如我曾经见过一个标题《消费者知情权的侵犯及补救方式》，这个标题在表达上是有语法问题的，我们先不说这一点，单说这里面核心的问题是指知情权的侵犯，但是翻看里面的内容是知情权保护。于是在答辩的过程中我就问作者："你到底要写侵犯还是要写保护？"作者给我的回答是——这俩词不是一个意思吗？有侵犯所以才要保护。这样的理解是不对的，文章只能沿着一条线索展开下去，你要写侵犯就捋着侵犯这根线走下去，你要写保护就需要沿着保护这根线走下去，虽然二者相关，但是切入的角度是不同的。这一点对于初学者而言其实是很容易混淆并出错的。

（3）总标题在形式方面的要求

介绍完了总标题在实质方面的一些要求之后，我们继续来看一下形式方面的要求。

① 总标题一般是一个短语。

很多人愿意把总标题写成一个句子，但实际上除了上文列举的疑问句的例子中总标题是个句子之外，绝大多数情况下，在比较专业的、偏学术的文章中，总标题会以短语的形式出现，而且是多为偏正短语或者动宾短语。动宾短语的总标题如《论新冠疫情对美国大选的影响》《评后疫情时代的中美关系走向》《析中美贸易摩擦对贸易全球化的负面效应》等。这类标题以动词开头，后接动词的宾语（多数也是短语）。另一种是偏正短语充当文章的总标题如《最密切联系原则的司法可控性》，这是典型的偏正短语。再如《农业竞争政策的合理性分析》也属于偏正短语。总之，总标题多数情况下是没有独立性的短语，不是一个具有独立性的句子，这是学术文章愿意采用的形式。但是在一些报纸和媒体的平台上，总标题表达方式更为多样一些，使用句子的情况也很多。如前两天的新闻标题《今年粮食产量稳步提升》《粮食产量能保证供应》《特朗普病情发生变化》……偏学术的写作一般不会这样直白地把结论放在上面，更有可能写成——《从新冠病毒发病机理看特朗普病情的发展》这种形式。

② 总标题中的标点符号的使用。

一般情况下总标题的末尾不使用逗号或者句号，但是在疑问句的情况下，可以使用问号。感叹号的使用也是比较受限制的，这是由标题的风格决定的。一般而言，批判性写作传递的都是理性思维，感叹号一般使用在有强烈感情色彩的句子中，要传递的是感受和感情，这与理性思维有时候是相矛盾的。但也不是决然不能使用感叹号,比如我们在外交场合对某些国家的行径予以谴责的情况下还是可以使用的,但是总体上使用得较少。

总标题中可以使用冒号、书名号、引号和破折号等标点符号,但是一般不用逗号和句号。冒号和破折号一般都是有副标题的时候才使用的,如《美欧博弈与中国选择:海牙判决公约的适用与保留》,这里面的冒号其实是可以用破折号代替的。书名号的使用一般不超过两个,里面的部分需要用单书名号,如《〈涉外民事关系法律适用法〉实施中最密切联系原则的司法可控性》。但是,总标题中一般是不用逗号和句号的,这两个符号标志着断句,而通常意义上,标题高度精练概括,不需要断句。

③ 总标题一般不超过三个逻辑层次。

一般情况下,标题的层次不要超过三个,这样不仅结构清爽,不会给阅读制造太大的障碍,也不会引起阅读的反感;另外一方面也显示了作者的超强提炼概括能力。我本人最喜欢的标题表达模式是:研究背景 + 研究对象 + 研究观点(同时回应问题),比如《〈涉外民事关系法律适用法〉实施中最密切联系原则的司法可控性》。在这个标题中《涉外民事关系法律适用法》实施中是研究背景;最密切联系原则是研究对象;司法可控性是我的观点,同时也回应了问题——该原则目前的司法操作是不可控的。这可以说是对总标题的经典阐述模式,但是诚如上文所述,如果你的研究方法需要强调,也可以对这个标题的表达模式进行修改和微调。但是,要记得保持结构和逻辑层次的清爽。

④ 总标题的字数有较为严格限制。

总标题要写多少个字?字数肯定是有限制的,但是到底是多少字为宜也没有定论。总标题的字数是一个区间,国家社科基金的申请书要求不能超过 25 个字,很多出版物也要求将总标题的字数限制在 15—20 个字之内。总体上，总标题的字数应当短小精练，尽量控制在 20 个字之内。但是有一种情况不好控制，比如我上文的标题《〈涉外民事关系法律适用法〉实施中最密切联系原则的司法可控性》，这里面有一部法律，这部法律的名字就很长。还有必须将文件或者公约写入标题的情况下，字数就不好控制。这时候我们可以用一些简称来替代这些比较长的文件的名字。比如 2019 年《海牙承认与执行民商事判决公约》，我们写论文的时候会简化成《海牙判决公约》。再比如国家外汇管理局《关于改革外商投资企业外汇资本金结汇管理方式的通知》被业内广泛简称为《外汇局 19 号文》。控制字数的方式有很多，每个专业也不一样，比如数学的公式表达起来也有一套约定的方式，大家可以结合自己的学科不断地发掘和总结。

⑤ 总标题写作的不同风格。

总标题的写作其实风格还是挺多的，上面举的一些例子都是偏传统的严肃的风格，比如《〈涉外民事关系法律适用法〉实施中最密切联系原则的司法可控性》；但是有些人偏爱活泼和具有动感的风格的标题，比如我看到一篇文章《房间里的大象：〈海牙公约〉的谈判分歧与突围》，这是某些外国作者特别喜欢的风格，用一个隐喻来形容自己要谈的这个东西是一个什么样的大致状态，含蓄地表达自己的观点。再比如《未来的水晶球：〈海牙公约〉何去何从》《达摩克利斯之剑：WTO 危机及其处理》都是这种风格。中国也有这种标题风格的喜好者，如《TO BE OR NOT TO BE：〈海牙公约〉对中国的利弊探析》，这类标题一般都是用一个大家都比较熟悉的典故、隐喻、谚语、名人名言等作为开头，一方面可以引起大家的兴趣，另一方面也可以用这些比较文艺化的方式含蓄表达自己的研究内容。

还有用疑问句的方式表达标题的,比如之前《新冠病毒能通过空气传播吗?》《司法只具有国家权力属性吗?》这种标题带有很强的疑问,能够引起读者关注,也不失为一种很好的表达方式。无论采取什么样的标题撰写方式——传统的、文艺的、清新的、观感强烈的……建议初学者从最基本的标题撰写方式开始练习,待成为成手之后就可以根据文章的风格和内容游刃有余地选择标题的表达方式。

回到我们对范文观点的反驳上来,我们的总标题可以从多个层面切入,也可以展示不同的风格。比如,从司法性质这个角度切入,我们可以用疑问句风格表述成《司法只具有国家权力属性吗?》;也可以用比较学术的偏传统的风格表达成《论司法的性质与功能:兼与×××商榷》;也可以从司法的社会效果角度入手,将文章的总标题表述为《司法需要让民众满意吗?》或者《合情理与合法律:司法判决的社会效果分析》,总标题的这几种表述方式都可以供大家参考。

2. 副标题写作

副标题是对主标题的补充,是对全文内容的进一步说明。副标题的主要功能就是补充主标题因为字数、逻辑以及表达等方面的限制而无法传递的信息,副标题使主标题更加完整,并与主标题一道构成了文章的总标题。一般而言,由于主标题容量有限,有一些内容模块无法放入,但是这些模块又很重要,必须表达出来,那就可以采取副标题的方式将意思表达完整。副标题和主标题的表达方式主要有两种:主实+副补和主虚+副实。

（1）主实+副补

"主实+副补"是指主标题要用来表达研究对象、研究问题和研究观点这些非常实质的内容，副标题用来强调研究范围、研究目的、研究方法等一些补充说明的内容。具体而言，如《最密切联系原则的立法再探析：以民法典编撰为视角》《走出去企业社会责任的法制化路径探寻：以一带一路为背景》，这两个例子中的副标题都是强调研究范围的。再如《最密切联系原则的立法再探析：兼与×××教授商榷》《欧盟农业竞争政策激励机制的公平性研究：以促进产业发展为视角》，这两个例子中的副标题都强调了研究目的。又如《中国死刑适用的趋势研究：以实证分析为视角》《欧盟最密切联系原则立法的模式探究：以比较法为视角》这两个例子中的副标题又在强调研究方法。

但无论怎样，上述标题中都是由主标题表达研究的实际内容，副标题作为补充功能存在，这样通过主副标题结合的方式传递了更多的信息，又不会显得过于凌乱，层次不清晰。这样看起来就比较清爽了。

（2）主虚+副实

"主虚+副实"这种写法主要是利用主标题来表达一个虚幻的隐喻，副标题则是表达实际的研究内容如研究对象、研究问题和研究观点等。这种属于比较文艺的写法，上文中我们也举过一些类似的例子，如《房间里的大象：〈海牙公约〉的谈判分歧与突围》《未来的水晶球：〈海牙公约〉何去何从》《达摩克利斯之剑：WTO危机及其处理》。我个人认为这种起名的方式是受到小说、散文等写作文体的影响，这些文体的作家更喜欢这种文艺性的题目，如：

斯丹达尔的《红与黑》的副标题：一八三〇年纪事；

福楼拜的《包法利夫人》的副标题：外省风俗；

哈代的《德伯家的苔丝》的副标题：一个纯洁的女人；

高尔基的《克里姆·萨姆金的一生》的副标题：四十年。

尽管上述两种主副标题的表达方式不同，但是你必须明白的是，一定要有一个标题——不管是主标题还是副标题——用来表达实质的内容模块，即研究对象、研究问题和研究观点。另外一个标题怎样发挥则取决于你文章的风格、结构、内容。

（3）副标题写作的形式要求

通常主副标题可以用破折号或者冒号相连接，如果是冒号的话，通常主标题比较短，副标题比较长，而且主副标题可以放在一行。如果是破折号的话，通常发生在主标题比较长，或者主副标题都比较长，用冒号有点单薄，担不起来的情况下。破折号一般会另起一行，也就是破折号与其引导的副标题需要另起一行。主标题一般在第一行居中的位置，副标题一般在第二行主标题第三个字的位置开始。有一种情况副标题只能用破折号并且另起一行，那就是主标题是自带标点符号的，这时候你最好采用破折号另起一行的形式才能使结构看起来清爽。如：

合情理还是合法律？
——司法的性质困境与出路

当然，这也是一种通常的写作方式，也是个人的经验之谈。如果某个期刊有特殊版式的要求，这也是正常的，毕竟对这个问题的实践操作是非常不统一的。除此之外，主副标题在字数限制、逻辑层次表达、结构安排、风格上都与总标题没有太大的出入。当然，本书介绍的只是一种比较通常的写作要求与手法，很多作者有一些比较特殊的、专属于自己风格的表达方式，也未尝不可，只要能把文章的主旨说清楚就是一个好标题。你，也可以尝试，但是要等到自己将基本写作形态掌握之后。

3. 分标题写作（1—4级标题）

设置分标题的主要目的是为了更加清晰地显示文章的层次。有的用文字，一般都把本层次的中心内容昭然其上；也有的用数码，仅标明"一、二、三"等的顺序，起承上启下的作用。对于不超过硕士学位论文体量的文章，一般我们用四级标题就够了。这四级标题分别是：

一级标题：一、二、三

二级标题：（一）（二）（三）

三级标题：1、2、3

四级标题：（1）（2）（3）

我们通常还是建议在四级标题后面用文字描述本部分的核心意思和观点的，而非仅用数字来区分层次。篇幅更长的博士学位论文或者专著可能需要用到篇章节等来划分文章结构。

分标题的写作，除了其是为所在部分的内容服务这一点与总标题不一样，其余关于形式上的要求基本上是一致的——言简意赅，精准清晰，控制字数，注意风格。除此之外，还有两点需要特殊提示一下：

（1）分标题尽量表明观点

本书在之前已经区分了断言和描述之间的区别，断言包含判断，包含作者的观点。在撰写分标题的时候，要尽量表明作者的观点，表明作者的立场和态度，不要用描述性的词汇含糊地表达，这样标题不直观。换句话说，你的标题应当达到这样的效果

——别人通过你的标题已经知道你下文的内容了，甚至不用看下文就知道具体内容和观点（有时候我们快速阅读就只看标题）。如果你的标题不能够让人管窥到具体内容，这个标题就是失败的。举例来说，一个报道的分标题表述为"特朗普病情发生变化"，从这个标题你并不能看出具体的变化是什么。但是如果作者表述成"特朗普病情恶化（或好转）"，你就能从标题判断下文的内容了。这两个标题的信息量是不同的，不同之处就在于变化不能传递作者的观点，而恶化或者好转就很具体，明确了相关信息。

我自己在写东西的时候也经常会犯错误，忘记将自己的观点直观地表述在标题之中。比如，我在一篇文章中是这样写分标题的——《海牙判决公约》签订的背景，这样根本都看不出背景是什么；后来我在校对的时候将这个分标题修改成——中国在承认执行领域的松动是公约签署的背景①。这样读者即使不看下文也知道我要写什么，因为我已经将核心观点表述在标题之中了。

（2）分标题要尽量与其他分标题在内容、形式以及风格上形成呼应

一篇文章的分标题会有很多个，比如一级标题中的一、二、三通常是提出问题、分析问题和解决问题。这三个一级分标题最好能形成呼应，比如在风格上，如果是小清新、文艺范儿，那三个标题都需要是这个风格；如果都是传统的学院风，那你就从始

---

① 这里我用了一个句子，而非短语。在分标题写作中，相对于总标题，对句子的包容度好一些，因为很多情况下你要表明观点，是可以使用句子的。当然之前提到的动宾短语、偏正短语也是分标题的表达方式。所以，本书探讨只是一个一般意义上的情况，文无定法，只要文以载道即可。

至终都是这一个风格,不要在中间形成跳跃和风格变换,这样会让读者很难受,一篇文章的美感也被破坏掉了。

同样,1—4级标题都是一样的要求,要是有一个分标题用的是偏正短语,其余的标题尽量也都采用偏正短语的形式,要是有一个分标题采用的字数比较短,那么其余的分标题从字数上也尽量与这个分标题平衡,以免造成观感失衡,读者看起来会很不舒服。

(二)引言写作

1. 引言的重要功能

在正文开始之前,还有一个部分的写作很重要——引言。引言被放置在文章的开端,是在读者正式开始阅读正文之前呈献给读者的关于文章的全貌的概览性文字,作用在于引导读者阅读。它主要的作用在于揭示研究背景、研究问题、研究现状、研究方法和研究进路以及研究意义,同时兼具转入正文的"启下作用"。引言有特定的功能:(1)点题,标题太短,引言可以用300—500个字破题以及对所要研究的问题进行一个"高度抽象概括"的介绍。(2)引言可以给读者一个指引,帮助读者进入到后续的分段式阅读之中,否则一开始就阅读正文,读者容易没有整体的概念。(3)引言高度概括,可以把后续的内容进行精准、高度的表达,这样可以让读者一开始就能窥到你研究(也就是你的文章)的全貌。(4)引言还可以减少疲乏感。给到读者强烈的综合信息,省得读者一开始就要面对你的"提出问题部分"(很长,有时候是分主题撰写的,不容易产生总体感)。

阅读完引言之后，读者基本上就知道你要干什么了，也会对文章的主要内容、核心问题、主要观点做到心中有数。好的引言能够增加阅读的信心，当人们看到一个引言对所要解决的问题、思路分析得特别透彻的时候，就愿意跟随作者的脚步和节奏继续往下阅读。好的引言也是别人判断你文章的一个重要因素，很多期刊的编辑判断一篇投稿是否值得送外审的一个标准就是引言写得是否清晰明了。因此，引言的写作至关重要。

2. 怎样撰写引言？

还是谈我的经验，仅供大家参考。从我的角度来看，引言只需5—6句话，每句话都不要多写，写多了说明你提炼得不够，没有达到高度概括的要求。在这里，我以我自己的文章《〈涉外民事关系法律适用法〉实施中最密切联系原则司法可控性研究》为例进行说明。

第1句："解释句"，这句写不写看情况。这句要写标题中的特殊概念，如果作者在标题中使用了一个自己独创、比较小众、不是学科中广为人知的概念，需要在这个地方交代一下，也就是对标题中的核心关键词进行解释。上述文章中使用了"最密切联系原则司法可控性"这样一个自己创设的概念，所以在文章的一开始就写了：

> 解释句：最密切联系原则的司法可控性是指针对最密切联系原则灵活性引发的……而采取的……最终要达到……

还有一篇论文是对一带一路背景下中国视角的国际投资规则范式创新进行研究。这里也需要介绍一下"范式创新"。因为这都是比较新的概念，需要在解释句中给它界定一下。

第 2 句:"背景句",这句话必须写,而且切入层面要紧贴着问题层面切入,不能太高。这句话的功能是点出所要研究问题的背景(切记要紧贴着问题写,不能层面太高,太高就空和大了)。还以我个人的研究领域为例:

> 背景句:最密切联系原则从 20 世纪 50 年代开始被世界各国立法纷纷采纳,我国也将该原则作为重要的法律原则。

背景句一定要切到研究对象这个层面,下一句就直接引出问题,不能切得层面太高,比如我经常看到,随着一带一路倡议的实施,随着十九大报告的推出……这些层面太高,离你要研究的对象还有一定的距离。切记,背景句一定要切得低,低到可以跟下一句无缝衔接。

第 3 句:一般问题句,也就是在上一句背景之下,什么问题凸显出来了?什么问题浮出水面了?之所以叫一般问题句,是因为这只是一个广泛意义上你要研究的问题,还不具体化。比如,接着上文来。

> 一般问题句:该原则最大的优点在于能够实现法律适用的灵活性,最大的缺点在于法律适用太过灵活,进而引发了司法适用的诸多问题。

第 4 句:文献综述句。针对上一句提出的一般问题,说明目前的学术研究推进到什么层面了。这句话必须写,用来证明你对这个问题非常了解,做了大量的阅读,积累了大量的素材。这句话也必须高度概括,只能用一句话说完,不能啰里吧嗦的。这句话还有一个功能就是凸显你的学术功底,同时让内行人看到你研究的创新性。为什么文献综述句能让别人看到你的创新性?本书在之前已经提过了,记得回头看看!

> 文献综述句：对该问题现有的学术研究多集中于……

第5句：具体问题句。这句话就是在铺垫了前4句话之后最重要的，要引出你的研究问题是什么。这就是你的核心问题意识，这句话非常重要，它贯穿你的文章始终，终于要出场了，有没有好激动？

> 具体问题句：而本研究与以往研究不同，主要集中于……（这部分对应研究内容，也考验作者能不能对研究内容进行高度概括）

第6句：研究意义句。① 这一句也是结尾，简要地（但是绝不简单）总结你这项研究的意义，这部分也对应后面的研究意义句。

> 研究意义句：这将解决理论上关于……；也将解决实践中……长期困惑。（记住，要高度概括）

综合起来：

> 最密切联系原则的司法可控性是指针对最密切联系原则灵活性引发的……而采取的……最终要达到……（解释句，破题）最密切联系原则从20世纪50年代开始被世界各国立法纷纷采纳，我国也将该原则作为重要的法律原则。（背景句，交代研究的时代感，要突出时代意义）该原则最大的优点在于能够实现法律适用的灵活性，最大的缺点在于法律适用太过灵活，进而引发了司法适用的诸多问题。（一般问题句，交代研究领域）

---

① 如果想强调研究方法也可以在研究意义之前写出来，本书的例子里并不想强调方法，因此省略了这个环节。

> 对该问题现有的学术研究多集中于……（文献综述句，交代前人研究的结果，凸显自己研究的创新性）而本研究与以往研究不同，主要集中于……（具体问题句，不仅点题还要衔接后面正文的内容）这将解决理论上关于……；也将解决实践中……长期困惑。（研究意义句，还能承上启下）

这样，我们就完成了一份引言，让我们一起回顾一下：（1）引言具有非常重要的作用，能给读者呈现出一篇文章概括性的全貌，从而引导读者阅读，我们一定要重视引言的写作；（2）引言的写作基本上就是对研究背景、研究问题、文献综述、研究进路以及研究意义的高度概括；（3）尽量用一句话概括每一个想要表达的模块，如研究意义。（4）好的引言能增强阅读的信心，不好的引言会使读者的阅读就停在引言部分而不愿意继续深入阅读。

回到我们对范文观点进行反驳的这条线索上，假设我们选择的题目是《合理还是合法？——"大学生掏鸟窝"案折射的司法性质与功能》，围绕这个题目怎么撰写引言呢？我们可以尝试写成如下的版本：

> "大学生掏鸟窝"案是指两名大学生因捕猎、销售16只燕隼而分别被判处有期徒刑10年半和10年。（解释句）该案判决一经作出就引起了社会的强烈关注，并成为公众讨论的焦点，该案也因此被评为"2015年中国十大影响性诉讼"之一。（背景句）不少人认为司法存在很大的问题，对大学生施以10年的刑罚判得太重；大学生在无法辨别国家二级保护动物的情况下不应当受到法律这样的严惩；法律葬送了两名大学生的前途。而

另一些人则认为司法主要的功能是依法裁判,定分止争,至于能否让个案中的当事人满意并非司法考虑的范畴。(现实层面的问题句) 这本质上是关于司法性质和功能的争论,目前的学术研究多倾向于认为司法只具有单一的国家权力属性,其职权就是依法裁判,合法性是其基本要求,相应地,社会效果不是司法主要考虑的因素。但这种视角无法挣脱国家权力框架来看待司法的性质,注定会引发司法和社会之间的紧张和裂痕。(过渡到理论层面的问题句、文献综述句) 本研究创造性地运用国家—社会的二元视角,追溯司法的权威来源,指出司法兼具国家权力和社会权力双重属性,在功能上也应兼顾裁判权和社会服务。(研究思路句) 这不仅能够在理论上突破一元论的研究局限,还能在实践中帮助司法实现法律效果和社会效果的平衡,为和谐社会贡献绵薄之力。(研究意义句)

(三) 正 文 写 作

1. 我们目前的写作是什么样的?——依靠直觉

常听到有人抱怨现在的学生以及参加工作的成年人写东西一塌糊涂,别说逻辑是否严谨,就连写出没有错别字、没有错误语法的干净文字都很难。越来越多的高校教师抱怨学生的毕业论文写得不好,有的甚至主张应当取消本科毕业论文。毕业论文是一种典型的批判性写作,它对于教育的重要性我们已经在之前用很多形式阐述了,尤其是布鲁姆认知金字塔能够让我们认识到,写作是最高级的教育形式，能够实现教育的最高目标。但是，是什么原因造成了今天写作普遍困难的局面呢？

其实不能把责任完全推给学生，因为我们的教育也没有教给学生如何写作。写作尤其是批判性写作是一项非常困难的工作，也是一项非常具有挑战性的技能，不付出特别大的艰辛和努力学习是很难获得这项能力的。从古至今，懂写作、会写作以及擅长写作的人都是人群中的极少数。但是，在古代，由于需要平民写作的地方并不多，如果实在需要写家书还可以请先生代笔。官方写作都由那些从小读书，进行写作训练的秀才、举人甚至是状元、榜眼、探花们完成了。他们的文笔极好，不仅能写奏章还能写诗词歌赋。这是古代对于写作的社会需求和分配导致的，但不得不说，古代的教育对于写作的培训是能够满足当时社会的需求的。

到了近现代社会，由于经济发展，我们对于人才的需求大量提升，我们建立了大学，构建了完善的国民教育体系，为社会培养大量的人才。其中还有很多大师级别的人物，写作仍然堪称典范。但是普遍意义上的、针对大规模人才培养的写作课程却没有跟上，因为我们构建的是类似苏联的分科而教的课程体系，大部分精力都用在学习专业知识，尤其是在"科技就是生产力"这个概念的指导下。相对应的社会情况是，我们的社会管理机构越来越复杂和精细，办公需要的懂文字会写作的人越来越多；我们的民间生活越来越丰富，无论是微信、抖音还是微博等都是需要文字创作的，这在古代是没有的，然而我们现代民间的文字和内容输出质量却不高。从网络上经常披露的错别字公文、错误表达公文就能够看出官方写手的匮乏；从各网络平台的文案的低劣程度就能够看出民间写手的匮乏。这一切都说明一个问题——我们的教育培养的能写的人才在今天其实是不能满足社会的需要的。

　　教育体系没能提供足够的写作培养和训练，这么难的技能自己学习起来又比较困难，更何况现在分散学习者精力的五花八门的知识和技能非常多，国民写作素质不高也是一种必然的结果。然而，这种结果对个人和社会发展都是很不利的。我经常跟学生说，如果你能写得一手好文章，你是不用为找工作发愁的。在上述背景下，我们的学生也好，成年人也好，写东西都是依靠直觉，没有专业的训练，只能想到哪儿写到哪儿，胡乱地写，没有章法，根本照顾不到文章的结构，也不会照顾到论证结构，只是依靠直觉在写作！这样写作的结果就是，从作者角度看就是写跑题，文不对题，不知所云。对读者而言就是看不懂，产生厌烦情绪，进而放弃阅读。

2. 我们需要一个什么样的写作？——有效的组织结构

（1）我们需要一个有效的组织结构——IBAC

　　我们现在从事的是批判性写作，这种写作的重要特点就是要将论证结构和问题的解决思路清晰地呈现出来。我们需要一种规范的组织结构来帮助大家克服写作上的组织涣散、跑题等依靠直觉写作出现的问题。在基本层面上，IBAC 只是一个缩写词，I（issue）是用来组织这部分写作的主要问题和观点；B（base）涉及论证中的大前提或者是支撑部分；A（analysis）是继续提供论证中的小前提、理由或依据；C（conclusion）是你的结论，这个结论是由 B 和 A 结合推导出来的，针对 I 中的问题的结论。

　　通过 IBAC 这样的组织结构，就会将直觉分解成一个一个理性的模块，你的直觉就不再是直觉了，它已经上升到理性思考的层面。你会发现这个 IBAC 结构能满足我们之前所涉及的关于批判性写作的所有层面上的要求。首先，从 I 到 C 是一个问题的提出到解决的过程；其次，从 B 到 C 是一个推理论证的过程；那么 IBAC 组合起来又是一个表达的层面，满足写作的要求。现在需要做的就是将你通过主题性阅读得到的素材以及文献综述制作过程中得到的思路进行分组，将 I 的信息放在一组；B 的信息放在一组；A 的信息放在一组；C 的信息放在一组。你发现没？IBAC 这种组织结构迫使你摆脱直觉，并且将你巨大的、混成一团的、你不知道怎么处理的海量信息放入不同抽屉里，严谨而又有序。

我们先以一个非常直观的例子来说明这种写作结构。还以张三构成故意杀人罪为例，故意杀人罪有主体年龄要求。我们要证明张三符合故意杀人罪的主体要求，利用 IBAC 的结构怎么写呢？

  I 句：张三是否符合故意杀人罪的主体要求

  B 句：根据《刑法》第 17 条第 2 款的规定，已满 14 周岁不满 16 周岁的人应当对故意杀人罪负刑事责任。①

  A 句：本案中，身份证显示张三出生于 1998 年 12 月，已经年满 22 周岁。

  C 句：因此，张三符合故意杀人罪主体的要求。

在我们以反驳范文中的观点为例向大家展示如何利用 IBAC 组织结构展开正文的写作之前还需要提示大家几点：首先，IBAC 是一个最小的论证单元（当然也可以嵌套另一个 IBAC 的论证结构），它每次只能完成一个观点的论证，形成一个论证单元。

---

① 该句在我们法律界又被称为 Rule 句，主要是为了分析法律是怎么规定的，法律规定其实就是这个论证的大前提。

但是一篇论文里会有很多论点、分论点,这就意味着你需要经常使用 IBAC 来论证你的观点体系中的每一个观点。所以,一篇文章会包含很多 IBAC 的论证结构。其次,IBAC 很灵活,可以适用于立论①的场合,也可以适用于驳论②的场合,但是驳论需要处理的技术细节就会多一些,比如围绕司法的性质这个问题,我们尝试用 IBAC 来组织驳论的写作,请将本部分的写作与上面的张三符合故意杀人罪主体要求的例子对比一下。

I 句:一元论对于司法性质的认识是有局限的。(驳斥论点)

B 句:一元论认为司法来源于国家权力,是三权分立理论中权力制衡的结果。这种观点忽略了司法的社会权力属性。(驳一元论的立论基础,立二元论的理论基础)

A 句:(继续为二元论的理论基础提供小前提、理由和依据)

A1 司法最开始是作为一项社会权力出现和存在的。

A2 虽然现在国家权力壮大,但司法的社会属性并未丧失。

---

① 立论是指针对客观事物或问题,直接提出自己的见解和主张,阐明其理由,表明自己的态度就是立论。换一个角度来说,立论就是运用充分有力的证据从正面直接证明自己论点正确性的论证形式。如我们之前所举张三构成故意杀人罪的例子运用的就是立论的手法。

② 驳论是指通过揭露和驳斥错误的、不正确的论点来确立自己的论点,驳论的作用在于"破",即辨别是非,驳斥错误的观点,同时树立正确的观点。如本部分关于司法性质的写作运用的是驳论的手法。

A3 我国并不是三权分立国家。

C 句：在我国，司法不应仅仅是一种国家权力，而应当兼具社会权力属性。（立住自己的观点）

在这儿，我们看到了一个清晰的 IBAC 结构，如上所述，这是一个利用 IBAC 进行驳论的例子，I 句直接写明驳斥的是什么，B 句依旧是要写理论基础句，只不过要从被驳斥的观点的理论基础过渡到要立论的理论基础句。这两句的处理稍微有一点难，与上文张三符合故意杀人罪主体要求的例子相比略微复杂一些，A 句还是一样，继续为 B 句中确立的立论的理论基础提供小前提、理由和依据。最后才能指向结论——一元论对于司法性质的理解是片面的，并不能完整全面地揭示司法性质，司法应当兼具国家权力和社会权力双重属性。

我们再以第二个问题——司法的功能为例继续呈现 IBAC 的写作方式是如何帮我们展开论证的，这部分仍然是驳论，请同学们继续体会和比较。

I 句：一元论对于司法功能的理解是片面的。（驳斥论点）

B 句：一元论认为司法的功能主要是裁判权，合法性是其主要特征；这种观点忽略了司法与社会的互动。（驳一元论的立论基础，立二元论的理论基础）

A 句：（继续为二元论的理论基础提供小前提、理由和依据）

A1 司法是以纠纷存在为前提的，司法依赖于社会力量。

A2 司法是公民控制国家权力的工具。

A3 司法的社会参与性与公开性都很高。

C 句：司法的功能不仅在裁判权，还包含社会服务。（立住自己的观点）

我们再以最后一个问题——司法追求的效果为例展开 IBAC 的写作，这部分仍然是驳论，仍需同学们体会和比较。

I 句：一元论对于司法效果的认识是不利于社会发展的。（驳斥论点）

B 句：一元论认为司法只要达到法律效果即可，这种观点忽略了社会效果对于司法的影响。（继续为二元论的理论基础提供大前提、理由和依据）

A 句：（继续为二元论的理论基础提供小前提、理由和依据）

A1 司法知识来源于社会认知，不能随意确定司法标准。

A2 司法的最终合理性来源于民众认可，必须考虑常识、常理和常情。

A3 法律赋予了法官调和法律效果和社会效果的权利。

C 句：司法的效果不能只停留在追求法律效果而不顾社会效果，应当实现两者的均衡。（立住自己的观点）

这样，我们就完成了对范文作者观点的反驳，我们围绕三个问题点：一元论对司法性质认识的局限性；一元论对司法功能理解的片面性；一元论对司法效果认识的不充分性，然后采用 IBAC 的写作结构展开写作。有必要强调的是，我们在书中所举的例子只是为了更好地说明问题，这些观点是比较个人的，表达方式也是比较个人的，探讨的问题也比较接近日常的话题。本书中的例子并不试图追求特别深奥的学理性，从学术的角度也并不够严谨,只是为了说明问题,给读者一个直观的感受。而且,写作的方式是千变万化的,个人风格也是多种多样的,我对于范文作者观点的分析只是我用个人的表达习惯和粗浅的认识形成的文字,目的是说明论证结构和写作的一些基本规律,并不试图让大家接受文字本身的内容和意义,也不想用自己的表达方式固定大家的表达习惯,你可以按照基本的表达规范的要求形成自己对范文作者观点的看法,毕竟在人文社科领域,对一个事物有不同的看法,有不同的语言风格都是非常正常的。但是,无论如何,提供充足的论证,进行深入的分析,用清晰的结构进行表达是我们对所有写作的共同要求以及追求。

同时需要指出的是 IBAC 的组织结构是比较"干"的,它并不排斥你为了连接上下几个部分、几个段落,几句话而补充一些"湿"的部分。这样一篇有血有肉、比较丰满、连接顺滑、表达流畅的文章可能就要呼之欲出了。

(2) IBAC 的重要作用

① IBAC 是一种组织结构。

IBAC 是一种组织结构,它将比较复杂的论证结构以一种模型化的方式展示出来,并对各个组成部分进行规范,这就迫使作者厘清其手中的信息,厘清大脑的思路以便将不同的内容放置在 IBAC 不同的表达模块中。I 其实就是各部分的标题,它要求作者必须对该部分的核心问题有所认识并且准确描述。B 就是该部分的理论基础,它要求作者必须对解决该部分核心问题的理论依据有所了解。如果理论基础是显而易见,属于常识范畴的,也可以将这部分省略。A 这部分是论据,用来推理得出结论 C。但是 A 能不能推出 C,取决于 A 是否符合 B 的逻辑和要求。这样,通过一个简单的模型就可以解决大家依靠直觉写作的惯性,并将手中的资料和信息以有序的方式呈现出来。

② IBAC 是一种心理结构。

写作不仅是一份学术工作，还是一份心理体验。有时候，我们写作会越写越心虚，越写越感觉写不下去，感觉自己写得不对，但是又不知道哪里不对，于是内心就会非常难受。原因就在于你对于所表达的内容并没有信心。我们之所以认为 IBAC 也是一种心理结构是因为：一方面，IBAC 迫使你内心产生一种紧迫感和使命感，必须在写作之前将 IBAC 所代表模块的信息整理出来，而不是在信息还是一团乱麻或者没有被细致区分的时候就匆匆写作。另一方面，依据 IBAC，你虽然会被迫使进行深度的脑力活动，将海量的信息进行区分和整理，但是你的内心会很安定和安全。我们都知道那些不得不硬着头皮进行的、毫无头绪的表达是一种多么糟糕的心理体验。所以，遵循一定的写作模式会带来心理上的安全感，就像你开车的时候系着安全带一样。

③ IBAC 是一种大脑思考的结构。

世界上有一种苦叫作深度思考的脑力之苦，很多同学都在大学读书，但是每个人形成思考的能力和深度是不同的，原因就在于每个人逼迫自己大脑进行深度思考的意愿和实际行动是不一样的。所以看着都一样念的大学，但是学生们大脑中思考的东西以及思考的程度是完全不一样的。写作之所以是一件相对挑战和痛苦的事情（对绝大多数人来说），是因为写作需要大脑进行深度思考。但是很多情况下，人们可能是不愿意受这种脑力上的折磨的，只愿意看书但不愿意思考；也有另一种情况是人们想进行深度思考但是苦于没有章法和思路。IBAC 就可以提供一个大脑进行深度思考的训练和路径，让你有迹可循，不再让信息在大脑中以混沌和整体的状态存在，而是按照 IBAC 的模块要求对它们进行加工和整理，这也是大脑从直觉上升为理性思维的过程。

④ IBAC 体现论证结构。

IBAC 最重要的和最直观的功能就是能够让读者很容易看到你的论证结构，它跟我们在之前讲授的论证框架是完全吻合的。在问题的引导下，前提通过推理而得出结论。在 IBAC 的结构里 I 是问题的化身；A 是前提；C 是结论，A 之所以能推出 C 是因为 B，B 可以被称为大前提、假设或者支撑部分，这在我们第一部分介绍批判性思维的时候详细阐述过。

3. 我们需要反复训练

通过之前的介绍，我们会发现 IBAC 这种组织结构对于写作非常重要，但是还有几点需要跟大家强调。IBAC 是一种基础的写作组织结构，由于写作的内容是非常丰富而且是富于变化的，因此写作的形式可能也要随之变化，IBAC 这种组织结构能满足我们最基本的写作需求，尤其是对于初学者而言，在他们还不能完全掌握写作的时候给他们这种写作的组织结构是非常有必要的。但是对于复杂的写作，内容非常繁杂的论证，IBAC 可能需要相应的变化才能迎合写作的需要。比如，你发现有时候你可以省略掉 B，因为 B 可能是一些约定俗成的内容，没有必要再指出，直接举出 A 冲击力会更强。有时候你发现没有必要将 C 单独写出，一方面是由于结论已经孕育在 A 中，你也可以通过 I 来表达结论；另一方面适当的留白可能会给读者更多想象的空间。但是更多的时候一个 IBAC 可能是不够用的，它里面需要嵌套另外一个或多个 IBAC。值得欣慰的是，IBAC 一方面能提供给我们初学者一个写作指导，另一方面 IBAC 又是允许变化的，它的包容性很强，你可以按照你所需要的方式不断地变化组合 IBAC 的组织结构，只要能满足你的写作需要并能准确传递你的观点和思考过程。再次强调，IBAC 是一种基础组织结构，对新手写作具有很强的固定思路、固定写作习惯的作用，能够锻炼大脑思维，但是当你熟练了之后，你可以对 IBAC 加以调整，可以让 IBAC 为你服务，但是前提是你能驾驭它，然后才能让它变化成多种形式为你服务。

想要熟练地使用 IBAC 及其变化结构并不容易，这对初学者而言更是如此，我们需要不断地练习，这种练习最好在学校的时候开展，而不是把它推迟到工作的时候。一方面是你在工作岗位中可能没有机会去写一个完整的文案，你的工作可能只是其中的一部分。另一方面是你在工作岗位中可能没有系统而专业的指导。写作这种工作最重要的两个要素是写和反馈，也就是一方面你自己要动手写，另一方面针对你所写作的内容需要时刻有一个人有能力给你专业的反馈，而这个人通常是——导师。你的职业伙伴或者上司恐怕没有办法完成这项工作。这也是为什么大学要安排各种跟写作相关的教学工作，我们有些课程是需要以写作作为考核手段的，我们每一次毕业（学士、硕士和博士）都需要提交毕业论文，目的就是让大家获得充分的写的机会与指导和反馈的机会。希望你每次都没有浪费！

（四）其他写作

其实，写到这里，如果你写的是一篇普通的批判性文章，基本也就完成了，但是对于学术性的批判性写作还不够，还有几个虽然篇幅不大，但是很重要的内容——摘要、关键词、注释和参考文献需要完成。

1. 摘要

（1）什么是摘要

除了学术论文（包括学位论文、投稿论文等），现在有很多网络平台的文章（俗称帖子）也都开始写摘要了。要想掌握摘要的写法，首先我们必须了解摘要是用来做什么的。摘要是能让读者快速了解文章大概内容的一种短小的写作模块，最主要的功能就是让读者在读正文之前就能明白文章的主要内容。那么回归到批判性写作本身，批判性写作是为了传递观点，并且是通过论证增加自己所传递观点的可信度，目的是解决问题。相对应地，批判性写作的基本结构就是提出问题—分析问题—解决问题，并在相应部分嵌套论证结构。明确了上述这些内容，你就应该了解，摘要就是想让读者快速地知道你提出了什么问题？你认为这个问题的原因是什么？你的结论是什么？由于摘要非常短小，即便是学术论文也都限制在250—300字之内，有的甚至限制在200字之内，所以你需要对你提出了什么问题、分析了什么问题以及解决了什么问题进行高度的概括。

（2）摘要怎么写

从我个人的观点来看，摘要控制在三句话就可以了，其中用一句话写你提出了什么问题；用一句话写你分析了什么问题；以及用一句话写你的结论。看起来很简单，但是实际操作起来很难，因为人们通常能用很多句话描述自己的想法，但是用一句话的时候就需要作者有高度概括和总结的能力，这恰巧是多数人很缺乏的。还有就是概括不到点子上以及概括不到位的情况时有发生。此外，还有学生经常会把摘要写成缩小版的引言，这也是不对的。我们分门别类地看。

比如我们正在进行的针对范文反驳的文章，如果我们想要将其概括成摘要中提出问题的部分，请比较以下两种表达：

　　A. 以一元论为代表的理论对司法性质和功能的理解引发了一定的问题……

　　B. 以一元论为代表的理论对司法性质和功能的限制性理解直接导致公众对类似"大学生掏鸟窝"一类案件判决结果的不满和异议。

　　A 就是表达不到位的情况，仅说引发了一定的问题，但问题到底是什么没有揭示。这是摘要撰写最大的问题，很多同学总是在问题的表层晃荡，不能深入到内核去，因此读者无法理解你所谓的"问题"是什么。我们再来看 B，B 表达就会明确很多，指出由于一元论对司法性质和功能的限制性理解导致了公众对某些案件的判决结果异议，这就指出了问题的"内核"，看到 B，相信读者不用看正文也知道作者要说的是什么问题。

　　我们再看一下分析问题怎样概括和提炼成摘要需要的表达：

　　A. 本文通过厘清司法的性质和内涵进而指出司法对于法律效果的追求……

　　B. 将司法性质限制性地理解为国家权力，将司法功能片面性地界定为依法裁判是导致上述问题的根本原因。

　　A 的表达明显是在向读者描述自己的写作思路，但是摘要需要的不是这个，而是你的"干货"，你需要描述的不是思路而是你对于这个问题最为核心的看法和观点。相比之下，B 就很好地指出了作者关于原因的核心观点，即将司法性质限制性地理解为国家权力，将司法功能片面地界定为依法裁判。

　　我们再来看一下解决问题的部分怎样提炼和概括核心观点：

　　A. 全面理解司法的性质和功能是对这个问题最好

的解决方案。

　　B. 突破一元论从国家权力框架思考的局限，引入社会权力视角，对司法性质和功能进行二元阐释是对这个问题最好的解决方案。

A 是一句口号式的结论，这也是同学们在摘要的环节经常犯的错误，一方面没有揭示解决问题的"内核"，停留在表面；另一方面这样口号式的表达其实是很空洞的，容易给读者留下假大空的印象。相比之下 B 就好一些，它表明了作者的观点：我们要突破一元论的理论基础——在国家权力框架内思考，引入社会权力视角，对司法性质和功能进行二元论的阐释，这样才能把 A 中"全面理解司法的性质和功能"揭示出来，也只有这样概括才算是言之有物。

接下来我们把这几句放在一起来看一下摘要的三句话整体的面貌：

　　以一元论为代表的理论对司法性质和功能的限制性理解直接导致公众对类似"大学生掏鸟窝"一类案件判决结果的不满和异议（提出问题部分）。将司法性质限制性地理解为国家权力，将司法功能片面性地界定为依法裁判是导致上述问题的根本原因（分析问题部分）。突破一元论从国家权力框架思考的局限，引入社会权力视角，对司法性质和功能进行二元论的阐释是对这个问题最好的解决方案（解决问题部分）。

2. 关键词

（1）什么是关键词

严格意义上来说，关键词是电脑语言用语，是搜索引擎的衍生物,是指在搜索引擎中,希望访问者能够了解到你文章的内容、观点等主要信息的用语。论文的关键词来源于图书馆学,其实它并不是论文的一部分,而是相当于给论文贴了几个标签,可以方便读者更准确、更便捷地找到所需要的文章。也就是说,关键词的设定主要是方便检索。但是,关键词对于作者也并非完全没有意义,设置得当可以提高文章的曝光率,增加自己学术文章的影响。

(2)怎样撰写关键词

关键词都有限制,不能无限地写下去,一般是3—8个,其中3—5个关键词是比较常见的。我们一般会把什么信息放入关键词呢?有很多写作者会把自己认为的"重要信息"都放在关键词里,比如常见的"十四五""一带一路""后疫情时代"……还有放入"研究""比较""分析"这些词汇的。到底应当按照什么标准来撰写关键词呢?

首先,写作者要有一个读者思维,也即站在读者的角度来看,什么样的关键词会是读者经常使用的。一般而言,关键词就是供读者检索使用的,什么人会看你的文章?要知道,你写的可是学术文章,一般文章不需要关键词。查阅你的学术文章的人一定是跟你的学术研究有交集,对你的学术研究内容和主题感兴趣的人,而这样的人一定是你的同行,或者离你的专业不太远的准同行,要不然他看不懂你写的是啥,也没必要翻看你的文章。就像我一个搞法学研究的,经常查阅的文献有法律(而且主要是国际法)和教育类的文献。其余的东西我几乎是不看的,比如《HMGB1在脑胶质瘤中的表达及其对胶质瘤细胞生物学功能的影响》,这样的文章我没必要看,而且也看不懂。所以,基本上我们能得出一个结论,看你的学术类文章的人基本上都是你的同行,他们想看到的都是你对共同的学科的某个问题有着什么样的见解。所以,关键词撰写的第一个原则是——关键词需要具有学科标识,只有这样才是写给同行看的。

也就是说,你从文章中提炼出来的、供检索使用的词汇是需要有学科标识的,否则你的读者就容易略过去这篇文章。想一下,我们自己在检索的时候是怎么锁定关键词的,一定是我要解决的是一个本学科的问题,比如说不动产物权是否能够成立善意取得,那我一定会检索"善意取得"和"不动产物权";但是一个医学生想要了解一下脑胶质瘤或者糖尿病基因研究的进展,他可能锁定的就是"糖尿病致病基因""基因表达""胶质瘤细胞"等。所以,要确保你提取出来的你的文章的关键词是具有学科标识,否则专业人士(也几乎是你的唯一读者)怎么能够看到你的文章呢?有时候我看到很多人的文章,尤其是博硕论文在关键词提取上是存在很大问题的,比如"一带一路"、后疫情时代、比较研究等这些词汇是没有学科标识的,这些词汇不是不能放入,但是不能全是这些词汇,否则在浩如烟海的文献海洋中,你的文章就沉底儿了。

其次,要有锁定"核心"关键词的能力。怎样提取具有学科标识的"关键词"。也许有人说,文章中出现的高频词汇就应当被放入到关键词当中。这种说法有一定道理,但不是本质。有些词汇出现的频率虽然很高,但不是核心的,比如"一带一路",比如后疫情时代等。结合我们上文对于文章标题的分析,你会发现具有学科标识的关键词可能会涉及研究对象,研究问题,研究观点,研究背景,研究方法,研究目的等。关键词是有字数限制的，并且也是需要排序的，很多杂志或者项目的送审也是根据关键词来确定谁来盲审该文章。那么，在这种情况下我们应当把什么样的关键词锁定并提取出来呢？我个人认为，首先就是研究对象，其次是研究问题，再次是你的观点，这三项是最重要的。此外如果有类似一带一路、后疫情时代、比较研究等能够体现你文章创新性的研究背景、研究方法也是可以放进去的，但是不能占据"C"位。

比如我们手头正在写作的《合理还是合法？"大学生掏鸟窝"案折射的司法的性质与功能》这篇文章，关键词可以提取成：司法的性质与功能、一元论、二元论、国家权力、社会权力、"掏鸟窝"。在这份关键词的清单里，司法的性质和功能是我们的研究对象；而一元论、二元论既涉及这篇文章的研究问题又涉及研究主题；国家权力和社会权力是一元论和二元论争论的焦点。这样我们就把具有学科标识的这几个关键词都提取出来并且按照便于人们理解的顺序排列，至于"掏鸟窝"案只是我们讨论司法性质和功能的一个背景或者引子，也不具有学科标识，不是专业词汇，其实不太重要，但是可以列上，因为它具有社会标识性。至于合理还是合法这组词汇我个人觉得列不列都行，没有太多检索价值。这样设定的关键词能够把你的潜在读者全都网罗进来，如果读者对"掏鸟窝"这种表面的问题感兴趣，也能检索到你的文章；如果读者对司法的性质与功能感兴趣，也不会错过你的文章；如果更有深度的读者直接想要了解一元论和二元论，也不会漏掉你这篇文章。你看看，这样是不是很合理呢？关键词的撰写只有一个终极目标，不错过任何一个可能的、潜在的读者，并且让他们快速锁定你的文章。只要能够达到这个目的，你的关键词撰写就是成功的。

3. 注释和参考文献

并不是所有的批判性写作都需要有注释和参考文献的，总的来说越是学术性的写作越需要严谨对待，需要以科学研究态度对待的、严谨的、学术批判性文章的写作才需要注释和参考文献，比如我们的学位论文、投稿论文等。其余的批判性写作如律师的代理词、检察机关的公诉意见书、医生写的诊断和病历……其实都不用参考文献，因为它们的学理性较弱。由于我们针对的是在校的学生群体，而学生经常进行的批判性写作都是具有学术性的，都需要注释和参考文献，因此，我们在这个部分介绍一下注释和参考文献的一般要求和基本写法。

在写作之前，我们必须强调的是，中国目前对于学术写作的注释和参考文献是没有统一的认识的，虽然有几个文件可以参考，但是这些关于注释和参考文献的文件内容本身也是有分歧的，实践中的做法更是千差万别。因此，针对注释和参考文献，我们只是将这两个问题的最基本形式传递给大家，具体在操作的时候，恐怕大家需要结合不同期刊的要求、不同学院和学校的要求来进行撰写，这也是目前让我们感觉非常不方便而且很混乱的地方。

注释和参考文献对于学术写作是非常重要的，一方面我们通过注释和参考文献能够判断出一篇文章的质量，另一方面，注释和参考文献也是现在数据库检索的一种方式，用于在海量的文献中精准地检索出相关的文章。现在的检索技术比较发达，你甚至可以检索到引用了同一篇文献的其他文章，从而实现按图索骥式的对文献的搜集。

注释和参考文献并不相同，尽管时常有人会将它们混用。通常意义上，注释是对书籍或文章的词汇、内容、背景、引文作介绍、评议的文字，对于注释内涵的理解大家没有太大分歧①，但是对于注释的判断和使用上存在不同的操作，有些甚至是不规范的。注释通常被要求以脚注的形式用数字加圆圈的方式（①②③……）标注。参考文献是指作者在著书立说的时候所参考的文献的目录。对参考文献有两种不同的理解：其一是指自己在写作过程中明确引用的文献②；其二是指对自己的写作有指导作用但是并没有直接引用的文献③。因此前者通常要求加页码，后者仅要求列明文献及其来源。参考文献通常被列在文后，用数字加方括号的方式（［1］［2］［3］……）标注。

实践当中，如果你撰写的是书籍的话，大家对此基本形成了共识，除了文内注释，文后还需要有单独的参考文献。文内注释的范围包括得很广，如作者对问题的解释、说明，有的甚至也要求将直接引用和间接引用也添加到书的脚注里。这样处理的话，文后的参考文献是独立成篇的，可以带页码也可以不带页码。因此，书籍的出版，需要看某个出版社的具体要求。

如果是文章撰写的话，要求就比较乱，五花八门。有的期刊

---

① 注释是对论著正文中某一特定内容的进一步解释或补充说明。——《中国学术期刊（光盘版）检索与评价数据规范》

注释主要用于对文章篇名、作者及文内某一内容作必要的解释或说明。——《中国高等学校社会科学学报编排规范》（修订版）：

解释题名、作者及某些内容，均可使用注释。——《中国高等学校自然科学学报编排规范》（修订版）

② 参见《文后参考文献著录规则》（GB7714-87）。
③ 参见《中国学术期刊（光盘版）检索与评价数据规范》。

要求只有注释,没有参考文献。有的则要求同时有注释和参考文献。在这种情况下,注释是一种说明解释的文字,参考文献是引用。此外,国内的期刊以法学为例还有法学刊物系、学报系、社科院系的区别。总而言之,涉及投稿的话,就需要研究目标刊物的具体要求。

但是国外对这个问题的管理还是比较清晰的,比如在法学界,会有统一的注释规范,业内俗称"小蓝书"(blue book),国内法学界也对这个问题予以了回应,由中国法学会编制的《法学引注手册》于 2019 年出台①,现在越来越多的法学期刊采用这种统一的规范,也给作者投稿带来了很多的便利。

我们试着以《合理还是合法?——"大学生掏鸟窝"案折射的司法的性质与功能》为题目,将这篇文章的其余部分补充完整,并将我们着重讲述的标题、摘要、关键词、引言以及正文撰写都放进去,完整地呈现出一篇批判性文章的全貌。

合理还是合法?
——"大学生掏鸟窝"案折射的司法性质与功能

摘要:以一元论为代表的理论对司法性质和功能的限制性理解直接导致公众对类似"大学生掏鸟窝"一类案件判决结果的不满和异议。将司法性质限制性地理解为国家权力,将司法功能片面性地界定为依法裁判是导

---

① 中国法学会:《法学引注手册》,2019 年。可参见 http://zgfx.cbpt.cnki.net/WKA3/WebPublication/wkTextContent.aspx? contentID = 79420147-19bc-483a-b87c-18925d01a271&mid = zgfx,2020 年 12 月 22 日最后访问。

致上述问题的根本原因。突破一元论从国家权力框架思考的局限，引入社会权力视角，对司法性质和功能进行二元论的阐释是对这个问题最好的解决方案。

关键词： 司法的性质与功能 一元论 二元论 国家权力 社会权力 "掏鸟窝"

"大学生掏鸟窝"案是指两名大学生因捕猎、销售16只燕隼而分别被判处有期徒刑10年半和10年。该案判决一经作出就引起了社会的强烈关注，并成为公众讨论的焦点，该案也因此被评为"2015年中国十大影响性诉讼"之一。不少人认为司法存在很大的问题，对大学生施以10年的刑罚判得太重；大学生在无法辨别国家二级保护动物的情况下不应当受到法律这样的严惩；法律葬送了两名大学生的前途。而另一些人则认为司法主要的功能是依法裁判，定分止争，至于能否让个案中的当事人满意并非司法考虑的范畴。这本质上是关于司法性质和功能的争论，目前的学术研究多倾向于认为司法只具有单一的国家权力属性，其职权就是依法裁判，合法性是其基本要求。相应地，社会效果不是司法主要考虑的因素。但这种视角无法挣脱国家权力框架来看待司法的性质，注定会引发司法和社会之间的紧张和裂痕。本研究创造性地运用国家—社会的二元视角，追溯司法的权威来源，指出司法兼具国家权力和社会权力双重属性，在功能上也应兼顾裁判权和社会服务。这不仅能够在理论上突破一元论的研究局限，还能在实践中帮助司法实现法律效果和社会效果的平衡,为和谐社会贡献绵薄之力。

一、合理还是合法?:"大学生掏鸟窝"案折射的司法与社会的张力与冲突(提出问题)

2015年,一起"大学生掏鸟窝"案引起了舆论的高度关注,涉案两名大学生因掏了几只鸟就被判处有期徒刑10年,并在经历二审和再审之后依旧维持原判。这种判决结果引起公众强烈的异议,人们从情感和道义上都普遍难以接受。部分舆论认为量刑过重,法律衡量的标准有问题,在鸟和人之间选择鸟,10年有期徒刑略长,刑法有小题大做之嫌。后来,河南省高级人民法院的院长在官媒上为此判决"正名",用"依法裁判"和"合乎法律规定"来证明此判决的正当性。然而公众并不买账,该案持续发酵,无论法院怎样解释该案判决的"罚当其罪"都没有消除人们对该案"处刑过重"异议。

围绕"大学生掏鸟窝"案产生的争议折射的是对司法性质与功能的不同认识,目前学术界与司法实务界主流观点———元论认为司法具有国家权力属性,仅涉及国家权力和国家权力之间的协调,并不需要考虑社会权力。在此基础上,司法的主要功能是依法裁判,合法性是其最主要的特征和要素,因此在效果上主要追求法律效果而非社会效果。但是,不得不面对的是,一元论指导下的理论和实务界对于司法性质和功能的认识导致了司法和社会的分歧和紧张关系,法律思维与社会常理背道而驰。虽然一项裁判是依法作出的,但当其挑战社会常理必然难以被公众接受，而不能被公众所接受的裁判，其正当性是否充足值得探讨。

二、一元论的局限："大学生掏鸟窝"案背后的司法性质与功能探寻（分析问题）

（一）一元论对于司法性质的认识是有局限的

一元论认为司法是国家权力的一个维度，其性质是在与其他国家权力的对比之中得以清晰化和明确化。这是在近代西方经典的三权分立框架之下，以立法权和行政权为参照系，确定的司法边界和性质。一元论仅在国家权力范畴内讨论司法的性质，但司法不仅只有国家权力属性，还具有社会权力属性。首先，司法的产生有着深刻的社会根源，从历史发展来看，司法从一开始并非作为国家权力而是作为一项重要的社会权力出现的。在当时，国家尚未能为纠纷解决建立起一整套机制，但是纠纷已经发生，于是在社会和民间范畴之内形成了一整套类似今天司法雏形的组织和机构。其次，虽然国家权力日益壮大而社会权力式微，但司法的社会属性仍然存在，没有消失。此外，我国并非三权分立国家，将司法置于三权分立的国家权力框架对我国司法性质的讨论缺乏说服力。综上，在我国，司法不应仅仅是一种国家权力，而应当兼具社会权力属性，一元论对司法性质的认识是有局限的。

（二）一元论对于司法功能的理解是片面的

一元论认为司法的功能主要是裁判权，合法性是其主要特征，司法主要是要满足形式化要素的标准和需求。这种观点忽略了司法对社会的依赖以及两者之间的互动。首先，司法是以纠纷存在为前提的，司法依赖于社会力量。纠纷的产生来自于社会，没有社会就没有纠纷，没有纠纷就不需要司法的存在，从产生角度来看司法是无法脱离社会力量的。其次，司法是公民控制国家权力的工具，无论是三权分立国家还是社会主义国家，其根基都在于社会权力与国家权力的博弈，某种意义上而言，司法是公民行使对国家权力控制的工具，因此，很难将司法划归到国家权力范畴。最后，司法的社会参与度与公开度都很高。无论是中国的人民陪审员还是西方的陪审团制度，都是确保公众具有能够参与到司法过程中并对司法实施监督的权力。同时司法还要尽可能地保持公开，除非涉及隐私案件。陪审团制度、司法监督和司法公开都是鼓励司法和社会进行沟通和互动，也尊重了司法来源于社会、依赖于社会并且与社会发生深刻互动的现实。

（三）一元论对于司法效果的认识是缺乏整体性的

在将司法的性质局限在国家权力框架内，并将司法的功能界定为合法裁判之后，一元论认为司法只要达到法律效果即可，并不需要照顾社会效果。然而这种观点忽略了社会效果对于司法的影响。首先，司法知识来源于社会认知，不能随意确定司法标准。在"大学生掏鸟窝"案件中，虽然司法机关貌似按照法律的规定"依法"裁判了案件，但是公众的关注点并不在法院是否依法裁判，而是为什么10只以上就要构成"情节特别严重"；为什么在这个案件中只有数量标准，而对作案手段、危害结果等因素不予以考量。"大学生掏鸟窝"案归根结底还是司法确定的"法律标准"严重背离公众认知,虽然司法机关已经依照法律裁判案件,但始终无法获得社会的接受。这从侧面说明司法知识来源于社会认知,不尊重社会认知就会反作用于司法,进而产生司法和公众的分歧。其次,司法判决起源于社会纠纷,司法判决作用于社会关系,司法的效果最终还要取决于民众的认可,因为其自始至终不能脱离社会单独存在。只有被社会认可的判决才会具有更大的合理性,司法必须要考虑常识、常理和常情。最后,现行法律并没有严格要求法官只能机械适用法律而面对特殊情况束手无策,法律其实已经赋予了法官调和法律效果和社会效果的权利。我国《刑法》第63条第2款规定,犯罪分子虽然不具有法定的减轻处罚情节,但是根据案件的特殊情况,经最高人民法院核准,也可以在法定刑以下判处刑罚。这条规定的本意就是给司法机关在追求合法性的同时追求合理性也打开了一扇大门,只不过法官在"大学生掏鸟窝"案件中并没有动用这一调和措施。综上,司法的效果不能只停留在追求法律效果而不顾社会效果,应当实现两者的均衡。

三、二元论的突围:司法判决对法律和情理的兼顾(解决问题)

在现代社会中,优先满足形式化的需要是司法活动的核心内容和要素,但是追求实质合理性并不必然与司法的性质和功能背道而驰。社会的发展和法治观念的深入人心必然要求司法呈现出更高的纠纷处理水平,司法不但要具备合法性还要具备合理性。要想达到这种状态，必然伴随着对司法的性质和功能的反思。在传统的一元论指导下的理论和实务界对于司法性质和功能的认识导致了司法和社会的分歧和紧张关系，法律思维与社会常理背道而驰，法律精英和大众认识的割裂，这些都会对社会的稳定和人们之间的关系造成不利影响。我们应该在理论上突破一元论的桎梏，以二元论为理论基础构建司法制度和指导司法活动，以减轻司法和社会之间的紧张关系，进而为促进和谐社会发挥司法力量。

图表索引

图 0.1　国外报道称中国学生缺乏批判性思维　/012

图 1.1　批判性思维定义的综合解读　/022

图 1.2　本书对批判性思维的界定　/023

图 1.3　批判性思维综合图　/027

图 1.4　论证的语言要求示例　/035

图 1.5　个人挣脱集体中心主义需要巨大的勇气　/052

图 1.6　知识体系模式和知识图谱模式　/059

图 1.7　布鲁姆教育目标分类　/060

图 2.1　多层次的前提　/132

图 2.2　小 A 构成故意杀人罪的思维综合图　/139

图 2.3　检视性阅读思维导图　/170

图 2.4　分析性（批判性）阅读思维导图　/176

图 2.5　范文中的未表达前提　/180

图 2.6　论证和论证金字塔　/181

图 3.1　HeinOnline 检索海牙公约示例　/200

图 3.2　示例论证结构图　/232

图 3.3　写作框架的逻辑　/244

图 3.4　写作、论证与问题的交织和勾连　/251

表 2.1　前提、论证变化形成的不同论证类型　/113

表 2.2　CRAAP 批判性辨别信息法　/126
表 2.3　论证过程　/138
表 2.4　归纳论证的论证过程示例　/151
表 2.5　阅读的四个层次（针对文体）　/165
表 2.6　阅读的四个层次（针对能力）　/188
表 2.7　批判性写作的步骤　/190
表 3.1　两种不同类型文献综述　/211
表 3.2　示例论证结构总结　/231

参考文献

论文

[1] Andrea J. Boyack, "More Talking, More Writing", 22 *The Law Teacher* (2016).

[2] Archana Parashar & Vijaya Nagarajan, "An Empowering Experience: Repositioning Critical Thinking Skills in the Law Curriculum", 10 *Southern Cross University Law Review* (2006).

[3] Dannye Holley & J. P. Ogilvy, "Critical Thinking and the Law", 1 *International Journal of the Legal Profession* (1994).

[4] Greg Taylor, "Structured Problem-Solving: Against the 'Step-By-Step' Method", 11 *Deakin Law Review* (2006).

[5] Judith A Langer, "Learning through Writing: Study skills in the Content Areas", 29 *Journal of Reading* (1986).

[6] Jeffrey Metzler, "The Importance of IRAC and Legal Writing", 80 *University of Detroit Mercy Law Review* (2003).

[7] Nick James, "Logical, Critical and Creative: Teaching 'Thinking Skills' to Law students", 12 *QUT Law & Justice* (2012).

[8] Tracy Turner, "Finding Consensus in Legal Writing Discourse Regarding Organizational Structure: A Review and Analysis of the Use of IRAC and Its Progenies", 9 *Legal Comm & Rhetoric Jawld* (2012).

[9] Tracy Turner, "Flexible IRAC: A Best Practices Guide", 20 *The Journal of the Legal Writing Institute* (2015).

［10］董毓:《批判性思维三大误解辨析》,载《高等教育研究》2012年第11期。

［11］干咏昕:《用批判性思维方法打造批判性思维课程》,载《西南大学学报(社会科学版)》2010年第6期。

［12］刘儒德:《批判性思维及其教学》,载《高等师范教育研究》1996年第4期。

［13］刘儒德:《论批判性思维的意义和内涵》,载《高等师范教育研究》2000年第1期。

［14］〔加拿大〕马克·巴特斯比:《中国的批判性思维教育适合采用探究法》,宫振胜译,载《工业和信息化教育》2018年5月刊。

［15］缪四平:《批判性思维与法律逻辑(全文)》,载中国逻辑学会法律逻辑专业委员会编:《第十四届全国法律逻辑学术讨论会论文集》,2006年。

［16］缪四平:《美国批判性思维运动对大学素质教育的启发》,载《清华大学教育研究》2007年第3期。

［17］缪四平:《批判性思维与法律人才培养》,载《华东政法大学学报》2008年第4期。

［18］钱颖一:《批判性思维与创造性思维教育:理念与实践》,载《清华大学教育研究》2018年第4期。

［19］武宏志:《批判性思维与逻辑教育教学》,载《延安大学学报(社会科学版)》2003年第1期。

［20］武宏志:《何谓"批判性思维"?》,载《青海师专学报(教育科学)》2004年第4期。

［21］武宏志:《批判性思维:语义辨析与概念网络》,载《延安大学学报(社会科学版)》2011年第1期。

［22］武宏志:《批判性思维:多视角定义及其共识》,载《延安大学学报(社会科学版)》2012年第1期。

［23］武宏志:《论批判性思维的核心元素——论证技能》,载《延安

大学学报（社会科学版）》2016年第1期。

［24］武宏志:《批判性思维的灵魂——理性标准》，载《逻辑学研究》2016年第1期。

［25］杨唐峰:《批判性思维的文化视角研究及其对高等教育的启示》，载《东华大学学报（社会科学版）》2019年第3期。

［26］张青根、沈红:《一流大学本科生批判性思维能力水平及其增值——基于对全国83所高校本科生能力测评的实证分析》，载《教育研究》2018年第12期。

［27］钟启泉:《"批判性思维"及其教学》，载《全球教育展望》2002年第1期。

［28］钟启泉:《批判性思维：概念界定与教学方略》，载《全球教育展望》2020年第1期。

［29］周志成、容媛媛:《批判性思维纳入大学培养目标的当下意义》，载《西南民族大学学报（人文社会科学版）》2016年第7期。

书籍

［1］Erik J. Coats & Robert S. Feldman, Steven Schwartzberg, *Critical Thinking: General Principles & Case Studies*, Mcgraw-Hill College, 1994.

［2］Eugene Volokh, *Academic Legal Writing*, Foundation Press, 2010.

［3］Frans H. van Eemeren & Rob Grootendorst, *Argumentation, Communication, and Fallacies*, Routledge, 2016.

［4］Gerald Graff & Cathy Birkenstein, *They Say/I Say: The Moves That Matter in Academic Writing*, W. W. Norton & Company, 2016.

［5］Judith A. Langer & Arthur N. Applebee, *How Writing Shapes Thinking: A Study of Teaching and Learning*, National Council of Teachers of English, 1987.

［6］〔美〕布鲁克·诺埃尔·摩尔、理查德·帕克:《批判性思维》（原书第10版），朱素梅译，机械工业出版社2015年版。

[7]〔美〕理查德·保罗、琳达·埃尔德:《批判性思维工具》(原书第3版),侯玉波、姜佟琳等译,机械工业出版社2019年版。

[8]〔美〕理查德·保罗、琳达·埃尔德:《思辨与立场:生活中无处不在的批判性思维工具》(第2版),李小平译,中国人民大学出版社2016年版。

[9]〔美〕丹尼斯·库恩、约翰·米特:《心理学之旅》,郑钢等译,中国轻工业出版社2015年版。

[10]〔加拿大〕董毓:《批判性思维原理和方法——走向新的认知和实践》(第二版),高等教育出版社2017年版。

[11]〔加拿大〕董毓:《批判性思维十讲——从探究实证到开放创造》,上海教育出版社2019年版。

[12]〔美〕格雷戈里·巴沙姆、威廉·欧文、亨利·纳尔多内、詹姆斯·M. 华莱士:《批判性思维》(原书第5版),舒静译,外语教学与研究出版社2019年版。

[13]谷振诣、刘壮虎:《批判性思维教程》,北京大学出版社2006年版。

[14]〔美〕加里·R. 卡比、杰弗里·R. 古德帕斯特:《批判性思维与创造性思维》,韩广忠译,中国人民大学出版社2016年版。

[15]李世强:《批判性思维:改变思维定式,作出聪明决策》,中国纺织出版社2020年版。

[16]李万中:《思维的利剑:批判性思维让我们看清自己看清世界》,清华大学出版社2017年版。

[17]刘彦方:《批判性思维与创造力:越思考越会思考》,彭正梅、杨昕、赵琴译,学林出版社2018年版。

[18]〔美〕迈克尔·卡莱特:《批判性思维:高效决策和解决问题的方法与工具》,葛方方、卢方蕊译,电子工业出版社2019年版。

[19]〔美〕梅里利·H. 萨蒙:《逻辑与批判性思维导论》(第6版),刘剑、李嘉伟译,中国轻工业出版社2020年版。

[20]〔美〕尼尔·布朗、斯图尔特·基利:《学会提问》(原书第11版),吴礼敬译,机械工业出版社2019年版。

[21]荣艳红:《批判性思维能力的培养与中国本科教学模式改革》,科学出版社2018年版。

[22]〔美〕斯蒂芬·D.布鲁克菲尔德:《批判性思维教与学:帮助学生质疑假设的方法和工具》,钮跃增译、谷振诣校,中国人民大学出版社2017年版。

[23]〔英〕斯特拉·科特雷尔:《批判性思考——跳脱惯性的思考模式》,郑淑芬译,台湾寂天文化出版社2013年版。

[24]武宏志、周建武:《批判性思维——论证逻辑视角》(修订版),中国人民大学出版社2010年版。

[25]张萍:《批判性思维:理论与实践》,人民出版社2019年版。

后　记

本书动笔于盛夏，撂笔于隆冬。在敲下正文最后一个句号的时候，我回头望了一下窗外，此时的东北已经千里冰封，万里雪飘。我喜欢下雪天，洁白而又宁静，尤其到了黄昏的时候，透过办公室的窗户，总能看到昏黄的路灯寒冷而又温柔地照着雪白的路面，天空中飘散着雪花，落在三三两两的行人身上，自己就像一个局外人，欣赏着这一幅纯净而又美好的人间画卷。

我是搞法律的，对于写作而言，尤其对于在批判性思维指引下的批判性写作其实是一个局外人。只是2012年被评上了硕士生导师，开始指导硕士生；2016年被评上了博士生导师，开始指导博士生，逼迫我必须要把这套写作的方法论研究透彻，否则我感觉有点对不起学生。于是从2012年我开始研究论文写作，最初的想法很简单，就是怎么把这个事情跟学生交代清楚。

更大的一个转机出现在2018年，我自己在极度迷茫的情况下开了一个探索自己的公众号。最开始的时候我的写作范围很广泛，自己的感受，自己对生活的感悟，主要谈育儿，因为我自己有两个孩子，培养他们的过程自己总是要学习的，学习就容易有感悟，有感悟就总想要表达。后来，学生也会陆陆续续有问题，我想，那就统一写成公众号的文章，还可以一劳永逸，不用反复解释。现在看来，当时的想法其实是想偷懒。

指导研究生的话题很广泛，有师生关系、有学习态度、有学习规划等，但其中最大的一部分莫过于写作，论文写作就像一座大山一样，压在学生，尤其是博士研究生身上。这一类的公众号文章受到了很多学生的"追捧"和"催更"，这也使得后台关注的数量急剧增多。于是在全国各地同学们的问题导向下，我的公众号开张近三年，写了四百篇文章，后台关注数量已经接近十万。

很多问题能够用短小的文字篇幅解决，但很多问题则没有办法。于是，这本书其实是在后台各位同学的各种问题引导下产生的。我个人认为，论文写作很重要，它是个载体，它能培养逻辑、分析、评价、创新等能力，这是大脑在认知层面上的提升。它还能培养问题解决能力、实践能力、研究能力、思考能力……这些我在本书中都已经一一阐述，在此不再赘述。

但是，由于目前中国的高等教育其实还是以知识传递为主，而写作是需要思维的，在现有的高等教育模式之下，写作就变得高不可攀。因为光有专业知识你是没有办法写出一篇像样的文章，你得有思维才行①，而现行的教育其实在思维的培养上是很欠缺的。这也是我为什么将本书的主题锁定在批判性思维与批判性写作，因为，思维是写作的根本，没有这个东西，写作也只能是照猫画虎，何时能碰触到思维的底层本质，全凭学生的悟性和机缘巧合。

由于高等教育没有形成一整套完善的关于论文写作的思维训练和方法论培养，使得当今中国教育内部的论文写作环节存在很多问题。学术不端、抄袭这些情况暂且不论，就说为什么写论

---

① 《你为什么不会写论文？那是因为你有知识没思维！》，详见公众号：女教授跟生活的死磕，2020年11月27日推送。

文，以及如何写作论文，学生们其实是不清楚的。一个不清楚的事情还要做好，那简直是不可能的事情。于是，在我国，就产生了很多对毕业论文、学位论文质疑的声音，建议取消这种劳民伤财、于教师和学生都无意义的工作。① 这不是一种微弱的、可有可无的声音，当你在百度检索——"取消毕业论文"这组关键词的时候，你会得到几百万个相关链接，而这种情况让我时常感到非常焦虑。

论文写作是一个载体，它背后蕴含着很多教育学的关键元素和能力培养。我们今天在论文写作过程中遭遇的和呈现的所有困难、困境、困惑不是因为论文写作本身是一个"不好的东西"，而是我们没有一套规范的方法论将它做好。这是这个问题的本质原因，如果只是因为学生写得很烂，很不用心，态度不端正，学术不端等就否定论文写作本身的教育价值是极其不理性的。倘若在这种思想的指导下真的将毕业论文环节取消掉，那会是对教育非常沉重的打击，我们需要做的是面对它，然后做好它。

在焦虑之余令我感到欣喜的是，在中国有很多前辈已经投身这项工作，他们取得了非常丰富的成果，这些成果也令我受益匪浅，让我对这个领域有了更多更深刻的理解。在前辈指引的基础之上，我选择了从思维入手来整合我的关于写作的整体构思。一方面是因为从其他角度切入写作的著作已经很多，另一方面是在吉林大学教务处的培养之下，我接触了很多教育学的理论，这让我能从学习理论、教育学理论来观察我研究的内容，而杜威的

---

① 《本科毕业或不再需要毕业论文》，详见公众号：超社评，12月4日更新，http：//baijiahao.baidu.com/s？id＝16851412655796931998wfr＝spider&for＝pc，2020年12月28日最后访问。

《我们如何思维》对我影响又特别大，所以我选择这个偏本质化的角度来表达我自己对于写作的看法。此外，由于我的专业是国际法，常年接触外文资料和书籍让我对国外大学的写作课程设计以及教材撰写并没有感情上的隔阂以及获取资料的障碍，在翻阅了美国、澳大利亚以及欧洲几十所大学写作课的大纲和设计方案之后，我更加坚定地锁定批判性思维和批判性写作这个主题，于是，就有了本书。

我心中有一个梦想，也算回应我在序言中的观点，中国作为一个大国、强国屹立于世界民族之林已经是不争的事实。国家的发展会对教育提出更多的要求，教育作为国家发展的配套支撑部分也一定要发展、成长。今天，中华民族的伟大复兴对于教育的渴求不亚于当年洋务运动以及甲午中日战争之后梁启超们所处的时代，那时候实现的是中国的现代教育从无到有的探索过程，而今天我们要实现的是中国教育从1.0到2.0甚至到3.0的版本升级。而在这个升级过程中，思维——这个被亚里士多德誉为"知识的知识"，扮演着重要的、不可替代的角色。

可汗学院的创始人萨尔曼·可汗已经改变了很多人的学习习惯——在家学习，在学校做作业。主流的、体制内的教育已经从原来的主导变成了辅助，知识的学习已经被放在线上由学生自行完成，在学校主要是问题导向下的"实践"，而这是一种思维的培养。埃隆·马斯克创办了 Ad Astra 学校，在这所学校中，学习是由项目引导的，这个项目可能是做飞机、做核潜艇、做地球探测仪、做股票分析……在这些具体项目的指引下，学生开始学习，需要什么知识就学习什么知识，需要什么公式就推导什么公式。没有现成的、流水式的教科书或者教学体系，有的只有问题、目标、自由探索、创新和动手实践……我们不去评价这种教育方式是否适合中国①，但这是一种思维的培训和培养……这跟埃隆·马斯克本人的风格是不是很像？对的，这就是他的理念在教育领域中的延伸……

中国正处在高等教育的一个转型期，在这个转型期中，知识的供给大于需求，思维的供给小于需求。但是，这种供需不平衡终将被打破，时代的车轮和竞争日益激烈的国际环境没有留给中国的教育以停滞不前的机会，中国教育变革的力量要么从内部破壳而生，要么从外部被其他力量凿穿……我希望是前者，因为这代表着中国教育工作者的时代责任和使命担当，而我更希望的是，在完成时代赋予的光辉使命的身影中，有我的努力、思考和贡献！

田洪鋆
2021 年 1 月 22 日

---

① 这种模式比较小众，对教师要求很高，同时也没办法大规模流水进行教育生产，所以可能也不适应中国目前的国情。